获“宁波大学马克思主义学院2021年教材建设项目”资助

宁波市城市文明研究院2023年度课题:

城市品牌视角下的“在宁波,看见文明中国”实现路径研究 CSWM201317

宁波市社区文明创建研究CSWM201312成果

“甬”立潮头

共同富裕先行市建设的宁波实践

刘　举　刘友女　袁玲儿◎主编

上海三联书店

目录

前　言

案例教学是高校思想政治理论课常用的教学方法，是讲好新时代党的创新理论的重要路径。它从实践角度验证、论证了党的创新理论的正确性，从而使理论在深入落实中实现创新，在创新发展中不断增强广大人民群众的道路自信和理论自信。高校思政课中的教学案例能够激发学生的学习兴趣，生动形象地阐释党的创新理论的内涵，切实增强学生对党的创新理论的认同感。特别是那些立足家乡的地方实践的思政案例更是有血有肉，有故事情节，能够有效拉近课堂、课程、教材和学生之间的距离，增强政治理论课教学的亲和力和吸引力。

当前教学中，一些教师对案例教学理解较为片面，运用简单机械，出现“简单拿来”现象，不能有机融入理论解读，有些案例使用还缺乏契合性和针对性。这些案例对学生的吸引力还不足，难以生动形象地感悟理论魅力和真谛。因此，呈现案例的选择要关照学科内容、学科任务、学生学情与教学情境的内在联系，依据课程标准、真实学情、教学内容进行筛选和加工，保留真实事件或现象的关键性特征，剔除无关紧要的细枝末节，使源于真实生活、地方发展实践的案例更具有普遍性与典型性。一方面，地方发展案例使用有助于增强乡土情结，提升地域正能量宣传成效及影响力；另一方面，地方发展案例的运用，鲜活地印证了党的创新理论的正确性，推进学生从实践认同走向理论认同乃至信仰认同。10余年来，我校思政课教学积极推广案例教学，注重案例选择的精准性和使用的有机契合性，实现了地方发展实践宣传和理论认同的双赢，也增强了师生协同互动共同推进思政课建设。

一是收集案例。老师和学生按照讲课内容和形式要求，以作业、研讨等方式同步收集案例。既包括党的创新理论指导下的地方发展实践案例，也包括学生和老师日常生活中富有教育意义的案例。我们要求教师在学习、工作、生活中按照“八个相统一”的要求，有意识地广泛收集相关案例，通过集体备课会等在教研室分享个人收集的案例。以课堂作业等方式让学生收集提供案例。二是引入案例。思政课教学中心做好案例教学研讨，在深度研究教材内容的基础上，按照“八个相统一”的要求寻求教材与案例的结合点，初步确定将哪些案例引入哪门思政课的哪一章节，把案例与教材有机联系起来。三是汇编案例。对具有思想性、理论性、针对性、亲和力的地方发展实践案例，按照“八个相统一”的要求将其汇编成册，在教学中心进行推广使用，使其成为思政课课堂教学的教辅资料。努力做到“节节引入案例”“堂堂讲述案例”“人人收集案例”。四是讲述案例。教师在思政课课堂教学中按照“八个相统一”的要求有机结合思政课教材内容讲述教辅资料中的案例，通过案例在思政课课堂教学中的试用、试讲、试评等方式，不断对案例予以动态调整。五是反思案例。经过一个特定周期的课堂教学，以教学中心为单位组织教师对课堂教学中的案例运用情况予以总结反思，持续挖掘案例中蕴含的育人意义。六是深化案例。以问题为导向，不断深化对案例教学的理性认识，产出相关理论成果，从而深化理性认识。

本教材以党的理论与宁波城乡发展实践有机结合为基本原则，把新时代党的创新理论及其所包括的知识点作为主要框架，把宁波推进城市发展及共同富裕的实践案例作为材料支撑。主要从政治、经济、文化、社会、生态、党的建设六个方面阐述新时代党的创新理论的主要观点(思政课需要讲授的基本知识点和重难点),把具有地域特色、社会影响、国内领先的本地发展实践典型提炼出来,以“解剖麻雀”的方式有机结合并融入到党的创新理论讲解中去。为了体现针对性,精准理解理论知识点,我们不仅提炼实践案例的主要做法经验,还让老师和学生对其中所涉及到的理论知识点进行归纳,在理论指导下更好地剖析实践。既让实践现象背后所隐藏的理论指导得以凸显,也在发展实践案例展示中深入理解创新理论的魅力。从而在理论之真与案例之美的碰撞中激发学生深入实践之善行,不断培植和升华为报效祖国、热爱家乡的信仰。

本教材既力求思政课教学实现师生互动,也努力推进学生主体与教师主体的深度融合。让老师指导学生以分组研讨方式推进实践案例的收集和筛选。不仅在理论知识和实践案例之间找准结合点,而且还把“讲什么”“学什么”与“怎么讲”“怎么学”有机结合起来,植入理论阐述与案例分析的基本原则与方法。其次,该成果力求今后还具有答疑解惑的设计,努力把收集到的学生问题、教师解答植入理论阐述和案例分析中去,使道理更加通俗化,使案例更具深刻性。在课后作业中,结合本地发展实践的典型案例布置好实践教学内容,把案例教学作为连接理论教学和实践教学的重要桥梁。当然,以上都是我们努力奔赴的方向,也是宁波大学思政课建设实现协同推进的重要任务。

第一章

港城融合的经济之都

一、北仑港:打造国际一流强港

(一) 基本情况

自古以来,港口就是宁波最大的资源。1973 年 7 月,国务院确定扩建宁波老港区,选定兴建新港区,并于同年 10 月提出“宁波港可在镇海建设新港区,经杭州、浙赣线同全国铁路网相连接,以分流上海港运量,同时承担浙江地区的物资进出”。短短几年间,宁波港的建设和发展如同被装上了加速器。1979 年 6 月 1 日,宁波港获准重新对外开放,这个沉寂了许久的深水良港,缓缓展露新颜。改革开放以来,宁波港口建设突飞猛进,一座“以港促产、以产兴城、港以城兴、港城共荣”的现代化国际港口城市初现。

1991 年,当时我国最大的国际集装箱码头在宁波北仑港区投产运作;1992 年,国家核心班轮宁波至美国东海岸集装箱干线开通;1999 年,北仑三期集装箱码头工程项目正式获批,码头设计年通过能力为 100 万标箱;2000 年 11 月 8 日,宁波港年货物吞吐量突破 1 亿吨,跻身当时世界上为数不多的亿吨级大港行列。2005 年 12 月 20 日,时任浙江省委书记习近平在宁波—舟山港管理委员会授牌仪式上指出,今后的大手笔建设一个浓墨重彩之处,将是在港口建设方面，港口建设的重点将是在宁波、舟山一体化之举。2006 年 1 月 1 日正式启用宁波舟山港名称，合并后的宁波舟山港由北仑港区、镇海港区、大榭港区、六横港区、穿山港区、洋山港区、衢山港区等 19 个港区所组成，宁波舟山港实现一体化，推动集装箱运输业务进入黄金发展期。

2017 年，宁波舟山港成为全球首个吞吐量超 10 亿吨的大港。2020 年宁波舟山港是中国港口中受到国内外关注度最高的港口，美誉度和信息密度均位居全球第二位。浙江省港航管理中心最新数据显示，2021 年，宁波舟山港完成年货物吞吐量 12.24 亿吨，同比增长 4.4%，连续 13 年位居全球第一，完成集装箱吞吐量 3108 万标准箱，同比增长 8.2%，继续位居全球第三。宁波舟山港成为继上海港、新加坡港之后，全球第三个 3000 万级集装箱大港，具有里程碑意义。2021 年 9 月，宁波舟山港集团问鼎中国质量奖，实现了浙江省中国质量奖零的突破，为我国港口界首次获得中国质量奖。

2020 年春天，习近平总书记在浙江考察，第一站就来到宁波。在穿山港区，总书记指出宁波舟山港在共建“一带一路”倡议及长江经济带发展、长三角一体化发展等国家战略中具有重要地位，是“硬核”力量，强调宁波舟山港要坚持一流标准，努力打造世界一流强港。

截至目前，宁波舟山港航线总数升至 292 条，与全球 200 多个国家和地区的 600 多个港口互联互通，成为全球供应链的“东方明珠”，创历史新高；海铁联运班列增至 21 条，覆盖全国 16 个省（自治区、直辖市）61 个地级市，2021 年，海铁联运箱量首次突破 120 万标准箱。目前，宁波港以浙江港口一体化发展为抓手，不断优化码头资源配置。以宁波舟山港为主体、以浙东南沿海港口和浙北环杭州湾港口为两翼、联动发展义乌陆港及其他内河港口的“一体两翼多联”的港口发展格局，积极推动宁波舟山港由国际大港向国际强港迈进。

面向未来，宁波舟山港绘出了发展的“海图”：到 2025 年，宁波舟山港基本建成世界一流强港，在服务双循环新发展格局、长江经济带发展、长三角一体化发展等国家战略中的硬核力量更加凸显；港口货物吞吐量、集装箱吞吐量分别达到13亿吨、3500万标箱，稳居全球第一、全球前三。到2035年，宁波舟山港全面建成世界一流强港，走出一条宁波特色的港产城文融合发展模式，全面形成港强城兴、融合发展的新格局，一批具有中国气派、浙江辨识度和宁波特色的重大标志性成果，全面展现世界一流强港硬核力量。

图1-1　宁波角逐“全球海洋中心城市”

(二) 特色亮点

1. 自然条件良好

宁波港进港航道深，是世界闻名的深水港。港区深水岸线约333 km，近海水深超过10 m，30万级散货类船舶、45万吨级油船可候潮安全进出宁波港，是世界上少有的具备建设超大型国际枢纽港自然条件的港口。1995年，宁波港成功引领30万吨级的“大凤凰”号轮进港作业，又成功引领载重27万吨、吃水20.5米的外籍海损海轮“威射”号进港救助，均创中国大陆之最。同时位于浙江沿海中部，港口水域北侧由舟山群岛为天然屏障，遮蔽环境良好，受季风和海浪影响较小，港口水域水深流顺风浪小，港口码头不需要修建防波堤，且后方陆域比较宽阔，对港口配套的中转、仓储等创造较为有利的条件。宁波港十年年平均气温 16.3℃，常年不冻，终年通航，港区内的潮流流速平顺，多年平均>6 级风 32 天，>7 级风天数仅 15 天，年可作业天数超过 350 天，航道锚地匹配理想，核心港区主航道水深在 22.5 米以上，30 万吨级巨轮可自由进出港，40 万吨级以上的超级巨轮可候潮进出。

2. 得天独厚的地理位置

宁波港位于我国经济发达的长江三角洲，地处我国大陆海岸线中部，南北和长江“T”型结构的交汇点，是内地著名的深水良港。作为一个集内河港、河口港和海港于一体的多功能、综合性的现代化深水大港，对内接连长江、京杭大运河与新丝绸之路经济带，覆盖我国整个长江流域及华东区域，距离上海港、广州港、青岛港等国内重要港口都在 1000 海里内，国内区位优势突出。对外连接东南亚、东盟及环太平洋区域，距韩国釜山、日本大阪等国际性大港都在 1000 海里内，且已与世界上 100 多个国家和地区的 600 多个港口通航。宁波舟山港连续 9 年货物吞吐量全球第一，2020 年集装箱吞吐量全球第三。浙江省“十四五”规划和 2035 年远景目标中对宁波港的定位是“四港联动畅通流”，大力推动宁波舟山港建设世界一流强港，打造世界级港口群，建设舟山江海联运服务中心，构建现代化内河航运体系，推进海铁、海河联运。宁波舟山港是世界航线最密集的港口之一，也是世界各大船舶公司必靠母港之一，已经基本确认了宁波舟山港在国际上的枢纽地位。

3. 集疏运网络条件非常发达

目前已与国家高速公路网、铁路干支线网等全方位紧密连接，同时临近杭州湾跨海大桥，并且拥有着 240 多家国际海运和服务机构。宁波舟山港已成为连接海外市场的重要桥头堡，中国东南部最大的海铁联运枢纽港。其直接货物吸引范围远不止腹地城市宁波，这个范围覆盖了温州、嘉兴、台州等省内城市甚至扩大到周边省内外城市，形成了以宁波舟山港为中心起点，公路、铁路为干线骨架，无水港、航空、管道运输为补充部分，充分发挥宁波舟山港运输、中转、配送等功能，实现港产联动。目前，基本建成以宁波港域为中心、30 家内陆无水港为支点的海铁联运网络，开行 19 条海铁联运线路，业务辐射全国 15 个省(市、自治区)、56 个地级市，形成了北接古丝绸之路、中汇长江经济带、南攘千里浙赣线的三大物流通道，南方第一大港地位得到巩固。

4. 完备的港口基础设施

宁波港是一个多功能、综合性的港口，可经营矿砂、煤炭、原油、国际集装箱件杂货、液体化工接卸、储存和中转等等。宁波港口共有生产泊位 350 个，其中 10 万吨级以上 32 个，成为世界大港—宁波舟山港澎湃前行的“硬核”力量，有力支撑保障世界一流强港建设。有全球最大的原油泊位(45 万吨级原油泊位)1 座，以及可以接靠全球 3E 级集装箱船舶的最高效集装箱泊位近 10 个，有全国最大的可接卸第五代第六代集装箱船的集装箱专用泊位。有全国最大的 20 万吨级(可停靠 30 万吨级船)矿石中转泊位和 25 万吨级的原油码头。配套设施方面，宁波港口核心港区和相关主航道航标灯标等导助航设施建设完备；航海保障方面，宁波海事局已经在宁波港建设了完备的 VTS 雷达站，现已形成“十站一中心”的规模，VTS 覆盖了整个宁波港港区，并可向舟山、杭州湾和象山湾水域辐射。另外，宁波港已完善 CCTV 监控点，已经基本实现“一泊位一监控”，能够对各泊位和重点水域实施不间断监控。

(三) 经验启示

1. 不断探索和完善“以港兴市、以市促港”发展战略

“以港兴市、以市促港”发展战略中，“港”“市”两者相互促进，相

得益彰。宁波一直坚定不移地实施“以港兴市、以市促港”以及建设现代化国际港口城市、国际港口名城等目标。1980年首次提出逐步把宁波建成一个现代化的港口城市,这是宁波“以港兴市”战略的萌芽。1992年5月,在七届六次全会扩大会议正式提出“以港兴市、以市促港”的发展思路,作为建设东方大港的远期战略目标的主线,指出“争取通过九十年代和更长时间的努力,把宁波港建设成为全国国际深水中转枢纽港之一,把宁波市建设成为华东地区重要工业城市、对外贸易口岸和浙江的经济中心”。围绕这一发展战略,着力进行了港口建设和以港口为中心的集疏运网络建设,大力发展以石化、能源、造纸、钢铁、修造船、汽配为代表的临港工业群,与港口发展相关的仓储、运输、物流、加工、贸易、金融、代理、信息、口岸服务等产业迅速崛起,推动城市工业化、现代化、城乡一体化和港口国际化发展。围绕着“以港兴市、以市促港”发展战略,不断探索城市发展的目标定位。2012年提出要全面实施“六个加快”战略,基本建成现代化国际港口城市,提前基本实现现代化,努力成为发展质量好、民生服务好、城乡环境好、社会和谐好的中国特色社会主义示范区。2017年提出今后五年要大力推进产业高新化、城市国际化、发展均衡化、建设品质化、生态绿色化、治理现代化,加快建设国际港口名城。40多年发展,围绕着“以港兴市、以市促港”“宁波、舟山港口一体化”“主动服务‘一带一路’”等主线,坚持港、产、城联动,走出了具有自身特色的港口发展之路。港口的大开发大建设,为提升宁波在国家发展中的战略地位和建设现代化国际港口城市奠定了基础。当前港口对宁波经济的综合贡献度大概为8%。未来,要不断坚持把港口跟城市、产业、文化更好相互融合,进一步提高宁波港对宁波市的综合贡献度,加快形成以港兴市、以市促港、港兴城兴新局面,有力支撑宁波现代化滨海大都市建设。

2. 坚持创新发展

宁波舟山港改革创新的探索始终未止步,一系列创新实践和探索，为全国以及全球港口的发展提供了宝贵经验。目前数字赋能、智慧建设已成为宁波舟山港提高效率的“法宝”，通过不断创新，促进智能化、数字化、自动化，实现低成本、可复制、可推广。2018 年 3 月，宁波舟山港就建成了全国首个 5G 港口基站，2020 年 5 月又与中国移动、华为公司、振华重工签订了《5G＋智慧港口战略合作协议》，打造 5G 辅助靠泊、5G 智能理货、5G 集卡无人驾驶、5G 轮胎式龙门吊远控、5G 港区 360 度作业综合调度等五大智慧应用场景，并取得了阶段性成效。目前，5G 轮胎式龙门吊远控已实现规模应用，6 台设备投入生产，规模居全国第一，作业人力成本降低 50%以上，设备改造成本节约 20%以上。5G＋北斗基准站也顺利建成，能将普通卡车升级为 5G 无人驾驶卡车，构建端到端协同网络。该技术推广后，港区卡车运输效率有望提升 40%以上，节省劳务成本 50%以上。

梅山港区是宁波舟山港建设智慧港口的先行地，自动化作业率目前已接近 4 成，是国内少有的已实现“装卸设备远控＋智能集卡”自动化作业的集装箱码头，同时还实现了智能集卡和人工集卡规模化有序混编作业。“数字海港数据服务平台”等多项应用体系的建设，加快推进了数字化改革。目前，宁波舟山港自主研发的集装箱码头生产操作系统已基本覆盖全港；持续推进“无纸化”改革，在全国率先实现智能理货“规模化、全覆盖”；以“一城两厅”（网上物流商城、网上营业厅、物流交易厅）为核心的港口物流电商平台日益成型。数字化改革创新赋能港口提质增效，根据《2021 新华・波罗的海国际航运中心发展指数报告》显示，宁波舟山已超越东京，首次跻身十强，国际航运中心地位进一步提升，其中指数港口项稳居首位。

3. 打造“一带一路”最佳结合点

宁波舟山港正通过共商、共建、共享来探索打造最佳“拍档”合作点。2013 年“一带一路”倡议提出后，宁波舟山港主动对接，通过“全省合力、区位地理、深水良港、服务品牌”四大优势，多举措服务“一带一路”，打造“一带一路”最佳结合点。宁波舟山港加大与全球航运巨头合作，加强共建“一带一路”国家和地区航线航班开发力度，成为名副其实的“21世纪海上丝绸之路”国际枢纽大港。目前“一带一路”航线达117条，航班数也达到5000班。其中，东南亚航线覆盖了越南、泰国、缅甸、马来西亚、印度尼西亚、新加坡、菲律宾、柬埔寨等东南亚主要国家，成为东南亚国家输往日韩、北美等地国际贸易货源的重要中转站。可谓真正融入“一路”。在对接“一带”过程中，宁波舟山港北仑、镇海两个港区直通铁路，作业能力达45万标准箱，已成为中国南方海铁联运业务量第一大港、对接“丝绸之路经济带”的重要枢纽。业务范围涵盖江西、安徽、陕西、甘肃、新疆等15个省份50多个城市，进而延伸至中亚、北亚及东欧国家，成为衔接中西部广大腹地与共建“一带一路”国家和地区的重要枢纽港。

参考资料：

[1] 宁波角逐“全球海洋中心城市”！5年迈入第一方阵，重点推进“一核三湾六片”[N]. 东南商报. 2021-10-09.

[2] 夏雨，南希，宋兵. 从上世纪70年代到如今，宁波港你变了[N]. 中国交通报. 2018-07-16.

[3] 吴剑. 聚焦：宁波舟山港砥砺奋进40年[J]. 宁波通讯. 2019(06)：10-11.

[4] 张雯雯. 宁波舟山港：距离世界一流强港还有多远[J]. 宁波经济. 2022(2)：52-53.

[5] 王凯艺，张帆. 由“大”迈向“强”宁波舟山港首个“3000万”是这样炼成的[N]. 浙江新闻. 2021-12-17.

[6] 周晖. “硬核”力量！宁波舟山港奋力书写一流答卷[N]. 东南商报. 2022-03-29.

[7] 陶学宗，张康，王谦益. 宁波舟山港海铁联运发展的创新思路[J]. 中国港口. 2021(11)：17-21.

二、前湾新区:长三角一体化战略大平台

(一) 基本情况

2018年浙江省政府工作报告中提出依托杭州湾周边良好的城市群发展条件、雄厚的经济实力,把建设大湾区战略写入了政府工作报告。2019年7月9日,浙江省人民政府正式批复设立宁波前湾新区,这意味着宁波新的经济增长中最为重要的新引擎正式启航。

前湾新区位于杭州湾南岸、宁波市域北部,规划范围包括杭州湾新区以及与之接壤的余姚中意生态园、慈溪高新区、慈溪环湾创新经济区等区域。新区管理区面积604平方公里,北至十二塘,南至四塘路—长河镇边界—潮塘横江—新城大道—明州大道,西至余姚临山镇边界,东至寺马线—胜山镇边界—水云浦。2020年,前湾新区实现地区生产总值1100.18亿元,总人口已超过55万人,核心区杭州湾新区自成立以来,年均以数万人的速度增长,是长三角南翼区位条件优越、产业基础最好、发展条件最优的产业区块,具备高起点高标准建设高能级战略平台的条件。至2035年,前湾新区规划总人口为120余万人,城乡建设用地规模近180平方公里。

前湾新区作为浙江大湾区建设发展规划的“四大新区”(包括杭州钱塘新区、宁波前湾新区、绍兴滨海新区、湖州南太湖新区)之一,其集湾区经济、长三角一体化、新兴产业集群、高质量发展、智能经济等诸多“宠爱”于一身,承载了集聚高端要素、发展新兴产业、培育城市功能的发展要求。目标是要建成长三角一体化发展标志性战略大平台、世界级先进制造业基地、沪浙高水平合作引领区、浙江大湾区建设重要平台和杭州湾产城融合发展未来之城,是浙江高质量发展的桥头堡。

根据《宁波市北部副城空间发展战略及前湾新区空间规划》,前

湾新区的具体规划目标是：到2035年，创新成为宁波前湾新区经济发展的第一动力，特色鲜明的现代产业体系基本形成，大数据、人工智能、物联网和实体经济高度融合，成为上海大都市圈的重要组成，新区引领全市全省高质量发展作用明显，实现城市治理能力和社会管理现代化，人与自然和谐共生发展成为常态。具体来说，就是坚持生态优先、创新引领、产城融合、集约高效发展的新理念、新要求，以组群化、综合单元式的空间模式，搭建前湾新区长远空间框架，锚固“一核、两带、六廊”的生态保护格局，构建“一城、三片、多组团”的新区城镇开发结构。

根据规划，到2035年，这里将形成以先进制造业为支柱、现代服务业为支撑、都市型现代农业为保障，具有国际竞争力的现代化产业体系。具体而言，在对接宁波市“246”产业体系方面，前湾新区将聚焦“124”优势产业，包括汽车万亿级产业，高端装备、电子信息等2个五千亿级产业，关键基础件、智能家电、生物医药、节能环保等4个千

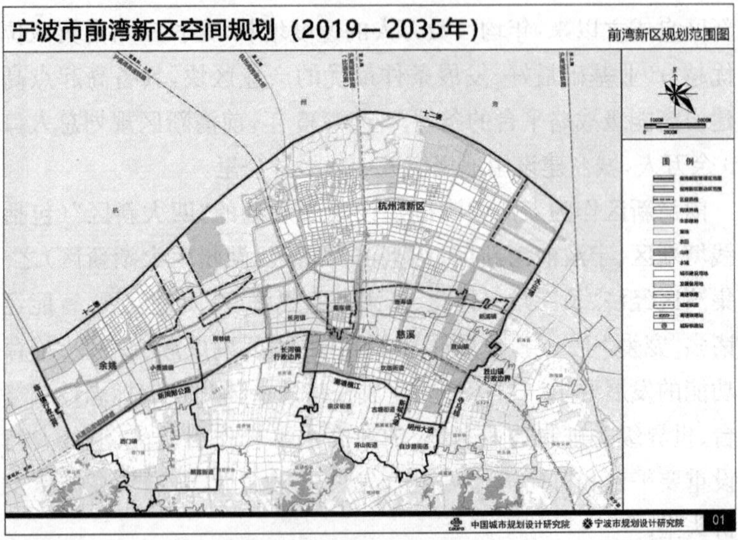

图1-2 浙商看前湾

亿级产业。这些产业重点布局在东部先进智造片区、中意新兴产业片区和慈北产业创新片区等三大片区。同时，前湾新区还将补足现代服务业短板、提质都市型现代农业的发展。

未来，前湾新区不仅仅是产业发展的高地，更是产城融合、宜居宜业的未来新城，将构建蓝绿交织、水城共融、多组团集约紧凑发展的生态城市。

（二）特色亮点

1. 特殊的区位优势

宁波前湾新区居于上海、杭州、宁波等大都市的黄金节点。从战略区位看，宁波前湾新区位于沿海开放带、长江经济带、长三角城市群与“一带一路”等多重国家战略的交汇点，对外辐射和要素集聚潜力巨大，是宁波对接外部区域的重要战略门户，是全省协同上海发展湾区经济最具优势的区域之一，成为对接大上海、融入长三角的“桥头堡”。在交通规划上，现今杭州湾的交通规划与建设已走在世界前列。前湾新区坚持高起点和高标准，形成完善的区域交通衔接。其中，沪嘉甬铁路最受关注。根据规划，沪嘉甬高铁是杭州湾新区建设的标志性工程，具有世界级的标杆意义，成为国内最长跨海高铁。沪嘉甬高速铁路将从前湾新区经过，并强化与铁路慈溪站、城际铁路、市域铁路等客运方式的换乘衔接。通车后，宁波到上海只需要 1 个小时，宁波直接进入上海 1 小时经济圈。并且会在杭州湾设有站点，杭州湾到上海也将只要 35 分钟左右！同时开展沪甬城际通道线位研究，预留沪甬城际接入慈溪高铁站的可能。规划新增杭甬沿湾铁路通道，接入慈溪高铁站，承担沿杭州湾南岸主要平台间的客运及货运功能。未来，将融入沪杭半小时交通圈，真正实现沪杭甬同城化。

2. 产业集聚优势明显

目前前湾新区已引进 20 余家世界 500 强企业，涉及汽车、通用航空、智能电气制造、新材料、生命健康、高端装备制造等六大先进制造业核心产业，集聚了上海大众、吉利汽车、博士、联合利华、方太、慈星、菲仕、公牛等一大批龙头企业。2021 年省发改委通报第一、二批“万亩千亿”新产业平台 2020 年度评价结果，宁波杭州湾新区智能汽车产业平台以 93.59 的高分蝉联全省第一！吉利、上汽大众整车龙头，10 家世界 500 强企业，150 多家关键汽车零部件企业……一条纵贯整车研发制造到零部件生产加工全流程的智能汽车产业创新链已经成型，对整个产业链的辐射带动能力极强。下一步，汽车产业将以新能源汽车、智能网联汽车及核心零部件为主攻方向，打造集“研发设计—产业配套—整车制造—汽车服务—汽车文化”于一体的汽车全产业链，争取到 2025 年，汽车产业实现集聚研发人才 3 万人以上，总产值达 5000 亿元，使宁波前湾新区成为与德国狼堡相媲美的“中国龙湾”。

前湾新区承接世界级先进制造业基地、对接宁波“246”万千亿级产业集群之重任，提出了“124”发展规划，即立足现有产业优势，打造万亿级汽车产业，高端装备、电子信息等 2 个五千亿级产业，关键基础件、智能家电、生物医药、节能环保等 4 个千亿级产业。三年力争新招引项目超过 200 个，总投资不低于 2000 亿元。其中 100 亿元以上项目 3 个，50 亿元以上项目 5 个，20 亿元以上项目 30 个，保证宁波和前湾发展的持续动力。按照规划，前湾新区将统筹杭州湾新区、中意生态园以及慈溪高新区等片区航空产业规划及招商资源，着力引进一批全国通航前 50 强企业，一批航空运动、航空展示、航空飞行、航空旅游、航空物流、航空培训企业，一批国际知名直升机国内销售、维修、运营企业，一批先进固定翼飞机、军民用无人机、中大型直升机研发和制造企业，全力打造国内一流的通航全产业链创新示范基地。

3. 坚持生态环境优先

坚持走生态优先发展之路是前湾新区发展的基本底线。一是推动产业绿色化发展。如前湾新区铁腕推进漂印染园区整治，将区内

39家存在重污染隐患的漂印染企业全部关停，并通过改造转型升级为众创园区。二是推动发展环境优化。如钱塘新区累计完成“三改”360万平方米、拆违161万平方米，关停淘汰高污染、高能耗企业97家；保留了大量原始的自然水域并建设大量绿地；前湾新区杭州湾片区在起初开发时就划出五分之一的区域“不开发”，一次性投入3亿元建起一个湿地保护区，前湾新区对杭州湾湿地规划范围由43.5平方公里扩容为63.8平方公里，湿地鸟类从保护前的50多种增加到现在的220多种。如今，在杭州湾湿地公园，人与自然的和谐交融，国家二级保护动物卷羽鹈鹕临水飞舞，湿地还特别举行观鸟节。

（三）经验启示

1. 创造条件吸引留住人才

衡量产城融合发展的一大标准是人的集聚。核心区杭州湾新区自成立以来，年均以数万人的速度增长。目前前湾新区总人口已超过55万人，至2025年，前湾新区规划总人口将达80万人。吸引人就能引进人，引进来更要留得住。前湾604平方公里的土地需要更多的城市人口，才能让它焕发光彩。交通区位是最好的人口导入通道。坚持交通等基础设施先行，交通枢纽的完善也给前湾的配套进程提出了质量和速度上的要求，特别是在交通网络完善后，上海杭州都将进入半小时交通圈，这就迫使前湾新区要加强配套。否则，更多的高层次人将会就业在前湾，生活到沪杭。要在优化教育医疗布局、建设优美环境等方面积极搭建平台。这是目前前湾发展的根本性问题。前湾新区看到了这一点，正大量投入到配套建设中。如上海交通大学医学院附属仁济医院宁波医院、宁波市第二医院杭州湾院区、世纪城实验小学等已经落成投入使用。绿地医养产业园项目、港中旅文旅产业项目、中意实验学校新建工程项目等高端配套破土动工。一系列沪甬合作项目有序推进。备受瞩目的宁波前湾上海世界外国语学校项目建设包含国际化幼儿园及小学、初中、高中在内的十二年一贯制世界外国语学校，计划 2022 年 9 月对外招生；投资 14 亿元建设的杭州湾医院启用以来，瞄准打造浙东高端医疗中心这个目标不断创新服务供给、拓宽服务半径，诊疗人数持续增加。作为文旅产业又一“旗舰”布局，杭州湾海昌文旅综合项目总投资 40 亿元，并将与上海海昌海洋公园形成互补和协同，有效提升旅游产业竞争力，构建全域旅游开放发展新格局。海昌文化旅游综合项目进入成熟期后，预计每年游客量超 300 万人次。前湾新区不仅仅是产业发展的高地，更是产城融合、宜居宜业的未来新城。

2. 加快规划建设

借鉴上海自贸区的先行发展经验，积极推动与上海金桥、临港、张江、外高桥等自贸区各片区的对接，共建浙沪自贸协作示范区。在科创、产业、改革管理等领域打通资源对接、转移、承载渠道，打造与上海自贸区营商环境对接、经济发展协同的合作体系。推动园区率先复制落地一批自贸区创新政策，为沪浙自贸合作累积经验。目前，一系列探索正在开启，比如，探索扩大一般制造业开放创新机制，放宽智能汽车、通航飞机制造等先进制造业市场准入；利用海关特殊监管区，促进企业跨境研发便利化；探索扩大现代服务业开放，推动信息、科技、商贸、教育、融资租赁等领域的制度创新，探索康养旅游领域综合改革等。

2021 年《宁波市科技创新“十四五”规划》中就前湾新区发展现代产业集群，推进高新产业布局做了详细规划：将形成滨海创新发展核、南部产城服务核、东部先进智造区和西部新兴产业区的布局。其中滨海创新发展核：积极承接长三角科技成果转化、产学研合作等功能溢出，大力发展科技研发、国际贸易、商务服务、工业设计、文化旅游等现代服务业，布局制造业企业总部或研发总部。南部产城服务核：积极推进科技成果就地转化，提升高端轴承、密封件等关键基础件产业规模，重点布局发展生命健康、高端装备制造和军民融合产业。东部先进智造区：依托“万亩千亿”产业大平台，进一步做强汽车制造产业，布局发展航空航天、生物医药和电子信息产业。西部新兴产业区：重点加强中意、中德产业对接，布局发展新材料、新能源汽车、节能环保、汽车零部件等产业，谋划布局建设重大科学设施（装置）。

3. 实施创新驱动

未来前湾新区的关键还在于科技创新，创新是实现前湾区域经济高质量发展的题中之义。对标世界级先进制造业基地这个目标定位，宁波前湾新区积极谋划、抢先布局，以传统制造业改造提升为主抓手，强化数字赋能，厚植服务优势，区域产业创新能级持续攀升。在核心区宁波杭州湾新区，通过龙头企业带动、高能级平台赋能，数字经济等高价值产业加速“裂变”。作为新区首家芯片制造企业，群芯微电子自主研发了晶体管光耦等数十种产品，产能扩大到每月500万件，为家电产业加速赋能。在余姚片区中意宁波生态园，大发化纤、王龙科技、甬矽电子等一批制造业单项冠军企业正在加紧研发。甬矽电子聚焦集成电路高端封装测试业务，到2021年6月共取得授权发明专利55项。复旦杭州湾科创园里，察微生物、柔创纳米等一批细分领域新军快速壮大，由复旦大学张清纯教授领衔的宽禁带半导体材料及功率器件研究所项目正加紧筹建；余姚片区（中意生态园）中意复旦（张江）创新中心已推荐创新高科技项目25项。慈星、大发等企业屡屡囊获国家级科技进步奖。在方太，企业发明专利足足挂满了一面宽20米的墙。

参考资料：

［1］王立军，俞国军．高标准建设省级新区　推进浙江大湾区发展[J]．浙江经济．2021(9)．41－43．

［2］殷浩．宁波最重要的增长极澎湃启航！湾区，未来产业，滨海新城，跨海高铁……一起来看！[N]．东南商报．2019－7－11．

［3］乐骁立．浙商看前湾，这片热土为何令人向往？[N]．东南商报．2019－11－

15.
[4] 宁波前湾新区:勇担使命,奔向未来[N]. 浙江日报. 2021-7-9.
[5] 乐骁立. 前湾新区:践行长三角一体化战略的桥头堡[N]. 宁波晚报. 2019-12-31.
[6] 宁波前湾新区指挥部. 宁波前湾新区:大湾区时代的好望角[N]. 浙江日报. 2019-11-13.
[7] 吴正彬. 新建2所大学、3个国家重点实验室,打造10条标志性产业链……未来5年宁波要建成高水平创新型城市[N]. 东南商报. 2021-07-30.

三、宁波制造:打造单项冠军之城

(一) 基本情况

2016年开始,工信部遴选制造业单项冠军。此举正是为了加快培育具有创新能力的排头兵企业,在我国打造一批具有全球竞争力的世界一流企业。6批次累计遴选出单项冠军848家,其中,单项冠军示范企业455家,单项冠军产品393家。制造业单项冠军是指长期专注于制造业某些特定细分产品市场,生产技术或工艺国际领先,单项产品市场占有率领先全国、全球的企业。单项冠军企业(示范企业/培育企业)的主要申请条件是近三年主营产品市场占有率平均位居全球前5位且国内排名第1位。单项冠军产品的主要申请条件是单项产品在全球市场占有率位居前3位,相关关键性能指标处于国际同类产品的领先水平。

到2021年11月8日,宁波作为全国重要的先进制造业基地,国家级制造业单项冠军总数升至63家,连续4年位列全国第一。制造业单项冠军第一城成色更加鲜亮了。截至目前,位列全国单项冠军10强的城市有宁波、深圳、北京、上海、杭州、常州、青岛、苏州、南通、淄博。

宁波国家级单项冠军企业凭借自身研发能力,做出了不少“世界

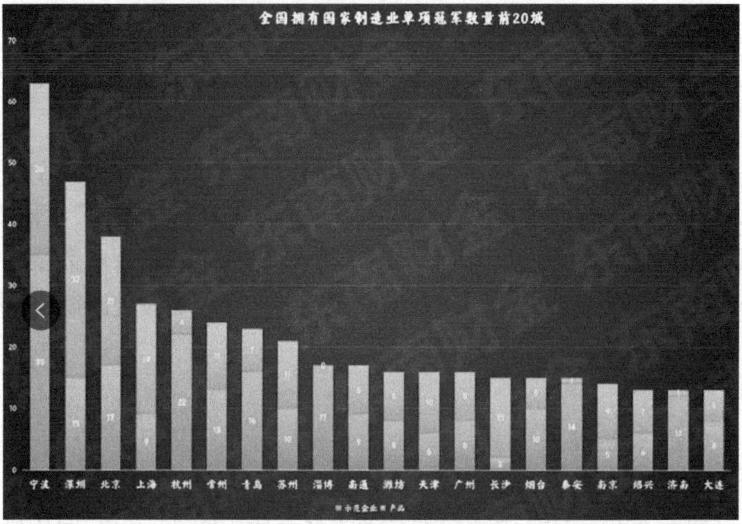

图 1－3

（来源：乐骁立. 总数达 63 家！ 宁波国家级制造业单项冠军大幅领先北上广深杭[N]. 东南商报. 2021－11－15.）

之最”的产品。如锦浪科技的户用光伏逆变器，已经服务全球上万个电站项目，为“碳达峰、碳中和”战略提供了重要的助力；大发化纤的再生涤纶短纤维，2018 年以第一完成单位为宁波捧得国家科技进步二等奖；雪龙集团的商用车发动机冷却风扇总成，是汽车热管理系统的最重要组成部分。与此同时，不少宁波单项冠军产品走进千家万户。宁波色母粒的彩色塑料色母粒，是塑料制品最基础的原材料，生活中无处不在的塑料制品都离不开宁波色母粒；宁水集团的智能水表、舜宇光学的手机镜头等产品早已与老百姓的日常生活密不可分。值得一提的是，舜宇集团已有 3 个子公司或产品荣膺国家制造业单项冠军示范企业或产品。“一门三杰”，可谓宁波制造的冠军训练营。

在这些国家级制造业单项冠军中，本土上市公司达 33 家（万华宁波除外）。其中，A 股上市公司 31 家，占宁波 A 股上市公司总数的

3成。宁波33家国家级制造业单项冠军上市公司合计市值达7245亿元。市值最高的仍是港股上市公司舜宇光学科技,达2040.16亿元。其中,31家A股上市公司合计市值达4919.7亿元,占宁波A股上市公司总市值14161亿元的34.7%。

宁波不断从制度、政策和相关措施上创造条件,支持更多中小企业向“单项冠军”进军。宁波在《宁波市制造业高质量发展“十四五”规划》中提出,力争到2025年,国家级制造业单项冠军企业数量达到100家,专精特新“小巨人”企业数量达到600家,成为全国制造业单项冠军之城。

(二)特色亮点

1. 有扎实的产业企业基础

截至2021年末,宁波实有各类市场主体120.76万户,同比增长9.35%;每千人市场主体超过128户。换句话说,平均不到8个宁波人中就有一个是老板。作为制造业大市,宁波民营经济在稳定增长、促进创新、增加就业、改善民生等方面发挥着重要作用,成为经济高增长、高质量发展的“硬核力量”。截至2021年末,全市实有民营经济市场主体116.54万户,占比96.50%。其中,在册小微企业46.02万家,占市场主体总量38.11%;个体工商户69.86万户,占总量57.85%。2021年,宁波启动的第三轮“小微企业三年成长计划”,以小微企业和个体工商户为重点,量身定做、精准施策,为市场主体发展送上“及时雨”“定心丸”“新动能”,进一步推动宁波小微企业高质量发展。全面贯彻落实各项扶企惠企政策,全力助推小微企业创业创新发展、做强做大。

作为全国的工业重镇,宁波制造业门类齐全、根基深厚。相对完善的产业链,在让彼此合作更加紧密的同时,也让竞争变得更加激烈。企业需要潜下心,通过精敲细打,将核心产品做成更有竞争力的拳头产品。比如在余姚,“全甬产”传习机器人已逐步走向市场,实现产业化、规模化应用。探视“全甬产”机器人的内部，你会发现，这个小小的机器人集合了一批专精特新宁波企业的高科技产品。舜宇光学提供视觉系统，智昌科技提供控制器、驱动器以及示教器，中大力德提供RV减速器、谐波减速器及交流伺服电机，宇恒光电提供编码器……一条宁波本地产业链协同的发展路径日益清晰。2020年宁波已明确打造化工新材料、节能与新能源汽车、特色工艺集成电路、光学电子、智能成型装备等十条标志性产业链。在不断强链、补链、延链的过程中，宁波将力争在每条产业链培育一批制造业单项冠军以及专精特新“小巨人”企业。

2. 有良好的培育环境

政府不断从制度、政策、资金和相关措施上激励和帮助企业打造制造业单项冠军之城，目的就是聚焦关键核心技术攻关，推动更多宁波企业成为全球行业的领跑者、中国产业链安全的维护者。“小巨人”的快速成长，离不开宁波政策的大力支持。近年来，宁波市先后出台单项冠军培育工程三年行动计划、打造单项冠军之城行动方案等，举全市之力打造“制造业单项冠军”之城，对企业项目建设、智能制造、科技创新、上榜上台阶等给予一揽子政策支持。2020年，《宁波市聚焦关键核心技术打造制造业单项冠军之城行动方案》运用集成创新思维，市县联动、部门协同、政企同心共同推进单项冠军企业培育。近期宁波市又出台了加快制造业高质量发展的31条政策意见，继续强化对单项冠军、专精特新“小巨人”企业的政策支持。

同时，相关部门为企业建好创业创新主战场。搭好产业平台、创新平台、开放平台，持续深化“最多跑一次”改革和政府数字化转型，优化政策支持保障，提高要素市场配置效率，做实做细“三服务”，深入打造市场化、法治化、国际化营商环境。在引导企业加速向专精特新转型的同时，宁波通过举办各类创新创业大赛，不断发现优质创新创业项目，让大赛成为培育专精特新“小巨人”的摇篮。“创客中国”中小企业创业创新大赛、寻找宁波最具投资价值企业、全球新材料行业大赛等活动的举办,为宁波挖掘了聚嘉新材料、芯速联、元芯光电等一批“小巨人”苗子企业。

3. 有一批勇敢的“扫地僧”

正是这些扫地僧,造就了宁波在中国制造业的独特地位:不求最大,但求最强;不知不觉,不可或缺。他们坚守信念,执着进取,认准了就不放弃,不达目的誓不罢休。一心扎根实业,心无旁骛,凝心聚力,默默耕耘。几十年坚守,做强实体经济,这就是许许多多宁波企业发展轨迹的真实写照。扫地僧是专注的象征。为什么专注如此重要?汽车零部件企业帅特龙的董事长吴志光说:“做企业像撑伞,伞面撑得越大,应对狂风的能力越差。只有紧紧握住伞柄,才可能在风雨里走得更稳更远。”知名财经作家秦朔在宁波调查时曾说,“宁波45家单项冠军,我接触的超过20家,没看到一家的创始人在房地产和金融上费心思。他们从创业至今平均有20多年。十年磨一剑,二十年磨成天下之剑。”这几年疫情给宁波本地企业也带来了很大困境,但宁波“扫地僧”的态度是,既不回避,也不惧怕,而是直面,并在倒逼与激发中,创造性地求解。如公牛老总阮立平曾说,“小米通过互联网渠道在年轻用户群中迅速打开市场,给我们很大启发。公牛从一家专注生产电工产品的企业转变为一家与用户零距离的企业,得益于互联网的冲击。一个行业做久了,如果没有外部力量去打破平衡,这个行业就很难注入新思维,就很难继续进步。”有困难不可怕,什么困难都没有,舒舒服服的,这才可怕。正是这些“扫地僧”,他们不仅是专注、执着、坚守、不言输的品质,更是不断创新、不断拓宽视野,在自己从事的行业中奋勇争先,扫出了宁波的一片新天地。

(三)经验启示

1. 制造业是经济社会发展的根基所在

制造业是宁波的立市之本,是城市核心竞争力所在。习近平总书记强调,“我们现在制造业规模是世界上最大的,但要继续攀登,靠创新驱动来实现转型升级，通过技术创新、产业创新，在产业链上不断由中低端迈向中高端。一定要把我国制造业搞上去，把实体经济搞上去，扎扎实实实现‘两个一百年’奋斗目标。”宁波建设制造强市、打造更具国际影响力的制造业创新中心的重要突破口，就是要发展先进制造业，就是要培育更多的制造业单项冠军，通过引领和示范作用，带动全市制造业整体提升。制造业单项冠军企业在推进宁波制造业向中高端发展、提升国际话语权和产业全球核心竞争力等方面具有战略性意义。宁波制造的活力不断迸发。数据显示，去年宁波新产品产值达 7574.4 亿元，约占规上工业总产值的 34.26%，与上一年相比增长 26.3%。以创新为引擎，宁波制造借助新产品加快向全球价值链中高端迈进，已逐步驶入高质量发展的快车道。

2. 人才是创新发展的第一资源

“创新之道，唯在得人。”人才是创新发展的第一资源，而人才理念、政策、环境等各方面因素，影响的不仅仅是人才的质量优劣，同样影响改革创新的推进力度和水平高低。因此，宁波一直非常重视提供各种条件来吸引国内外人才。2011 年启动的“3315 计划”，计划用 5—10 年时间，引进并重点支持 1000 名（个）高层次人才和高端团队来宁波创新创业；2017 年底发布《2018 年宁波市“3315 计划”支持民间资本引进高端创业团队公告》，激发民间资本投资人才项目的活力；2018 年 1 月发布《2018 年“泛 3315 计划”引进支持急需紧缺高层次人才公告》，吸引经济社会发展急需紧缺高层次人才，力争用 5 年时间，集聚培养高层次人才 200 人、高端团队 100 个，带动集聚高层次人才 3000 人、高端团队 500 个。在这场 10 年前开启的人才争夺中，大批海归成为新宁波人，很多院士、科学家、研究机构与宁波结缘。受惠于“3315 计划”，登陆创业板、科创板的企业不断涌现，如激智科技、江丰电子、永新光学等，长阳科技也是其中之一。

“只有引进高端平台，才能引进高端人才，才有高端创新。”只有构建高能级的科研军团，才能为制造业单项冠军行稳致远提供不竭智力支撑。近年来宁波不断努力加大力度,引进强校强院强所等高能级创新平台,加快集聚一流科技人才和创新团队。现宁波市镇海区就有长达6公里的中官路创业创新大街,那里是人才聚集地的代名词。以宁波国家大学科技园为核心,中官路沿线已集聚1000余家企业和10多个创新创业平台。宁波还积极探索引进人才方式。不求“为我所有”,但求“为我所用”。同时创新各种形式多样的用人方式,加助宁波高质量发展。如用人单位与国内外专家合作,有的专家与用人单位签订合同,有的专家前来参与短期项目合作。10年来,宁波通过这种“柔性引才”方式,累计建立院士工作站134家,柔性引进院士创新团队162个,高层次专家1076名;帮助建站单位建立省级研发平台55个、市级以上重点学科15个、市级以上重点实验室10个;申请市级以上科技项目850余项,获得授权发明专利900余项。

3. 培育一支有责任有担当的企业家队伍

中国发展不仅需要实干家,还需要有责任心、有担当的企业家。企业家能带领企业奋力拼搏、力争一流,实现质量更好、效益更高、竞争力更强、影响力更大的发展。企业家能敢于做创新发展的探索者、组织者、引领者,努力把企业打造成为强大的创新主体,在困境中实现凤凰涅槃、浴火重生。宁波制造业能在全国名列冠军原因还在于企业家拥有执着、坚守、不言输的禀赋。不管多大困难,即使在现在疫情下,宁波企业家都能横下心来立志要做行业第一,要建百年企业。正是这种信念与坚守,使宁波制造业走在全国前列。

4. 走有特色的产业集群发展之路

产业集群是指在一定区域范围内,以市场为导向,以中小企业为主体,产品集中生产、专业化协作配套的企业以及各种相关机构、组织等集聚发展的经济现象。产业集群是现代产业发展的重要组织形式,是地区经济发展的主导力量,能够实现规模效应、集聚效应,降低生产成本和交易成本,从而形成竞争优势。宁波制造业其中一个特色就是走有特色的产业集群发展之路,增强产业竞争力。目前已经形成了慈溪家电、余姚塑料、宁海模具、象山针织、奉化气动元件、海曙纺织服装……门类齐全、层次多样且高度密集、区域特色鲜明，在模具、轴承、液气密、紧固件等细分领域形成比较优势，有“中国模具之都”“中国紧固件之都”之称……。宁波拥有 9 个全国唯一的产业基地称号，形成 8 个超千亿级制造业产业集群，是全国重要的先进制造业基地、全国最大的石化产业基地和新材料产业基地、全国四大家电生产基地和三大服装产业基地之一。产业集群内各企业之间的竞争合作不仅能激发创新活力，推动企业技术创新、组织创新和制度创新。还可以通过空间集聚而形成持续竞争优势，成为地区发展强大支撑。

参考资料：

［1］乐骁立. 总数达 63 家！宁波国家级制造业单项冠军大幅领先北上广深杭［N］. 东南商报. 2021 - 11 - 15.

［2］秦朔. 宁波“扫地僧”，为中国制造扫出了怎样一条路？［EB/OL］. https://i.ifeng.com/c/8CY0VjjzLV9. 2022 - 1 - 6.

［3］项敏. 政企合力助力宁波打造制造业单项冠军之城［J］. 宁波通讯. 2021(9)：38 - 39.

［4］曹伟. 打造“制造业单项冠军”宁波经验［J］. 审计观察. 2021(9)：21 - 24.

四、永新光学：打造全球领先的光学企业

（一）基本情况

2021 年 4 月 29 日，中国空间站天和核心舱冲上云霄，遥远的太空将建立起一个超级实验室，未来，科学家将长期驻扎在那里，而他们用于航天医学研究的显微镜，来自宁波永新光学股份有限公司。这是中国第一台太空显微实验仪，也是实验室最基础最重要的仪器，相当于科学家的“眼睛”，带着他们探索生命奇迹。这是永新人的航

天梦,也是全中国人的航天梦。

永新光学的前身是宁波光学仪器厂,该厂是一家以眼镜为主营业务的集体企业,产品单一、功能简单,技术相对落后。1997 年,被誉为“世界毛纤大王”的曹光彪先生出资 1050 万元,宁波光学仪器厂以厂房、生产设备等作价出资 700 万元,双方共同设立“宁波永新光学仪器有限公司”。公司成立之初,只能生产单一品种的低端显微镜,以销往东南亚为主。1997 年,亚洲金融风暴给永新光学带来了很大冲击,销售订单锐减,员工的工资几近发不出。当时的永新光学举步维艰,产品单一,管理层抓住机会加大与行业领先企业合作的力度,开辟了一条为行业领先客户代工快速成长的道路。此后通过与莱卡、蔡司等国际领先企业的持续合作,积累了资金和技术,提升了一定的产品设计和生产能力,焕发出勃勃生机。2008 年,美国次贷危机爆发,使永新光学与美国领先企业的合作变得困难。永新光学管理层果断启动了战略管理咨询,制定了企业“基于精密制造”的突破型增长战略,并建立起较为完整的流程制度体系,筑起了一道防范风险的保护网。2010 年,永新光学与浙江大学联合研制五年的监控相机镜头帮助“嫦娥二号”有了明亮的眼睛。虽然这只镜头不赚钱,但提高了永新的研发能力,加快了通过产学研进行技术学习的步伐,很快提高了国内的认可度。2017 年柏林召开的“光学和光子学”国际标准会议上,由永新光学主导定制的“显微镜光学关键部件联接尺寸”国际标准 ISO9345 通过了委员会审查。这是中国人首次在光学精密仪器领域拥有了话语权和主导权,有效提升了我国光学仪器行业的国际影响力。2018 年,永新光学成功在上海证券交易所上市,助推了企业飞跃发展。

永新光学作为二十多年专注于光学精密制造领域的领军企业,主要从事光学显微镜、光学元件组件和其他光学产品的研发、生产和销售,产品主要包括生物显微镜及工业显微镜、条码扫描仪镜头、平面光学元件、专业成像光学部组件,拥有“江南”、“NEXCOPE”、

“NOVEL”等自主品牌，产品主要出口欧美、日本、新加坡等国家和地区。企业不仅先后承担了“嫦娥”二号、三号和四号探月卫星多款相机光学镜头的制造，获得了国家科学技术进步二等奖，还主导了ISO9345显微镜国际标准制定，以及荧光生物显微镜“浙江制造”等标准的制定。2017年获得了工信部“单项培育冠军企业”的殊荣。2018年位列宁波市竞争力百强企业第4名。2020年永新光学荣获浙江省标准创新贡献奖，获奖项目为主导制定显微镜成像系统和成像部件国际标准和荧光生物显微镜“浙江制造”标准，此创新成果填补了国内空白，打破了美国长期以来的技术垄断，对于提升我国显微镜产品的质量和技术水平，以及国际市场竞争力均具有推动作用。2020年正式升级为国家级制造业“单项冠军示范企业”。对于未来，党委书记兼总经理毛磊说道，“我希望在建国100周年的时候，也就是2049年，在中国的科学仪器版图中，永新光学能成为世界上具有

图 1-4

（图为永新光学创始人、素有“世界毛纺大王”的香港企业家曹光彪(左)与毛磊(右)
来源：沈伟民. 毛磊：光学隐形冠军24年砥砺前行[J]. 经理人. 2020(5).）

代表性的制造商,技术能够比肩世界最高水平,或与世界最高水平齐头并进。”

(二) 特色亮点

1. 有效实施科学的阶梯式技术学习路径

永新光学的发展史,是一条清晰的阶梯式技术学习路径。永新在阶梯式学习过程中,充分发挥了不同学习机制的优势。公司成立之初,面对企业技术、资金等方面存在的薄弱,管理层尝试走这么一条为行业领先客户代工快速成长的道路。为此,管理者设法与摩托罗拉建立了合作关系,之后又开始与尼康、莱卡、美国 Symbol 等国际领先企业合作。由于显微镜和光学元组件具有高精度、多品种、小批量的特点,合作的形式主要是“以销定产”,即根据客户需求提供产品制造的工艺方案,并进行加工生产。这种方式适合了当时企业实际,不仅使企业获得了充裕的资金,更是通过“干中学”实现了生产工艺的稳步提升,为企业长远发展打下了基础。2008 年,面对金融危机的影响,企业果断启动了战略管理咨询,制定了企业“基于精密制造”的突破型增长战略,并建立起较为完整的流程制度体系。对内实行“三多三新三提高”(一人多机一人多岗一人多技、新产品新技术新方法、提高员工素质提高生产效率提高整体效益)的“333”创新增效工程,提高管理效率。对外技术交流方面,永新与国内高校院所开展了产学研技术合作,发挥产学研平台优势的“合作中学”。永新先后与清华大学、哈尔滨工业大学、宁波大学等知名高校建立了合作关系,并且与浙江大学签订了“硕士研究生联合培养协议”,共建博士后工作站,培养企业所需的科研人员和复合型人才。这种企业、高校和科研院所等产学研主体的深度融合,形成强大的创新合力,一定程度解决了企业科技人才短缺的问题,而且提升了企业的创新能力和市场竞争力。如 2016 年,永新与浙江大学、上海理工大学、复旦大学附属医院、南京医科大学合作承担了国家重大科学仪器开发项目“高分辨荧光显微成像仪研究及产业化”，这是永新光学产学研合作中最大的受益项目之一。这种合作使永新光学积极参与国家重大工程项目，通过“研发中学习”助推在光学元件组件事业上获得了高水平的技术能力，又为永新在全球光学产业链中的位置提升提供了重要的能力支撑。2018 年永新光学成功使其有更充裕的资金，更好汇聚高校和研究院研发能力的深度产学研融合，为永新光学在国家重大科研项目中承担好角色打下了坚实的基础。这种阶梯式学习路径，促成了永新今天的成就。

2. 新业务增长强劲

2020 年公司制定五五五战略规划，即计划通过 5 年时间实现 5 倍产值规模和 5 倍效率。新业务成为公司业绩增长的新驱动力。2021 年公司实现营收和净利润 8.0/2.6 亿元，同比增长 40%/62%。公司近几年积极把握自动驾驶（激光雷达）、机器视觉领域的市场机遇。公司光学元组件业务中的条码扫描镜头、机器视觉镜头、车载光学、激光雷达光学元组件和车载镜头前片业务快速放量，市场占有率上升快。还有自主研发的超硬膜窗口技术居全球领先，正在逐步替代蓝宝石窗口，已应用于数万台台式扫描仪。同时，公司其他新业务也取得突破，高端显微镜、嵌入式显微产品、车载光学、激光雷达、机器视觉等中高端新兴业务的拓展力度在进一步加大。其中共聚焦显微镜的这个核心业务研发成功提升我国科学仪器设备行业整体创新水平与自我装备能力。

3. 持续投入技术研发

作为国内光学显微镜行业龙头企业和核心光学部件细分领域优势企业，永新光学以技术创新为增长动力，不断加大在研发领域的投入。每年，永新光学都会将销售收入的 5%以上资金用于研发。最近三年，其研发经费支出达 4200 万元。同时，永新光学近三年还花了几千万元，用于引进和购置各种检测和自动化设备。公司建有博士后科研工作站和省级显微科学仪器研究院，拥有 22 项核心技术，公司先后承担“嫦娥二号”“嫦娥三号”“嫦娥四号”星载光学镜头的制造，参与“鹊桥”号中继星光学相机镜头的制造，并承制我国首台太空显微实验仪，2021 年 4 月 29 日文昌发射基地随“天和核心舱”成功发射。公司逐年增加研发投入，力求突破国产高端光学仪器“卡脖子”技术，不断提高定制化核心光学部件的工艺技术先进性。公司持续投入技术研发，并与浙江大学、复旦大学等国内高校建立了稳定的产学研合作关系。重点攻克 5G 显微视频传输抗干扰技术、低应力光学镜头制备技术、玻塑镜头高效组装及在线检测等多项核心技术。

（三）经验启示

1. 树立工匠精神

执着专注、精益求精、一丝不苟、追求卓越的工匠精神是永新光学不断塑造新辉煌的动力。永新光学是香港知名企业家、“世界毛纺大王”曹光彪先生家族投资的为数不多的高端制造企业。成立 25 年来，企业从生产中低端的教育显微镜起步，一直扎根光学精密制造领域，专注于光学显微镜、光学元件组件的研发、生产和销售，专注技术的积累，专注人才的培养，一步一步扎实前行成为光学细分行业中的领军企业。在现在永新总裁曹其东看来，“一个中小企业要成功做大，必须要注重对其挖掘培养，要专注于自己的主业。”永新就是通过挖掘培养一步步的积累，扎扎实实传承和延伸而发展的。2020 年在浙江省质量大会上，宁波永新光学股份有限公司申报的“主导制定显微镜成像系统和成像部件国际标准和荧光生物显微镜‘浙江制造’标准”项目，获得了“2020 年浙江省标准创新贡献奖”，这是本次宁波唯一获奖的企业。显微科学研究院院长崔志英介绍之所以能创新成功原因在于“我们准备、积累了 10 多年，并从 2016 年开始研制超分辨、高分辨显微镜。”其中对前片玻璃的制造工艺从 2017 年进行了攻关。“我先用机器进行研磨，再同技术团队一起，不断地修正、实验、检测，有局部缺陷的位置就用手工细细打磨，前前后后改了 100 多次，终于在半年后将这一小小的前片打磨‘妥当’了。”负责镜片打磨的张师傅回忆说，光是镜头的攻克，团队就花了1年多的时间。正是这种持之以恒的工匠精神造就了今天的永新。就像光学总经理毛磊常挂在嘴边话，“我们要想做成、做精一件事，没有捷径可言，唯有沉下心‘单点对焦’，持之以恒。”中国在精密仪器制造方面想要在高端产品上有所突破也非一朝一夕的事情，需要一代人甚至几代人的共同努力。

2. 坚持以人为本

光学行业巨大的发展空间以及公司管理团队的团结和进步，令公司管理层对公司的未来充满信心。永新光学刚刚创立之时，大学生都不愿到工厂上班，公司只能吸收一批原来念专科的学生。现在公司的部分骨干就是当初那一批人慢慢成长起来的。永新光学坚持以人为本的管理思想，要求上进，善待员工，依靠认同价值观来促进员工及企业的融合。从控股权来说，永新光学是家族企业，但从管理层来说，永新光学的管理团队来自“五湖四海”，公司的企业文化也是倡导融合文化。在公司最困难时，即使发不出工资时，公司创始人曹光彪老先生、总裁曹其东还是坚信并坚持，不能辞退一个员工，不能让工人的生活受到影响，工资发不出，由他们自己来垫付，一定要把这个难关渡过去。“20多年，永新光学最大的一个骄傲，是没有主动与任何一名员工解除过合同。”总经理毛磊说，在人事问题上，他们心甘情愿地把一代又一代员工送到退休，正是因着曹光彪先生这份故土乡情。这个理念传承到了整个管理层。在总裁曹其东眼里，永新光学能规范发展和管理能力的提升，与管理层及全体员工的辛勤付出是密不可分的。

3. 坚持改革创新推动企业永续发展

改革创新是推动企业向前发展的根本动力。永新光学成立之初，面临着组织紊乱、产品滞销、工人因劳资纠纷罢工等问题，公司内部提出了“1658工程”的概念。具体就是，开发一系列新产品、改革六大技术工艺、建立相对稳定的五个核心大客户资源、指定和推行八项内部管理制度。至今，“1658 工程”仍然在使用，成为具有永新光学特色的管理模式。面对着我国精密仪器领域的技术与国外巨头的产品相比，相差甚远的问题，企业一直在改革创新，从来没有放弃过。正是坚守持之以恒、坚持不懈地改革创新，今天的永新光学已跻身中国显微镜行业前三位，年产各类光学显微镜超过 10 万台，光学元件组件数千万件。产品销往美、日、德俄等 100 多个国家和地区。莱卡、蔡司、尼康，这些世界知名企业的核心光学部件，有相当一部分是“永新光学”供应的。你我常用的照相机、望远镜、条码扫描器、可视电话等等，都有可能有“永新光学”的产品在里面。“嫦娥二号”“嫦娥三号”上的航天星载镜头，也是由“永新光学”制造的！

参考资料：

[1] 倪丹. 永新光学：打造全球领先的光学企业[N]. 上海证券报. 2018 - 8 - 29.

[2] 王婧. 上半年净利同比增长超 158%！永新光学新业务蓬勃发力[N]. 东南商报. 2021 - 8 - 23.

[3] 彭新敏、王昕冉、慈建栋. 永新光学：阶梯式学习铺就冠军之路[J]. 清华管理评论. 2021(6)：98 - 104.

[4] 张良. 永新光学曹其东：要把这个企业做热闹一些[N]. 上海证券报. 2018 - 8 - 29.

[5] 沈伟民. 毛磊：光学隐形冠军 24 年砥砺前行[J]. 经理人. 2020(5). 30 - 35.

五、方太集团：厨电行业第一阵营领头羊

(一) 基本情况

宁波方太厨具有限公司位于宁波慈溪，是一个 100%的家族所有企业。20 世纪 80 年代，原方太董事长茅理翔创办了一家电子点火枪

厂,1992 年定名为飞翔集团。在妻子和女儿的鼎力支持下,把一个濒临倒闭的镇办工厂发展成世界最大的点火枪生产基地。然而,自 1993 年开始,国内出现了 30 多家模仿企业,这些企业通过价格战与飞翔集团竞争,飞翔集团也遇到了发展瓶颈,开始寻求产业转型,先后探索了 100 余种新产品,可是业绩却并无起色。此时恰逢茅理翔的儿子茅忠群从上海交通大学研究生毕业,茅理翔就劝儿子放弃去美国读博士的机会回家乡和自己一同二次创业,希望通过此举摆脱当时的窘境。1995 年,27 岁的茅忠群在目睹了父母日夜操劳的状态后,最终下定决心帮助家人渡过难关,就这样,父子二人踏上了新一轮奋斗之路。

1996 年,在茅忠群的坚持下,放弃原主产品点火枪,专攻抽油烟机,"飞翔"正式改名"方太",立志要"打造中国家电行业第一个高端品牌"."方太"有"方便太太"的意思,指向精准且更具亲和力,很快"方太"这一听上去颇有亲和力的品牌迅速得到了市场认可。基于自身工科研究生的专业优势,茅忠群亲自带领大家研制新产品。26 年以来,方太始终坚持"专业、高端"的战略性定位,品牌实力不断提升。1997 年,方太研发出中国当时单一品种销量最大的 Q 型"厨后"深型吸油烟机,年销售量超过 40 万台,一举奠定了方太在中国高端厨电行业的地位。1998 年,"炒菜有方太,抽油烟更要有方太"的广告语引起不小的轰动。这一营销案例成为中国"名人的名字与品牌名字统一,名人的行业与品牌行业统一"的典型案例,被列入清华、北大的 MBA 案例库。

1999 年,厨电行业的竞争越来越激烈,30 多家浙江省内的厨电企业联合发起价格战。方太顶住压力确立并坚守"只打价值战、不打价格战"的思路,聚焦到满足顾客需求、自主创新产品、提升服务品质上来。2000 年,方太成立灶具研发部门。此后,方太开创了从灶具到消毒柜、蒸箱、烤箱等厨电产品的成套化、嵌入化设计,逐渐把中国的嵌入式厨电市场从零做到目前超过一千亿元的市场规模,不断引领行业发展。到2005年,他们打造了中国排名第一的高端厨电品牌方太。2010年,茅忠群看到央视的一则新闻报道,厨房油烟加剧家庭主妇罹患肺癌的风险。于是,茅忠群开始带队重新思考方太的产品研发理念,"不跑烟"(在方太实验室规定条件下测试,肉眼未见明显的油烟逃逸)成了方太新的油烟机研发标准。2013年,全新一代侧吸式油烟机方太"风魔方"问世。该系列油烟机受到消费者欢迎,连续六年位居中国油烟机畅销榜首位。2018年,方太侧吸式油烟机还获得工信部授予的"制造业单项冠军产品"称号。

在管理企业的实践中,茅忠群发现,企业若想基业长青,必须拥有强大的企业文化。2000年,方太开始从世界500强企业引入职业经理人,导入卓越绩效管理模式。2008年,方太导入中华优秀传统文化。茅忠群花了10年时间,把中华优秀文化与现代企业管理结合起来,并且在实践中不断完善,力争用中华优秀文化建设伟大企业,

图1-5

(来自:陈凌.茅理翔:创业式传承[M].北京:机械工业出版社.2019.)

打造中西合璧的管理模式。

2017 年成为首家突破百亿的中国厨电企业后，方太又提出了几个新目标：在未来十年内，让一千万家庭提升幸福感，让十万企业家迈向伟大企业；与合作伙伴一道，共同打造一万个幸福社区；在 2030 年前后，成为千亿级的伟大企业。

(二) 特色亮点

1. 用传统文化管理现代企业的一个先行者

方太集团董事长茅忠群说："如果方太只有一样东西可以保留，唯一可以传承的就是文化！"方太从 2008 年开始全面导入中华优秀传统文化，一边实践、一边总结，已成为我国用中华传统文化管理现代企业的一个先行者。在方太茅总的带领下以"仁爱"为核心理念，对集团已有的西式管理制度进行本土化改良，形成了一套文化管理体系，即十六字管理方针，"中学明道、西学优术、中西合璧、以道御术"。整个方太文化体系分成三部分：核心理念、基本法则和践行体系。这三部分的关系把它画成了三个同心圆，最中间是核心理念，最外面是践行体系，中间是基本法则。在文化体系的指引下，方太明确提出了企业的三观：使命就是为了亿万家庭的幸福而奋斗；愿景是成为一家伟大的企业！弘扬中华优秀传统文化，让顾客得安心，让员工得成长，让社会得正气，让经营可持续；核心价值观就是人品，企品，产品，三品合一。其中人品是一个源泉，是一个根本。核心理念部分总结成一句话，就是"以顾客为中心，以员工为根本，快乐学习，快乐奋斗，促进人类社会的真善美。"基本法则大概有十条细则，包含了经营管理的方方面面，比如：心本经营、以道御术、德法管理、品德领导、组织修炼等等，每一个词里面都是中西合璧的。践行体系可以从四个方面来层层分解：顾客得安心，包含创新立美、品质立信、成本立惠、品牌立义；员工得成长，包含关爱感化，教育熏化，制度固化，专业强化；社会得正气，包含法律责任、发展责任、伦理责任、慈善责任四个方面;经营可持续,四方面包含战略管理,运营管理,人文管理,风险管理。

在企业发展中方太已摸索出许多如何将传统文化与经营管理结合起来具体做法。如在传统文化启发下,方太形成了特殊的“末位淘汰制”:对于考核结果第1次排在最后3%至5%的员工提出警告,对于连续2次排在末位的员工进行换岗或降级;如果员工的价值观考核不达标,才考虑劝退。方太不采取将排名最后10%的员工直接淘汰的西式管理制度,更不照搬日本企业的终身雇佣制,在绩效管理上符合不偏不倚的“中道”,既给员工安全感与归属感,也不影响工作效率。又如方太发现市场中的净水器,一种超滤膜的,可以保留矿物质微量元素,但缺点是重金属也保留下来了;另一种反渗透膜,它可以把重金属过滤掉了,但也把矿物质,微量元素都过滤了,水变得干干净净。这两种净水器都不利于身体健康。方太为此花了8年时间研发出了全世界唯一的技术-NSP选择性过滤技术,既能保留矿物质、又能高效去除重金属。这对一个企业来说,如果背后没有仁爱之心的文化理念,没有中华文化的这种沉淀,是做不到的。

2. 打造了第一个中国人自己的高端品牌

方太建立时,创始人坚信,只有对高端定位的不懈坚持以及在前瞻性厨房科技上的不断投入,才是开启高端市场成功之门的密匙。因此,1996年方太就确立了三大定位:专业化、高端化、精品化。要打造高端品牌,产品是关键,没有好产品就别想做品牌。而科技与创新,是成就精品、奠定品牌基础的基石。1999年,厨电行业的竞争越来越激烈,大家纷纷发起价格战。茅理翔坚定顶住压力,坚决不降价,阐述方太“只打价值战,不打价格战”的经营理念和竞争思路。亲自带领团队埋头研发新产品,不久后推出了新一代吸油烟效果更好、噪音更低、外观更时尚的T型机,价格虽比老款高10%,销量却迅速回升。方太聚焦顾客需求,拒绝低价竞争,很快用产品和服务赢回市场。在“只打价值战、不打价格战”思路的指导下,方太更加聚焦到满足顾客需求、自主创新产品、提升服务品质上来。正是方太坚持自己专业、高端的市场定位，并着力于在理念、设计、品质上提升产品价值，让方太在定价超过洋品牌的情况下，在市场占有率上也远远领先于西门子、伊莱克斯等竞争对手。2010年方太集团蝉联“2010中国消费者第一理想品牌”荣誉，并获得“全国顾客最佳满意十大品牌”“影响中国杰出品牌贡献奖”等一系列荣誉称号。2019年宁波方太厨具有限公司成为《2019中国民营企业制造业500强》唯一一家上榜的厨电企业。

3. 儒学治企全员身股制

由于坚持不上市，方太从2008年起开始摸索适合非上市公司员工的中长期激励机制，激发全体员工的奋斗热情，提升员工的归属感和凝聚力。2010年，公司在管理层面，结合儒家思想，从“仁义”二字出发，从为员工着想出发，决定要把企业利润分享给全部员工，这就是“全员身股制”。规定只要员工任职满两年，都可获得一份公司股权，享有分红的权利。规定享有“全员身股制”的员工不需要投资入股，但是人在股在、人走股消；可以依据自己持有身股的多少每年两次参与分红；公司确定以员工职位等级为基础，结合岗位价值和贡献来确定某个员工的身股数，具体由人力资源部和各部门负责人对员工岗位价值、贡献评估后确定，并且每个人的额定身股数是保密的。2012年以后，分红比例每年超过集团总利润的10%。全员身股制的全面实施，提高了员工的收入，提升了员工敬业度，促进了方太销售收入高速度的增长；同时推行身股制后，工人流失率大大降低。

（三）经验启示

1. 企业要有清晰的定位

方太成功的优势在于以定位为核心的战略领先。全球顶尖营销战略家杰克·特劳特在他的著作《与众不同：极度竞争时代的生存之道》中指出，“在竞争对手如云的情况下，企业必须找到一种方式令自己与众不同,这是成功的定位策略的基础。”方太集团董事长兼总裁茅忠群在建立企业之初,就下定决心,“方太要么不做,要做就做中国人自己的第一个高端厨电品牌”,这也成为方太二十多年发展的重要指导方针。从第一个拥有自主知识产权的深型油烟机,到开拓千亿级市场的嵌入式厨电和成套式厨电、再到后来的水槽洗碗机、集成烹饪中心、净水机等,方太一直在技术研发和产品创新上引领行业。在成为高端厨电领导品牌的道路上,方太对定位理论的运用经历了一个“从不自觉到自觉”的过程。

2011 年,某国际品牌大举进入中国厨电市场,给方太造成了很大竞争压力。此时,方太和特劳特中国公司合作,推出了一个非常经典的定位案例:“中国卖得更好的高端油烟机,不是洋品牌,而是方太,因为方太更专业。方太,中国高端厨电专家和领导者。”这个广告定位让消费者对方太定位有了更清晰的认识,为方太奠定了方太赢得竞争、称雄厨电的基础。也使企业深深意识到,产品质量对企业发展固然重要,但在外部用户心智中建立一个优势位置、获得顾客首选更为根本。正像茅忠群董事长所说,“在竞争越来越激烈,同时信息越来越多的情况下,定位只会越来越重要。因为定位的一个基本假设,是消费者的心智模式,也就是说定位理论是天生以顾客为中心的,每个企业或者说每个品牌,都要求自己有更加清晰的定位,才能够更容易让消费者认知到。否则,消费者面对如此多的信息,很难做出选择。”今天方太的发展成功与准确的定位是分不开的。

2. 打造“中国式”家族企业管理模式

中国有 2700 多万家民营企业,近 95%的企业为家族企业。随着第一代创业者逐渐进入退休年龄,家族企业传承步入高峰期。如何成功传承是许多企业和家族面临的困境。在家族企业诸多传承实践中,方太集团的传承堪称典范,走出一条自己的路。

“三三制”传承交班。茅理翔是家族企业最早、最坚定的推崇者,认为传承是两代人共同的任务,父辈有意识地安排下一代的接班步骤,下一代有准备地子承父业。茅理翔的传承交班带三年、帮三年、看三年理论,简称三三制。前后共九年,这一点,茅理翔非常有前瞻性,同时也坚决执行这一交权步骤,按照他的话说就是:大胆交、坚决交、彻底交。在这个过程中,前三年交出产品研发权,再三年交出营销权,最后彻底交出管理权,完成带三年、帮三年、看三年。在他看来,企业接班人应具备六大能力:企业领导、市场领导、应变、学习、创新和社交等。但这些能力并非靠天赋,而是可以通过实践逐步培养和积累获得。突击交班往往对企业是一种伤害,管理的学习是需要实践和时间支撑的。

淡化家族制。茅理翔认为淡化家族是家族企业发展到一定阶段的必然选择。家族企业必须要专业化管理。在家族企业里,经营矛盾可以用管理方法解决,但家族矛盾往往行不通。方太规定总裁下面所有的干部,不准允许有茅家的人员参加。1996 年方太成立时,就将其女儿淡化掉了,她可以在方太持股,但不可在方太经营。2002 年以后,方太加速实施“去家族化”的发展战略,茅理翔的太太辞去副董事长、副总经理和工会主席的职务,将生产权、采购权全部放给了生产总监和采购部长,改为公司的监事长。同时自己也退为董事长,彻底交权。茅理翔说,“第一代企业家的自我淡化很痛苦,毕竟企业是自己一手带大的。但为了企业长远发展,必须果断交班,让年轻人放手去奋斗。”因此茅理翔从 2002 年起,对企业内部所有经营层面上的事情基本不管了,彻底放手给儿子去施展才能。与此同时,方太在茅忠群的主要领导下,大力引进世界 500 强的优秀职业经理人,朝向一个新的阶段前进。

提出“口袋理论”。方太是一家典型的家族企业,茅氏家族的两代经营者都坚持家族完全控股的方针,拒绝公开上市。为了避免现实中家族企业兄弟姐妹对簿公堂、家族内讧的局面,对此茅理翔发明了自己独特的“口袋理论”。第一个口袋是家族企业与外部的股权必须要清晰,同时保证家族控股;第二个口袋是避免家族纷争,家族内部的股权要清晰;第三个口袋是家族内部要分开经营。简单来说,“口袋理论”的核心就是产权要放在一个口袋里,兄弟姐妹之间可以在一个公司相互参股,但不要放在一起经营,否则会给企业埋下“定时炸弹”,最终将导致家族和企业的分裂。

参考资料:

[1] 曾高飞. 茅忠群解密百亿方太新战略:产品文化共振发展[EB/OL]. https://www.chinanews.com.cn/business/2018/06-22/8544085.shtml. 2018-6-22.

[2] 吕福新. 家族企业的资源短缺与理念接续——宁波方太厨具有限公司持续发展的案例研究[J]. 管理世界 2013(12):128-136.

[3] 郑飞虎,常磊,葛玉良. 信任与家族企业的成长能力——基于方太的案例分析[J]. 管理案例研究与评论. 2015(2):97-115.

[4] 蒋佩芳. 父子传棒,方太打造“中国式”家族企业——独家专访方太集团名誉董事长茅理翔、方太集团董事长兼总裁茅忠群[N]. 国际金融报. 2019-10-19.

[5] 周永亮. 方太创新的背后有何秘密?[J]. 企业管理. 2019(8).

[6] 陈凌. 创业式传承的方太模式[J]. 经理人. 2015(302):38-41.

[7] 王婧. 茅忠群:下一个十年,迈向千亿,迈向伟大[N]. 东南商报. 2019-10-9.

[8] 陈凌. 茅理翔:创业式传承[M]. 北京:机械工业出版社. 2019.

六、乐歌:一路高歌争冠全球

(一) 基本情况

2020 年 6 月 15 日,李克强总理在出席第 127 届广交会“云开幕”仪式时连线乐歌,对公司危中求机加速布局海外仓撬动外贸出口逆势上扬的做法给予了肯定。2021 年 5 月 24 日李克强总理实地考察了乐歌人体工学科技股份有限公司，肯定其在发展新动能、新业态上取得的成就。一年中两次获得总理关注，让宁波这家专注“大健康”的上市公司开始广为人知。

乐歌人体工学科技股份有限公司是从外贸起家的，于 2017 年 12 月 1 日在深交所创业板上市，是 IPO 形式上市的人体工学大健康行业第一股和跨境电商第一股。主营业务是以机、电、软一体化的线性驱动为核心，健康和智慧办公、家居产品的研发、生产及销售，主要产品包括：线性驱动智慧办公升降系统、智慧升降工作站、智能小秘书工作站、智能电脑架等健康智慧办公、家居类产品。产品市场占有率达国内第一、全球第二。

作为国家高新技术企业，目前乐歌已拥有宁波滨海经济开发区、宁波姜山及越南胡志明市 3 大制造基地，生产面积约 18.1 万平方米。拥有 25 家分子公司，拥有全球员工近 4000 名，主要分布中国、美国、越南、菲律宾等地。公司的研发人员有 600 余名，专注于研发机电一体化、嵌入式软硬件、物联网、5G 技术应用、高速低噪线性驱动等领域。2020 年，公司联合鄞州区政府、宁波大学共建智慧大健康装备产业技术研究院，为产业链上下游企业提供研发服务。2021 年乐歌股份“浙江省健康智能家居重点企业研究院”被认定为省重点企业研究院。目前，乐歌股份拥有国家级工业设计中心、省级博士后工作站、省级企业研究院、省级企业技术中心、省级高新技术企业研发中心等“一站一院三中心”五个科创平台及 CNAS 实验室，内设有亚洲第一家 UL 目击实验室和德国 TUC、GS 目击实验室，已经形成全球专利 1125 件，获评国家知识产权优势企业。近年来，为增强产品的持续创新和市场竞争力，乐歌保持较大的研发力度，研发投入持续增长，努力使公司的创新能力、研发水平和专利储备保持在行业领先水平。

乐歌公司在全球已建成 20 个海外仓，不仅极大增加了海外销量，还为国内大量中小微企业提供海外仓储、物流等服务，帮助他们的产品缩短物流时间、顺畅销往国外市场。面对疫情,乐歌宣布拟投资3260万美元(合计人民币2.07亿元)建造一艘1800TEU的集装箱船。旨在缩短交货周期、提升存货周转率,推动公司公共海外仓业务与海运一体化运营,带动更多中小企业品牌出海。如今,在“双循环”新发展格局下,乐歌的内销板块也做得风生水起,形成线上为主、线下为辅的销售模式。2020年电商平台乐歌品牌升降桌位列全网第一。目前在天猫、京东等电商平台上,每卖出3张智慧升降桌,就有2张来自乐歌。未来,乐歌将继续秉承“用科技和创新,成为社会需要的时代企业”的愿景,紧密围绕线性驱动核心技术,集聚整合创新要素,加强技术交流与合作,推动智能化高效线性驱动技术的产业化突破,助力“健康中国2030”建设,为实现全民健康、品质生活保驾护航。

图1-6

(二) 特色亮点

1. 智能制造赋能

乐歌对自主品牌的追求一直在加码。随着企业发展,各种成本不断上升,加上国内对制造业在土地面积、环境承载等方面限制越来越多，让乐歌早早意识到必须要从FOB工厂模式转型到品牌运营模式，即用自主品牌在国外实现销售，直接进入零售端，基于用户导向进行产品定义和研发。这样可以规避劳动力红利的下降，同时充分利用大学生等人才红利。企业在创建自主品牌之初，企业敢于牺牲“大财源”，顶住大客户取消订单的打压。以全球最大的办公用品零售商史泰博为例，直接取消了一年500万美元的订单，零售巨头沃尔玛也向乐歌关闭了大门。如今乐歌更是顺应智能制造大势，在研发端和制造端大投入、快投入，向自动化、柔性化、智能化发展。乐歌勇立数字化改革潮头，与文谷等软件服务商合作，2021年建成全球规模最大、最先进的线性驱动智能工厂。在5000多平方米的生产车间，主要是机器人挥臂，工人只有10名左右，他们扫描二维码，便能确认原材料是否符合要求，再按动按钮就可开工。车间主任也无需亲临现场，即可在手机上远程观察设备运转。设备的实时切割精度、管材壁厚、库存数量、订单进度、能耗分析、设备报错原因等，大数据平台上一目了然，无需人工完成报表。某道生产环节出现异常，工作人员的手机就能收到故障提示。过去是用人工做电路板检测，非常枯燥，现在用人工智能进行检测，高效可靠。在仓储环节，过去是人工找物料，头昏脑胀，现在是智能仓储，系统为目标零件‘亮灯’后，工人只要扫码，自动运货车就会沿着规划路线运到目的地。”信息化赋能生产制造，生产效率提升了30%。

如今，乐歌已离“工业4.0”的目标越来越近，打破设计、工艺、制造、检验、物流之间的“信息孤岛”，实现ERP和MES系统的互联互通，做到“办公室里一下达指令，底层设备就能转动起来”。精密线性驱动、无接触式心率测控等关键技术填补国内空白，并实现量产替代进口。同步“武装”生产线，机器人焊接、全自动喷涂、烤漆流水线、全自动注塑生产设备、专业实验认证中心……目前乐歌在姜山镇和鄞州经济开发区的两大制造基地高度自动化和智能化。实现了供给侧结构性变革的魅力——价值链延长，总价值提高，从事传统制造的人大大减少,从事自动化改造、数据化挖掘、智能化调度、网络化营销的人大大增多。从而使企业不断潜心锻造核心竞争力,把产品不断做精做优,以不变应万变。

2. 发力布局海外仓

产品再好,无法送达客户也是枉然。“冠军产品搭配自主海外仓,有效释放了跨境电商新业态的张力和红利。”项乐宏一语道出其中奥秘。

截至目前,乐歌海外仓布局扩张至20个,面积约20万平方米,遍布美国、德国、日本等地,带动80余家中小企业一起出海,助力“中国制造”在海外配送顺畅。乐歌年产值约10亿元,其中出口占比达到80%,美国市场占比更是超过60%。疫情之下,很多零售门店歇业、倒闭,外贸订单延期甚至取消,乐歌在美国市场表现一枝独秀,正是依靠海外仓发力。“每个海外仓的存货储备量都在3个月以上,货源品种达200多个款型,每天在线实时更新销售数据。”通过业务信息管理系统,位于宁波南部商务区的乐歌总部可实时获悉海外仓运行情况,并根据海外仓储和订单的变化,调整研发、生产、售后等各环节及战术,运筹帷幄之中、决胜万里之外。公共海外仓服务项目,则是在“双循环”新格局下反哺国内中小企业、实现“抱团出海”的重要举措。预计5年内将实现乐歌海外仓平台100个全球布点。

3. 打造融通新平台

乘势而上打造平台型企业,制造和输送更先进更多样的智慧健康产品“走出去”。乐歌锚定平台型企业,实施两端出击。发力产品端,立足智慧工作站,横向拓展智慧家居橱柜、多功能儿童学习站等产品,实现自主产品多元化;发力市场端,加速布局海外仓,打造“公共海外仓创新综合服务平台”,驱动更多中小企业抱团出海。9年前,乐歌就开始了跨境电商业务,之后主动砍掉代工业务深耕自主品牌,再到扩建越南工厂,全球化的产业链布局,直接保证了疫情期间企业也能快速生产和配送,并顺势把目标用户从公司覆盖到个体消费者。2022年1月27日晚，乐歌股份发布公告，拟投资3260万美元(合计人民币2.07亿元)建造一艘1800 TEU的集装箱船，预计于2023年3月31日交付。乐歌造船战略逻辑是和海外仓形成联动，帮助更多中小企业解决“头程难”的问题。目前，乐歌和220家中小微企业签约合作，其中157家企业的产品已经通过乐歌海外仓销往国外市场，产品涉及健身、家具、家居、户外等领域，乐歌海外仓“朋友圈”已经从宁波扩展到全省乃至全国。

正是这种厚积薄发的自信，让乐歌敢于大胆谋新——打造“公共海外仓创新综合服务平台”。平台企业不仅是一个物业、一个仓储，更是一个系统工程，一种融通发展的新模式，包括仓储信息系统、安保系统、运营管理、售后服务、法务专利等各种系统集成。目前，乐歌的“公共海外仓创新综合服务平台”已具备仓储、物流、专利、法务、售后和营销等全流程服务功能，吸引了80余家中小企业入驻，在美国市场派送实现“一日达”。未来5—10年，乐歌依靠平台驱动，主营业务收入增速将保持在25%以上，产品市场占有率达到全球第一，争当全球冠军企业。

(三) 经验启示

1. 创新是企业发展的生命线

创新是引领发展的第一动力，抓住了创新，就抓住了牵动经济社会发展全局的“牛鼻子”。乐歌的研发人员有600人。近三年企业累计在研发领域投入超过1亿元，实际转化科技成果44项，主持(参与)制定行业标准2项。累计拥有软件著作权18项，获授权专利785件，其中发明专利52件。这些座椅、升降桌看似简单，它的“含金量”可毫不含糊。背后有多项线性驱动核心技术的创新应用，如避免桌脚倾斜的地平自适应技术；桌子升降时能感知障碍物、自动回弹的将阻回退技术；能无接触感知用户心率的检测技术；能在高速升降中做到无声无息的降噪技术。

在乐歌展厅,一款高颜值的儿童学习桌迅速映入眼帘——小清新的粉色与环保的实木材质相得益彰,配上可以任意调节角度的倾斜板和双层书架,让孩子的写字、阅读、绘画、书法拥有良好体验。该产品推出仅一年,就拿下京东儿童家具类目销量第5的佳绩。在这款热卖的爆品背后,是制造业“单项冠军”乐歌股份数年如一日的研发投入。“我们研发的遇阻回退机制,采用多轴运动传感器,在学习桌运动时,根据实时基准值做遇阻回退的判断,一旦触碰障碍物就能立即回弹,既灵敏又准确。倾斜板根据孩子的脊柱发育和眼睛健康量身定制,可单手调节角度,又能防止夹手,还有书架和收纳台极易安装设计……这些都是独创的匠心。”殷士凯称。有了这些硬核技术,乐歌股份出品的产品不仅在欧、美、日等全球75个国家和地区的线上渠道独占鳌头,还在国内位居市场占有率第一。

2. 坚定地走高附加值的自主品牌出海之路

专利是一道重要的“护城河”。2005年以来,乐歌一直高度重视技术研发,并在市科技局帮助下申请专利保护。如今,公司还在《企业知识产权管理规范》指导下,建立了一套完善的研发流程。在产品立项前,乐歌会提前做好技术检索,并在开发过程中不断查新。一方面,避免重复研发,以确定产品开发路线;另一方面,及时规避侵权风险,并将自己的创新申请专利进行保护。乐歌专门组建7人专职团队,确保“金点子”不被抄袭仿冒。值得一提的是,乐歌正是凭借对知识产权保护的重视,不仅在国内电商平台有了让侵权产品下架的正当理由,还2次从美国国际贸易委员会的337调查中胜诉而归。

2017年,乐歌在美国遇到一起贸易纠纷,竞争对手认为乐歌的升降台产品构成侵权。但乐歌底气十足,深知2种技术并非同源,且对方主张权利要求的可专利性不足,最终维权成功、达成和解。而当乐歌在2020年再次遇上类似事件时,竞争对手更是自认理亏,在一个月后就宣布撤诉。

目前,乐歌股份在全球累计获得各类有效专利1115项,范围遍布美国、欧洲、澳大利亚、日本等发达国家。这一数量在制造业大市宁波排前10位。专利范围覆盖外观设计专利、实用新型专利、发明专利等方方面面。现在乐歌还在主导制定儿童电动升降桌的浙江制造标准,争取到2025年公司实现每年新增发明专利申请200件。正因为有了这些专利,乐歌产品在"内循环"和品牌出海之路得以行稳致远。

3. 营销创新开拓内销市场

乐歌股份是从外贸起家的,如今,在"双循环"新发展格局下,乐歌的内销板块也做得风生水起,形成线上为主、线下为辅的销售模式。企业不断尝试开拓内销市场的营销创新。2020年,乐歌就把产品送进罗永浩的直播间。2021年,公司设立营销中心,采用明星主播带货、品牌自播直播、影视植入等形式,全方位吸引流量。2021年"618"期间首次尝试总裁直播带货,取得良好的销售业绩。乐歌借契机,联手B站网红up主"何同学""梦幻联动",趁着热度,抓紧时机,进行市场推广。10月18日,"何同学"发布的一条视频刷屏全网。视频中,何同学称,苹果于4年前发布了自己的无线充电板——AirPower,但至今都没有上市。因此他花了2个月的时间,用一张称为AirDesk的神奇桌子,做了一款超大终极版的AirPower。而这条"全能桌"稳健升降的桌腿,正是来自乐歌的产品与技术。它不仅在B站获得超600万浏览量,还一举冲上知乎热榜,在微博话题获得上千万次阅读。这条"爆款"视频,让网友对乐歌品牌印象深刻。有人在弹幕里高呼"量产",更有热评表示"感谢乐歌让何同学更新",并科普乐歌的升降桌、升降台。为此公司的股价应声高涨近14%,市值半天增加近5亿。乐歌负责人表示,"这次与何同学的合作,为我们带来大量关注度,我们将抓住时机把流量转化为商机。接下来,乐歌会和优质KOL一起合作更多的桌面秀,充分展示乐歌产品的科技属性,传递坐站交替的健康办公理念。"并表示未来乐歌还将在品牌营销、渠道建设上持续发力,采取线上线下融合发展的战略,在重点城市和目标人群聚集地,加快线下门店开设的节奏,争取未来三年内销板块每年翻倍增长。

参考资料:

[1] 廖娟娟. 乐歌:一路高歌争冠全球[EB/OL]. http://yz.cnnb.com.cn/system/2021/01/18/030221681.shtml. 2020-1-18.

[2] 严瑾. 世界上最贵的视频! 市值半天增加近5亿,宁波这家公司火速出圈. 东南商报[N]. 2021-10-21.

[3] 廖娟娟. 乐歌:一路高歌扩大海外仓"朋友圈"[EB/OL]. http://yz.cnnb.com.cn/system/2021/05/28/030255155.shtml. 2021-5-28.

[4] 严瑾. "快乐歌唱"背后,这家企业拥有超千项专利的"含金量". 东南商报[N]. 2021-9-9.

[5] 严瑾. 电商平台每卖出3张升降桌,就有2张来自宁波这家"单项冠军"企业. 东南商报[N]. 2021-10-7.

[6] 壕气! 砸下2亿元造船,这家宁波"跨境大卖"要干嘛? 东南商报[N]. 2022-1-29.

七、申洲集团:别样代工模式的针织王国

(一) 基本情况

申洲国际集团控股有限公司成立于1988年,是中国乃至全球规模最大的纵向一体化针织服装制造商和销售商之一,长期专注并深耕针织服装产业链,产品范围涵盖运动服、休闲服、内衣等。申洲集团堪称中国传统制造业谋求新发展模式的典型样本。上世纪90年代,公司抓住全球纺织产业链向中国转移的历史机遇,不仅积极承接日本高端服装品牌的代工订单,还前瞻性地布局布料研发,并构建了世界一流水平的染整工艺生产流程,打造垂直一体化生产模式。依托宁波北仑、安徽安庆、浙江衢州基地、在海外建立柬埔寨、越南生产基地,申洲目前是耐克、优衣库、阿迪达斯以及彪马等国际知名服装

品牌的第一大供应商，拥有全球员工 8.8 万人，可年产自用高档针织面料 20 万吨、针织服装约 4.3 亿件。战略层面，申洲集团及时在海外复制上述模式，构建规模化产能，进而形成四大品牌合作商、四大市场有效覆盖、三大品类为主的格局，有效地抵消了贸易政策变化、单一品牌、单一地区以及服装行业周期性风险。

申洲集团起初在 2005 年于香港上市时，它并不受市场待见，巴菲特甚至坦言说过不喜欢纺织股。2008 年金融危机，它的股价大跌 56.9%，一度跌逾 75%，估值被砍到不到 3 倍 PE。但如今，2020 年 5 月 10 日，“2020 中国品牌 500 强”排行榜发布，申洲国际排名第 287 位。2020 年 5 月 13 日，申洲国际名列 2020 福布斯全球企业 2000 强榜第 1282 位。2021 年 7 月，2021 年《财富》中国 500 强排行榜发布，申洲国际集团控股有限公司排名第 417 位。

图 1-7

申洲集团工厂（http://www.shenzhouintl.com/120/）

（二）亮点分析

1. 持续技改，打造世界一流的设备

世界一流的设备是申洲人的骄傲。一些前来参观的新加坡业界同行曾对马建荣说：“下次‘打死我’也不来看你的工厂。不看，我们还有信心来竞争；看了，没有方向了，回去不知道怎么搞了，我们不可能投这么多钱来搞。”

1997 年,马建荣顶住董事会的压力,在集团面临资不抵债的困局下,花几千万元引进世界上最先进的针织大圆机来代替普通的国内台车,又从上海引进几个染色和织布的专家,技改为企业赢得巨大的发展空间。此后两年,企业的销售和利润都以 30%的速度增长。

尝到了甜头,集团开始持续进行技术改造。2005 年以前坚持将所有利润的 60%至 90%都投入技改,2005 年上市以后,每年仍然把 50%的利润用于技改。① 在面料坯布制造环节,由于生产设备的趋同性,并不具备门槛,面料质量成为服装产品竞争力的关键因素。面料的高附加值性能主要来自原材料配方(特殊功能纤维)设计、面料的结构设计以及染整环节,面料研发具有更高的价值和壁垒。在申洲集团的面料研发中心拥有一支专业研发团队。充分利用开发优质面料的设备,与外部科研机构建立了广泛的合作关系,在提升面料传统质量指标基础上,一直致力于提高面料的科技含量,开发一系列在功能性、环保性等方面具有差异化优势的新颖面料。由于在面料研发上的持续投入,采用 ODM 模式,具有高于同业的面料研发能力,申洲集团每年都获得相关专利。截至 2019 年,新材料面料类申请的专利数量已达 143 项。

将企业绝大部分利润用于技术改造,在有收益的同时,也充满了风险。1998 年,马建荣用企业一年的利润,一次投入 280 万美元购置了意大利生产的拉毛机。机器引进后,由于客户对生产这种新型面料信心不足,没有人下订单,机器两年空置,巨资买的设备差点变成一堆废铁。集团领导坚信新技术的应用不会一帆风顺。经过两年的市场开拓,新型拉毛面料成为申洲集团的主打产品,客户一个订单就是一千万件,供不应求。为加快生产,不得不从意大利紧急空运设备到宁波。这种科技创新产品至今仍占集团年销售的 20%左右。

---

① 沈锡权,章苒.“夕阳产业”何以拥有世界一流的核心竞争力?[N].经济参考报,2009-12-02(006).

2. 人力资源管理共赢,建立良性循环体制

企业要以人为本,申洲集团的管理团队敬业和爱企是行业内出名的。在20多年的创业过程中,企业员工都本着以企业为家的理念,尽心尽力,没有一个离职的。马建荣常说,一个老板最大的福气,就是一个员工愿意在这家企业做一辈子。集团给越南、泰国、马来西亚等新成立的工厂安装了中央空调。在东南亚炎热潮湿的环境下,工人容易出汗,这么做既能关心员工,让他们感受到企业的爱,提高生产效率,又能保证衣服和纺织品不那么容易发霉,良好的工作环境发挥了虹吸效应,使得附近工厂的工人也纷纷应聘申洲集团,逐步形成了好环境吸引好工人这样一个良性循环的体制。

在申洲集团的发展过程中,不断平衡公司股东、员工和社会之间的利益。集团有7万多员工,初中以下文凭的占77%,中专高中以下的占95%。而且这些员工80%都来自偏远的欠发达地区,年龄18—24岁占到90%以上,面对这样庞大的就业群体,光是春节后的返工率就是困扰代工企业的一大难题,而申洲集团做到了97%的返工率。在申洲集团的年报里,有这样一段描述,集团连续七年春运包车送员工回家,每年耗资1500万元帮助员工过好春节。面向安徽、四川、陕西、云南等14个省,途经324个返乡站,275辆巴士,13000人次,同时随车食物,饮水也给员工准备,春节后再将返乡员工接回来。短期来看,这1500万元完全沦为费用,减少了股东利益,但长期来看,它增加了公司的员工留存率,提高了公司员工的平均熟练水平,减少了公司的招工及培训费用,从而提升了公司的生产效率,保证对客户的交货承诺。[①]

(三) 举起环保大棒,打造绿色可持续供应链

环保及社会问题议题影响品牌商供应链的可靠性,对于塑造品

① 舒展.申洲国际集团公司核心竞争力研究[D].北京邮电大学,2019.

牌形象也有所影响。服装纺织业是全球第二大污染环境最严重的行业,如棉布在其生产过程中非常耗水,化纤减少了对自然资源的消耗,但是其印染中产生的污染也很严重。以阿迪达斯对于供应链环保节能的要求为例,其自2011年起要求供应商将能源和水资源使用、废弃物等数据提高到品牌开发的环境数据统计系统。通过评估供应商提供的数据,阿迪达斯提出了能源和水资源使用以及废弃的基准,针对每一家供应商,阿迪达斯将其与基准数据进行对比,提出差异化的节能减排目标,最终实现阿迪达斯提出的到2020年,能源和资源消耗、废弃物产生量减少20%的总目标。而彪马、H&M、耐克、沃尔玛以及GAP等品牌商及零售商已经开始利用公开数据建立供应商检索机制,从而有可能主动识别供应链上的污染问题。①

1997年,申洲国际赚了3000万,马建荣把这些资金用来建设污水处理厂。用马建荣自己的话说,这在当时所有人的眼里就是一个笑话。购买高端设备好歹还可以说是投资,而污水处理厂就基本上是费用了。短期来看,它确实会减少公司的利润。但长期来看,这项成本的支出压力逼得公司必须提升自己的运营效率以巩固自己的市场竞争力。而这种运营效率,当过去几年环保大棒真的举起来时,却成了公司收割的利器。

申洲国际是第一批(2012年)符合“印染企业准入条件”的企业之一,2013年开始在年报中公布自身节能减排、社会责任相关的数据。锅炉热能回用、印染中水回用,能够回用的资源,申洲全都不会浪费。申洲在其国际纺织研究院,设院士工作站,聘请了两位院士为顾问,一位院士主要研究新面料和新材料的开发和应用,另一位院士主要研究如何减少资源占有,研究环境治理和绿色环保印染技术,用

① U+方圆小乔. 申洲国际:10年30倍,全球服装行业的隐形冠军[EB/OL]. http://www.sohu.com/a/123333659_313170. 2017-01-04.

尖端技术达成申洲定下的“2025 零排放”计划。由于环保原材料的使用、染色工艺的改善、环保设备的引进及末端水处理的利用，申洲集团在 2020 年度的耗水量是 25，114，720 吨，比去年下降了约 4.43%。

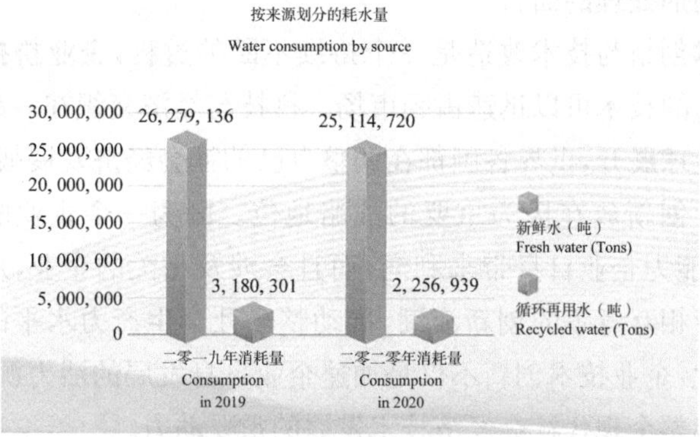

图 1－8　申洲集团 2019 年和 2020 年耗水量对比图

（http：//www. shenzhouintl. com/uploadfile/file/20210427/1e32cfc9a. pdf）

（四）经验启示

1. 加强技术创新，强化自身“核心竞争力”

在世界经济逐渐一体化的今天，企业之间的竞争不再停留在规模、销售额等指标体系之上，更多地在不断选择、培育和强化自身“核心竞争力”。而对于生产企业而言，技术创新便是企业核心竞争力的重中之重，纵观当代企业，只有不断创新，才能在竞争中处于主动，立于不败之地。

企业可以采用渐进式创新或者突破式创新两种路径，渐进式创新比较适合有明确的市场定位，为人熟知的产品特征，较低的利润空间，高效的生产技术以及竞争主要基于价格的企业，而突破式创新则相反,一般企业都会选择风险小,成本相对较低的渐进式创新。而申洲国际正是走了一条不寻常的突破式创新,也就是面料开发,才有了今天的高毛利以及市场领导者的地位。多年来,申洲集团不断夯实面料研发和工艺创新能力,提升技术壁垒,公司已经开发出超细晴纶及超细涤纶的保暖面料、针织仿真面料、功能性运动面料、利用各种功能性助剂处理的面料。

技术创新与技术改造是一个持续不断的过程,企业拼接具有核心竞争力的技术可以迅速占领市场。科技与经济交织在一起的激烈竞争在全球展开,世界各国都在调整自己的社会经济发展战略,都把企业技术创新放在极为重要的战略地位。因为一个企业的技术创新,不仅能为企业自身带来利润,而且会涉及相关的企业,从而形成众多企业相互竞争的创新浪潮,推动整个社会生产力水平的不断提高。因此,企业技术创新不仅是加速企业自身发展的活力源泉,而且也是加速整个现代社会经济技术发展的重要动力。

2. 重视员工福利,追求双赢模式

员工福利可以使企业获得人才竞争优势、低成本优势并且特别能促进知识型企业核心能力的增加。福利管理越人性化,越能增加广大员工的凝聚力,进而就越有利于人力资源管理这一核心目标的实现。

根据马斯洛需要层次理论,当物质需求满足后,人还希望能满足精神方面的需求。结合管理实践来讲,企业员工不只有经济方面的需求,他们还会产生心理方面的需求。比如,他们渴望被尊重和公平对待,有较强的归属感的需要。直接薪酬主要满足了员工物质方面的需求,而福利则恰好满足了员工在精神方面的一些需求。事实上,福利水平的高低往往决定了一家企业内部的员工雇佣关系的性质。申洲还有全省最大员工食堂——申洲中央厨房,可为公司4万员工免费提供工作餐。每年,申洲投入改善员工生活环境的资金都高达数亿元。“体面劳动,尊严生活”是申洲的企业文化,马建荣说这不是挂在企业墙头用来炫耀的口号，而应成为时刻提醒企业高管的一句警言。

同时，企业为员工提供诸如体检、健身、保健等福利项目，有助于员工强化体质、预防疾病，减少了因身体不适而需要暂时中断工作的几率；企业为员工提供各种休闲和度假福利，可以使员工保持良好的工作状态，能够全身心地投入到工作中去。

3. 树立环保及社会责任意识，实现绿色增长

从环境与发展的关系看，中国目前已经进入了一个重要的战略转型期。企业是推进社会建设与生态环境保护的主要力量，其不仅要追求经济利益的最大化，也必须承担绿色发展的社会责任。要从根本上解决生态环境问题，必须贯彻绿色发展理念，坚决摒弃损害甚至破坏生态环境的经济增长模式。企业社会责任中的“绿色”内涵，就是要求企业走绿色发展的道路，不能以破坏生态环境为代价追求经济利益，而是通过技术创新、转型升级、降低能耗、减少排放等方式，减少生产经营活动对环境的污染和破坏，切实肩负起保护生态环境、实现绿色发展的社会主体责任。

申洲集团通过长期的技术改革和升级产品线，不断引进更自动化、更节能环保的设备，甚至开发环保新材料，减少生产过程中产生的废水、废气的污染，这一举措在提升企业形象，保护环境方面也具有显著作用。

建设生态文明，必须全面推行绿色制造，不断缩小与世界领先绿色制造能力的差距，加快赶超国际先进绿色发展水平。全面推行绿色制造，加快构建起科技含量高、资源消耗低、环境污染少的产业结构和生产方式，实现生产方式“绿色化”，既能够有效缓解资源能源约束和生态环境压力，也能够促进绿色产业发展，增强节能环保等战略性新兴产业对国民经济和社会发展的支撑作用，推动加快迈向产业链中高端，实现绿色增长。

参考文献:

[1] 沈锡权,章苒."夕阳产业"何以拥有世界一流的核心竞争力?[N].经济参考报,2009-12-02(006).

[2] 舒展.申洲国际集团公司核心竞争力研究[D].北京邮电大学,2019.

[3] U十方圆小乔.申洲国际:10年30倍,全球服装行业的隐形冠军[EB/OL].http://www.sohu.com/a/123333659_313170.2017-01-04.

八、慈溪市农创园:玩转现代农业

(一) 基本情况

浙江"七山一水二分田",山多地少,缺乏大规模的连片种植区域。勤劳的慈溪人民在这片多为滩涂和盐碱地的土地上创造出无数农业奇迹,率先推行农业产业结构调整,率先发展效益农业和外向型农业,多项举措走在全省全国前列。

慈溪市坚持"农业稳市"战略,积极做好农村土地流转,建好家庭农场,培养新型职业农民,把产业园区建设作为现代农业发展的主抓手、主平台,明确规划"一核两带四区块"的产业布局,构建多层次产业平台,培育多元化产业主体,创新多类型产业业态。2016年,慈溪以农业为融合的基点,农业园区、龙头企业、农业合作社、家庭牧场共同创造了现代农业发展的"慈溪模式"。慈溪相继被评为国家现代农业示范区、全国蔬菜产业发展重点县市、国家级出口蔬菜质量安全示范区,现代农业发展综合水平居全国第一方阵。①2018年慈溪实现农林牧渔业总产值78.32亿元,增加值53.94亿元,出口交货值5.3亿美元,拥有年出口500万美元以上出口农产品企业10家。②

2018年慈溪实现农林牧渔业总产值78.32亿元,增加值53.94亿元,2018年出口交货值5.3亿美元,拥有年出口500万美元以上出口农产品企业10家。①

2020年慈溪入选首批国家数字乡村试点县(市、区),获评国家农产品质量安全放心县,全省实施乡村振兴战略、高水平推进农业农村现代化成效明显县市;集体经济经营性收入40万元以上村占比90%以上;城乡居民收入比低至1.64∶1,列宁波第一、全省前列;低收入农户人均可支配收入去年同比增长14.3%……②

目前,慈溪高标准农田占比达到近8成,土地规模经营率高达87%,基本形成优质粮食(4万亩)和精品蔬果(9万亩)两大主导产业,绿色生态循环等配套产业(畜牧养殖业)和粮食蔬果加工产业健全。一二三产业高度融合,累计创建省美丽乡村示范镇5个,宁波市美丽乡村示范镇4个、美丽乡村示范村7个、合格村86个,创建省民宿集中村1个、省级农家乐特色点4个、宁波农家乐示范村(点)10个。③

"十四五"期间,慈溪将大力实施"三农"数字化改革和科技强农、机械强农"双强行动",着力打造全国城乡融合发展先行区、全国乡村全面振兴示范区、全国高效生态都市农业引领区"三区"高地,树立农业农村现代化引领标杆。④

(二)亮点分析

1. 数字化产业链,科技引领现代农业

慈溪突出农业生产机械化、智慧化导向。依托当地专家、乡贤、

---

① 邵滢　沈群超.慈溪:以高质量产业发展推进乡村振兴.http://zjrb.zjol.com.cn/html/2019-11/14/content_3284132.htm.2019-11-14/2022-03-25.

② 慈溪勾绘农业农村现代化美丽画卷.http://www.ningbo.gov.cn/art/2021/10/19/art_1229099769_59039313.html.

③ 慈溪现代农业产业园现状(慈溪现代农业产业园).http://shiwuwuguihua.com/showinfo-98-23574-0.html.

④ 慈溪勾绘农业农村现代化美丽画卷.http://www.ningbo.gov.cn/art/2021/10/19/art_1229099769_59039313.html.

图 1-9 慈溪市国家现代农业产业园

(https://tse1-mm. cn. bing. net/th/id/R-C. 53dd7922b86031474f93ffd46eafe1e0? rik = Nwz% 2b8qCWMCvCGA&riu = http% 3a% 2f% 2fagri. taiwan. cn% 2fnyhzwtwnmcyy% 2ftwnmcyyzj%2fnbcxtwnmcyy%2fnbcxgzdt%2f202105%2fW020210518591425823149. jpg&ehk= U4i%2bbzefaxww7iQe3a%2bTe4pZOB6Cay0IlIboeWQETWE%3d&risl=&pid=ImgRaw&r=0)

科研团队的智力资源优势，成立的智慧农业研究机构，探索研发农业技术项目，引导本土农业企业做大做强，提高辐射带动能力，为慈溪数字农业发展“添智助力”。加强与农业科技企业、物联网企业合作推广智能大棚、水肥一体化及智能灌溉系统等建设。相较于传统农业，实现了农药肥料投入量减少 25%，生产成本减少近 30%的同时农产品监管精准度提升 2 倍，生产效率提高近 40%。①

慈溪市大力开辟数字农业“试验田”，加快推进数字经济“一号工

① 慈溪打造大学生未来农业众创园初显成效. http://nyncj. ningbo. gov. cn/art/2021/4/2/art_1229058289_58932850. html.

程”。根据市场需求、亩均效益、环境承载等情况，整合“小、散、弱”农业产业，以数字化引领农业“工厂化”“园区化”“科技化”发展，形成农作物生产数字模型曲线，人坐在家里，就能完成远程操控作业，农业“机器换人”步伐进入快车道，加快建成一批特色农业基地和农产品品牌。

对于消费者来说，借助互联网数字化平台，实现了从农田到餐桌的全链条“智慧监管”，农作物生长周期、施肥用药、安全间隔期等生产数据云端监控追溯。消费者可以通过“农安码”掌上服务平台查询农产品质量安全管控全过程，真正做到买得放心、吃得安心。①

与此同时，园区内搭建“数字乡村驾驶舱”，推动生产管理、流通营销、行业监管、公共服务、乡村治理等五大领域数字化转型，出台《慈溪市农机购置和设施农业建设补贴实施办法》《慈溪市农机化设施化发展若干扶持政策》等政策文件，试点建设无人指挥农场，努力实现机库田间全自动转移作业、自动避障停车、作物生产实时监控，耕种管收全程精准化、无人化作业，促进农业生产要素变革，推进农业产业结构持续优化，大力发展绿色高效农业，走出一条集约、高效、生态型的现代农业发展之路。

2. 片区组团共建，打造共富“慈溪样板”

大国小农是我国的基本国情农情，农业农村现代化是我国实现全面现代化的基础和突破口。慈溪立足村与村之间经济发展不平衡、资源要素配置不协调等矛盾，瞄准“片区”这个基本单元，将“组团发展”作为新一轮改革攻坚的突破口之一，推出“党建引领乡村片区组团发展”模式，在一定片区促进人力、技术、资金的空间聚集，实现一二三产融合发展，推动各村发展共谋、事务共商、资源共享、产业集成，助力乡村振兴。

---

① 慈溪：数字赋能农业高质量发展. http://www.ningbo.gov.cn/art/2021/5/19/art_1229099769_59028804.html.

片区组团共建鲜明地体现在片区服务的优化落实。农创园引进新型庄稼医院 24 小时在线管理平台,开通"益农保"手机 APP,调动省内近 800 名农技专家实行"网上问诊、定期门诊、不定期巡诊"服务,在与各类组织机构广泛合作的基础上开创符合区域实际和产业特点的多种形式的经营,拓宽了农民的增收渠道,实现小农户与现代农业有机衔接,带动片区整体发展步入快车道。[①]

片区组团共建还重点体现在人才队伍的建设上。通过建立新型职业农民培育、导师帮带等机制助力片区组团发展实效。除了重点培养新型农业经营主体带头人,遴选科技示范户,加强农业技术协作和主推技术、主导品种上门指导服务外,还将就业创业扶持、公益岗位优先安排、自主创业小额信贷贴息等惠民举措落到实处,推动低收入农户缩小发展差距,打造共同富裕乡村样板。

3. 多样营销模式,推进专业优质化服务

线上+线下营销。单纯的线下推广或者是线上推广均存在过多的局限性,慈溪农创园将营销模式转型为线上+线下,挖掘新消费潜能。一是"个性化定量订单"巩固线下市场。开展订单式、全程式、保姆式、托管式服务,降低农产品在流通环节的损耗率,提升鲜果蔬菜从田头到餐桌的时效性。农创园还在此基础上深入挖掘农产品的功能价值,研发衍生产品,做好农业产业后期的运营管理,让农产品的生产、加工、销售、服务等环节体现出"人"的因素,优品提质,强链延链,解决了农产品附加值不高的问题。二是"电商网销+会员预售"做大线上市场。积极发展农创园电子商务模块,建设农创园特色电商产业基地、乡村电商创业园、电商特色村和"淘宝特色馆",依托微信、抖音、淘宝等电商平台开展直播带货、网上销售,形成集聚发展态势;实行会员预售制度,吸纳农场活跃忠

① 慈溪打造大学生未来农业众创园初显成效. http://nyncj.ningbo.gov.cn/art/2021/4/2/art_1229058289_58932850.html.

实客户群体成为会员，享受预售价折扣、产品优先选择及购买权等优惠，并为下年度农作物品种筛选、种植规模计划制订等提供有益参考价值。①

农旅融合。农旅融合是在尊重农业产业功能基础上，合理开发利用农业旅游资源，将农业农村发展与旅游产业的建立与推广相结合，形成"以农促旅、以旅兴农"的发展之路。慈溪农创园创新发展理念，拓展农文旅体融合新业态。一是将吃、住、行、游、购、娱等传统旅游要素和科普、养生等新型旅游要素，与农业、农村、农民等基础要素有机结合，形成"农业景观＋观光旅游""美丽乡村＋健康养生"等农旅模式。二是聚焦地方特色优势和重要领域环节，探索开展农产品个性定制化服务，加强与游客的接触式体验，打造符合实际、彰显特色风貌，能够满足人们多层次、差异性需求的发展模式。慈溪农创园以产兴村、以村促产，促进了乡村功能提升和农村人居环境改善。

科普教育基地。农创园作为生态系统最完整的户外自然教室，是实施科普教育最理想的场所。农创园以其较强的互动性、参与性、趣味性、知识性，可以从视觉、听觉、味觉等多角度发挥受教育者的自主创造能力，提升专业学生的科学素养和实践操作能力，做到社会、经济、生态三大效益统一。②

（三）经验启示

1. 促进信息整合，科学构建农创园

慈溪市着力建设"四级联动"体系，坚持以"规划先行"为指导原

① 慈溪打造大学生未来农业众创园初显成效. http://nyncj.ningbo.gov.cn/art/2021/4/2/art_1229058289_58932850.html.

② 陆开彤，朱世华，孙久同，丁沃娜，於宏，张嘉莉. 基于都市农业发展的校企合作新模式探索——以宁波大学科学技术学院与慈溪新田地农业公司合作为例. 宁波教育学院学报，2020，22(06)：8—11.

则，制定科学、可操作性强、具有前瞻性的比较全面的农创园长远发展计划。通过打造大数据、信息化平台，收集分析信息，与全市的现代农业园区规划与土地利用总体规划、城乡建设规划等相关规划相衔接，回答农创园“发展什么、怎么发展、在哪发展”的重要问题。让不同类型的农创园得到合理的选址，科学的布局，让农民、企业能安心生产、运营，传递有用信息以促进农业组织抱团，让农创园实现产业集聚和产业链的合理延续，收获政策效益的最大化，做到“建得起来，招得了商，盈得了利”。

科学构建农创园，立足慈溪本地地理位置、自然资源特点，因地制宜地发展包括蔬菜、水果、水产、花卉苗木、畜禽养殖和休闲观光等不同类型的农业，合理规划产业园区的产业功能区块。以产业定位精准化、产业发展生态化、园区政策个性化等策略选择最优的现代农业发展方案，促进企业的技术研究、设备更新和产品开发，整合园区资源，发挥规模效益，做大做强特色主导产业和优势产品。

科学构建农创园，强化红线意识和底线思维，关注土地资源的利用率，扎实推进高标准农田建设，实现绿色生态发展。通过信息平台对农创园地生产、加工、包装营销等跟进追踪，最大程度地提高单位面积的生产效率；进一步完善耕地保护制度体系，遏制土地“非农化”“非粮化”等各类违法乱占耕地行为；按照“占优补优、占水田补水田”的要求，落实农业用地占补平衡；对出现生产效益低下、资源浪费、经营不善、土地浪费、造成环境污染、生态破坏等不良情况的农创园处以经济处罚或注销淘汰，确保土地资源的高效集约利用。

2. 深度融合产业，助力乡村振兴

产业兴旺是乡村振兴的重要基础，是解决农村一切问题的前提。乡村产业根植于县域，以农业农村资源为依托，以农民为主体，以农村一二三产业融合发展为路径，地域特色鲜明、创新创业活跃、业态类型丰富、利益联结紧密，是提升农业、繁荣农村、富裕农民的产业。[①] 慈溪市建设农创园，按照“延伸产业链，提升价值链，完善利益链”的思路，以农业现代化为根基，以培育和发展新型经营主体为引领，通过产业联动、技术渗透等方式使得农村的第一二三产业之间紧密相连、协同发展。通过一系列政策措施，培育了一批懂农业、爱农村、爱农民的有文化、有能力、有魄力的“三农”工作队伍，从一定程度上解决了农村“大群体、小规模”的现象以及在进一步扩大市场所面临的技术水平不高、缺乏品牌宣传平台、融资难融资贵等困难和问题。与此同时通过积极推动“龙头企业结对帮扶农村合作社创新发展工程”，使农创园和企业、公司展开深入合作，建立紧密的利益关系，实现农创园的产业化、规模化、标准化、系统化经营。[②]

农创园与旅游、文化、金融等产业的深度融合，形成了观光农业、生态农业、数字农业等农村新兴支柱产业；以“生态宜居”为目标，深度挖掘当地特色文化资源，发展特色农业产业，推出地方特色农产品，打造“一村一品”，最后形成了特色鲜明的乡村振兴片区；通过“互联网＋”，创新农产品流通和销售模式，健全农产品营销体系，实现了线上线下同频共振；通过强链延链，挖掘农产品的功能价值，研发衍生产品，开发农产品销售新渠道……实现了农村产业的融合与创新。在发展特色乡村经济的过程中，实现了乡村振兴的可持续发展。

3. 完善农业科技体系，加强科技人才培养

“农业现代化，关键是农业科技现代化”。为建立和完善农业科技体系，提高农业科技创新水平，慈溪市政府以高校和科研院为依托，积极引进国内外先进农业设施、品种及栽培技术，配备电子设备、办公用房等设备，完善农业科技服务基础设施建设，提高农业科技的

① 国务院关于促进乡村产业振兴的指导意见 国发〔2019〕12号.

② 推进三次产业融合 助力乡村振兴发展. https://esb.sxdaily.com.cn/pc/content/202201/24/content_775326.html.

创新能力。

乡村振兴，人才先行。在全面推进乡村振兴过程中，产业要靠人才来发展。首先，慈溪市完善高校和科研院的考核机制，将服务“三农”和科技成果转移转化的成效作为学科评估、人才评价等各类评估评价和项目资助的重要依据，努力构建安全、科技含量高、运行机制灵活、综合效益显著的现代农业产业园区。其次，农创园建立“农户—现代农业园区—农技人员—专家”模式，对农民的技术咨询、突发事件提供及时的指导。再者，慈溪市高度重视本地人才培养和外地人才引进。加大职业农民培育制度的覆盖面，定期组织优秀人员交流学习，落实对从事农业的大学生在财政上的补贴，让新型职业农民成为慈溪市智慧农业的主力军。结合地方实际，出台有效、开放和积极的人才引进政策，确保引进人才，留住人才。①

4. 传承农耕记忆，弘扬优良传统文化

民之大事在于农，农是中华文明的立根之基。农耕文明作为中华民族传统文化的底色，积淀了宝贵的农学思想，传承了中华上下五千年厚重的文化底蕴。慈溪市农创园的欣欣向荣向我们展示了现代社会要传承“天、地、人、稼”和谐发展的理念，恰当处理继承优良传统与发挥现代优势的关系，结合资源禀赋、人文历史、特色产业来深度挖掘农村文化，催生发展创意产业，提升农产品的文化附加值，讲好自然和人文故事，传承农业遗产、守护精神家园，培育农业农村发展新动能。

参考文献：

［1］农业现代化满园春色的景象［EB/OL］. https://opinion. zjol. com. cn/rdht/201604/t20160420_1439673. shtml.

［2］慈溪：以高质量产业发展推进乡村振兴［EB/OL］. http://zjrb. zjol. com. cn/

① 龚燕京. 慈溪市现代农业现状与发展对策研究［D］. 浙江大学，2012.

html/2019-11/14/content_3284132. htm.

[3] 慈溪勾绘农业农村现代化美丽画卷[EB/OL]. http://www. ningbo. gov. cn/art/2021/10/19/art_1229099769_59039313. html.

[4] 慈溪现代农业产业园现状(慈溪现代农业产业园)[EB/OL]. http://shiwuwugu-ihua. com/showinfo-98-23574-0. html.

[5] 慈溪打造大学生未来农业众创园初显成效[EB/OL]. http://nyncj. ningbo. gov. cn/art/2021/4/2/art_1229058289_58932850. html.

[6] 慈溪:数字赋能农业高质量发展[EB/OL]. http://www. ningbo. gov. cn/art/2021/5/19/art_1229099769_59028804. html.

[7] 陆开形,朱世华,孙久同,丁沃娜,於宏,张嘉莉. 基于都市农业发展的校企合作新模式探索——以宁波大学科学技术学院与慈溪新田地农业公司合作为例[J]. 宁波教育学院学报,2020,22(06):8-11.

[8] 国务院关于促进乡村产业振兴的指导意见 国发〔2019〕12 号.

[9] 推进三次产业融合 助力乡村振兴发展[EB/OL]. https://esb. sxdaily. com. cn/pc/content/202201/24/content_775326. html.

[10] 龚燕京. 慈溪市现代农业现状与发展对策研究[D]. 浙江大学,2012.

第二章

民主协商的智治之城

一、数据跑腿：升级“最多跑一次”

（一）基本情况

世界经济数字化转型是大势所趋。回望世纪之交，数字化浪潮就已经在中国东部沿海悄然掀起。2003年初，在浙江省十届人大一次会议上，时任省委书记习近平同志以极具前瞻性的战略眼光提出“数字浙江”建设。这一年，“数字浙江”建设上升为“八八战略”的重要内容。十余年夯基垒台，十余年接续努力。数字化发展在浙江已积厚成势。在浙江数字化发展的浪潮中，宁波始终走在前列。

自“十五”规划纲提出“数字宁波”目标后，一直以此推动全社会各领域的信息化。特别是在“最多跑一次”、政府数字化转型和智慧城市建设等领域，宁波成绩突出。作为中国智慧城市领军城市，宁波的网上政务服务能力位列全国第三，“最多跑一次”实现率、满意度全省双第一。除此之外，宁波首创的移动微法院以及正在深化推进的移动微法院、基层治理四平台、无证件（证明）办事之城、公证E通等，更是成了数字宁波的闪亮名片。

然而，随着数字时代的加速到来，数字技术正在各个领域加速渗透应用，推动生产方式、生活方式、治理方式发生基础性、全局性和根本性的改变。唯一的不变就是变。面对奔涌而来的数字化浪潮，数字宁波建设仍有不少的短板需要补齐，仍有许多的痛点需要破除，与省委对我们的要求仍有不小的差距需要追赶。这是我们必须捋清的前进脉络。

牛年春节假期刚过，省委召开全省数字化改革大会，深入学习贯彻习近平总书记关于全面深化改革和数字中国建设的重大部署，提出打造全球数字变革高地的战略目标。时隔月余，宁波经过精心酝酿，召开全市数字化改革大会，明确数字化改革的任务书、路线图和时间表，目标直指“数字化改革先行区”。“推进数字化改革是面向未来提升城市核心竞争力的战略之举，是全面重塑市域治理模式和生产生活方式的关键之策。”省委常委、市委书记彭佳学话语铿锵。

聚全市之力、集各方之智，推动数字化改革追赶超越、争先领跑，奋力打造数字化改革先行区！这个春天，数字化改革风起云涌。宁波，正以争先进位的奋进之姿，夯实高质量发展之基，激活核心竞争力之源，加快建设现代化滨海大都市。

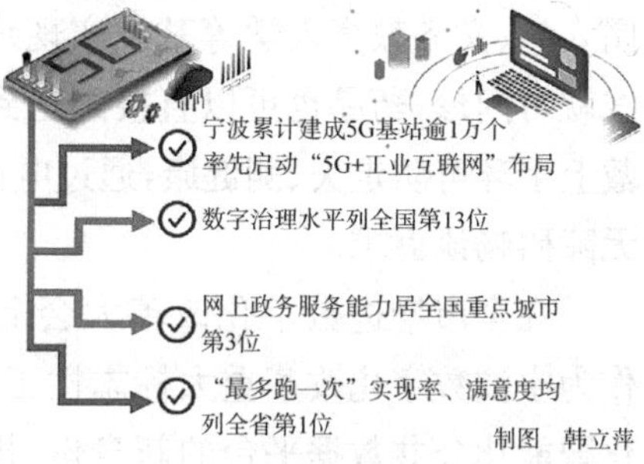
5G
宁波累计建成5G基站逾1万个
率先启动“5G+工业互联网”布局
数字治理水平列全国第13位
网上政务服务能力居全国重点城市第3位
“最多跑一次”实现率、满意度均列全省第1位
制图　韩立萍

图 2－1

（二）亮点分析

1. 改革突破勇敢争先

数字化改革不仅仅是一场技术变革，更是一场认知和思维的革命，将对市域治理的体制机制、组织架构、方式流程、手段工具进行全方位系统性重塑。在宁波经济社会发展的各个领域，这种系统性重塑正在深水浅流地进行着。

数字经济在拔节生长。全市累计建成5G基站逾万个，率先启动

“5G＋工业互联网”布局，在工业互联网试点示范项目中，宁波入围企业数全省第一。智能制造迎来2.0版，数字经济核心产业制造业实现增加值424.6亿元，同比增长9.7%，高于规上工业增速4.5个百分点，占规上工业增加值比重提高到10.5%，步入发展黄金期。

数字政务一路领先领跑。通过甬易办平台，动动手指，近50万户企业就兑付和减免资金94亿元；47个领域1464项办事事项，通过刷脸或扫码即可获取127类证件（证明）；公证E通实现甬台舟三市公证网上联办，成为长三角一体化在营商环境领域的一项重要成果。《中国城市数字治理报告（2020）》显示，宁波数字治理水平位列全国第13位，网上政务服务能力位居全国重点城市第三。

数字民生让群众获得感满满。数字就业、数字医疗、数字交通、数字文体、数字教育、数字养老等新业态成为百姓生活新常态。幼儿园入学、义务教育入学等基本实现线上报名全覆盖；通过云医院，在线就可问诊，药品也可以直接配送到家；构建起智慧养老系统，老人戴上手环可防走失、测健康，通过电视可叫外卖，一键就可拨通电话，无障碍畅谈诉求。

在全市推进数字化改革大会上，宁波城市大脑正式启用运营。作为宁波数字化改革重大标志性工程，宁波城市大脑将以全市一体化智能化公共数据平台的新身份，担当起全面支撑数字化改革的新使命。

2. 积厚成势领跑领先

“这是一次自我革命、一套顶层设计、一种制度重塑、一项系统工程。”全市数字化改革大会已为数字宁波发展掀开崭新的一页。

制定了“任务书”。总体行动方案、“5＋1”实施方案以及重大任务、重点项目、重要应用场景“三张清单”均已印发。明确了“时间表”。聚焦“应用成果＋理论成果＋制度成果”，一年出成果、两年大变样、五年新飞跃，到2021年底，基本建成一体化智能化公共数据平台，基本形成5大系统总体框架，基本建成“掌上办事之市”“掌上办公之市”“掌上治理之市”；到 2022 年底，全面建成应用一体化智能化公共数据平台，全面建成“掌上办事之市”“掌上办公之市”“掌上治理之市”；到 2025 年底，全面形成党建统领的整体智治体系，建成数字化改革先行区，数字化改革成为“重要窗口”模范生的重大标志性成果。建强了“施工队”。市级层面成立数字化改革领导小组。各级各部门各系统实行专班化运作，落实“一把手”责任，按照双月进度要求，倒排时序、挂图作战。建立统筹部署“一盘棋”、上下联动“一条心”、责任落实“一张表”、流程把控“一张图”、考评激励“一把尺”的改革推进体系。

数字化改革，是立足新发展阶段、贯彻新发展理念、构建新发展格局的“发展之策”，是推动高质量发展、竞争力提升、现代化先行的“动力之源”，是技术、产业、治理、文化、制度等各方面的“创新之基”。宁波，以先锋领跑姿态挺立在全省数字化改革的最前列，必将为全省数字化改革提供更多的“宁波解法”和“宁波经验”。

3. 理念先行找准跑道

数字化改革是立足新发展阶段、贯彻新发展理念、构建新发展格局的战略总抓手。在全市数字改革大会结束后，宁波日报报网端围

图 2-2

绕市委“奋力打造数字化改革先行区”的目标任务，第一时间策划推出《数字化改革看宁波》系列9篇全媒体报道，聚焦数字政府、数字产业、数字港航、数字贸易、科技创新、数字社会、数字法治等领域的本土典型样本，挖掘其创新做法，展示其创新成效，探讨其升级路径，为全市数字化改革全面推进“抛砖引玉”。我们坚信，在数字化改革“一号工程”的引领下，宁波加快建设现代化滨海大都市的新征程将更加步履铿锵、行稳致远。

(三) 经验启示

为适应大数据时代对统计工作提出的新要求、新挑战，宁波市统计局以数字化改革为契机，以建设和完善综合统计服务平台为抓手，积极探索“一平台上传、多平台使用”的数据管理模式，推动统计数据资源的互联互通，实现跨专业、跨部门、跨层级共享公用，全面提升统计数据服务效能。

1. 搭平台，促进专业资源共享

组织建设以统计资源数据库为核心的综合统计服务平台，各专业处室可通过网络定时集中上传专业进度数据，并实现各类月度(季度)常规综合统计资料本自动生成，以及表间数据审核、历史数据查询等功能。全局各处室均可在这一平台查阅或下载以上常规资料本电子版及各专业较为详细的汇总报表，实现跨专业数据资源的共享。下步将积极做好各专业分析平台与综合服务平台的对接，实现专业进度数据的自动上传。

2. 做节点，推动上下数据贯通

利用综合服务平台的数据存储和提取功能，建立贯通省市县三级的数据传输节点，一方面推动综合服务平台的功能应用向县级统计部门延伸推广，汇集市县两级统计数据，并实现市县两级常规综合统计资料的自动生成；另一方面做好与省局数据平台的对接，实现市县两级统计数据定时自动向省局平台传输，满足省局数字化改革需要。下步将继续发挥综合平台的节点作用,通过与省级平台对接积极获取市县两级所需数据资源,并主动对接县级大数据平台,及时满足当地数字化改革需要,真正实现上下数据双向贯通。

3. 建数仓,实现部门信息互联

加强与市大数据局的沟通合作,利用综合服务平台丰富的数据资源及灵活便捷的输出定制、端口输出功能,建立能满足市级各部门需要的统计数据仓,实现对发改、经信、住建等部门点对点的数据服务,满足市级层面数字化改革需要。下步要积极发挥部门数据仓互联功能,努力由单向输出向双向互通转变,主动收集利用市级部门数据资源。

4. 设窗口,集中对外提供服务

组织建设集数据查询、分析解读等多功能于一体的“甬数通”展示平台,除能满足常规数据查询外,重点建设既有宏观综合分析,又有微观专业解读,分析角度多元、展示形式多样,具有鲜明统计特色的全市经济运行监测分析系统,满足各层面数据解读和形势分析的需要。目前该平台正在抓紧建设,待建成后除布置到市统计外网外,还将嵌入到宁波“城市大脑”,作为监测分析全市经济运行情况的重要模块。

参考文献:

[1] 数改看宁波不负春风与时行!宁波数字化改革铿锵起步[N].浙江:潇湘晨报,2021-04-12.

[2] 宁波市紧扣数字化改革探索推动数据资源互联互通[EB/OL].浙江:浙江省统计局官网,2021-09-07.

二、海曙区薪水港村:国家级民主法治示范村

(一) 基本情况

海曙区薪水港村于2005年起创建市级民主法治示范村,历经10

年，于 2015 年成功创建为国家级民主法治示范村。该村不断夯实民主法治基础，做到依法依规治村，公平民主决策，建立“民事民决制度”，有力地促进了村级组织科学决策、依法治村。葑水港村，地处宁波市南门海曙区古林镇，与宁波栎社国际机场隔河相望。村域面积 1.8 平方公里，下辖 10 个自然村，常住人口近 1300 余人，外来流动人口超过 5000 人。自开展国家级“民主法治示范村”创建活动以来，村党委、村委会牢牢把握“抓创建，促发展”的原则，以建设美丽乡村、幸福家园为总体目标。通过建章立制，以制治村，各项村务管理工作走上了有章程保证，民主管理的规范化治村轨道，促进了经济迅速发展，社会治安稳定。该村先后被评为国家、省、市民主法治示范村；省、市全面小康建设示范村；省、市、区文明村；省农村基层党风廉政建设示范村；首批省级农村引领型社区等。[①] 葑水港村宪法主题公园是一项以人文景观和自然景观相融合，具有“法治韵味”的法治文化精品工程。2018 年，在原有的基础上进行了改建，依托原来的葑水

图 2-3　葑水港宪法主题公园

(https://www.sohu.com/a/449633571_120055187)

① 国家级民主法治示范村（社区）——海曙区古林镇葑水港村. http://www.nbpf.gov.cn/art/2019/4/28/art_1736_3707013.html. 2019-04-28.

港公园，改造原有景观和功能，增添公园文化内涵。公园中心设有“宪法之路”“宪法宣誓长卷”“法治天平”“新中国领导人论法治”“韩非子讲法”法治文化长廊，沿着公园的主干道行走，一幅幅法治格言、漫画、标语环绕在旁，让居民和游客在休憩、游玩的同时，学习法律知识，感受浓厚的法治氛围。

（二）亮点分析

1. 完善村规民约，推行规范化管理

葑水港村在村规民约修订中广纳民言、广集民智、广聚民意，于2015年8月23日经村民会议表决通过《葑水港村村规民约》，全文共计九章三十五条，分别从总则、婚姻家庭、邻里关系、美丽家园、平安建设、小区管理、民主参与、奖惩措施等方面作出了详细的规定。将当地长期以来一直在执行的“民事民决机制”写入村规民约之中，以文字的形式将该机制固化下来。村规民约第二十九条：积极参与村级民主管理，珍惜自身民主权利，坚持从本村公益事业发展和全体村民共同利益出发，认真提建议、作决策、选干部。

2. 加强队伍建设，建立“民事民决机制”

2006年葑水港村建立“民事民决机制”，建立了一支由老党员、村民小组长、妇联（时称妇代会）成员等29人组成的“民事民决小组”。第一届的小组成员分别由当时的支部、村民代表大会、妇代会选举产生，每三年选举一次，可连选连任。在2017年村社换届选举结束后，新一届“民事民决小组”也紧跟产生。将民事民决机制与“村民说事”制度相结合，不断拓宽群众说事途径，实现“说事室”里“当面说”，对群众反映的急难性问题随说随议随办，敏感性问题村民代表参与议、监督办，全局性问题村民大会共同议、集中办。

3. 实施民主决策，强化依法治理

“民事民决机制”设立旨在解决一些无法根据法律、政策或村规民约解决的重大村务等。村两委会将争议事项提交“民事民决小组”,小组成员在做好深入广泛民意调查的基础上,进行商讨,最后通过投票表决,得票率在85%以上的事项得以通过,然后由村两委会实施。

“民事民决机制”运行后,发挥了重要作用。为积极推进葑水港村新村二期拆迁安置工作,村党支部书记牵头与民事民决小组成员进村入户,对全村7个自然村,近30户有争议的房产开展实地走访核查。经过一段时间的测量评估后,民事民决小组对此前存疑的20户房屋面积进行实地勘察,并召开争议房评定会议,对争议房进行无记名投票,投票率达85%以上的争议户可进行调产安置。通过“民事民决机制”,葑水港村新村二期拆迁安置工作得以顺利推进。

(三) 经验启示

1. 完善基层民主自治制度

要将人民群众的积极性调动起来,完善民主自治机制,使其共建共享,有更多的获得感。除此之外,必须重视德治,泱泱五千年中华文明,带来的不只是珍贵的宝藏器皿,华丽壮观的建筑楼阁,更重要的是蕴含在这背后的文化和道德,受儒家文化的主要影响,道德是中国社会不可缺少的标准,在治国时也是如此,发扬中华传统美德,形成良好的社会风气,政府责无旁贷。与此同时,也要结合法治,为自治与德治提供有力保障,依法办事,为各方提供保障也形成制约,最后形成稳定和谐的发展动力。这能帮助人们形成守法的风气,也能促进社会稳定。对此,其他村庄也可以和葑水港村一样,将文化与景观结合,通过我们悠久的文化接受法治氛围的熏陶。

2. 自治、法治、德治“三治融合”

乡村治,则百姓安。德治是“先发机制”,主要在矛盾尚未出现或萌芽的时候发挥作用,预防矛盾。自治是“常态机制”,在任何基层社会事务治理中都发挥作用。法治是自治与德治的全程“保障机制”。同时,德治并非只在事前起预防作用,在面对复杂的基层社会治理时，往往需要德治在自治与法治间起“润滑”作用。实现基层社会治理中的“三治融合”，关键在于创新一整套让社会力量有序参与的体制机制，让民众在参与中表达，在参与中提升自我效能感和参事议事水平，形成“有序参与——有效治理”的良性循环。三治融合下的葑水港村，在自治层面，“民事民决小组”将更好地发挥解决重大村务与调节村内矛盾的作用，“双亮双评”模式将更大程度地推动基层民主治理，将党员干部的工作情况“晒”在阳光下。在法治层面，葑水港村将会更加注重法治文化的熏陶，法律顾问将会提供更完善的法律咨询服务，法治文化主题公园与村民学校的建设将会更好地发挥法律法规等知识宣传工作。在德治层面，乡风文明的建设将会深入持续推进，优良的乡风、家风，将助推整个村庄形成良好的风气。文化礼堂建设将会迸发出新的活力，会形成独具特色的葑水港文化。同时，会涌现出更多的乡贤，凝聚更强大的乡贤力量。自治、法治、德治将会实现更深度的有机融合，呈现出新的活力与生机。

3. 继续推进“双亮双评”

“双亮双评”模式将更大程度地推动基层民主，将党员干部的工作情况“晒”在阳光下。作为“全国民主法治示范村”的宁波葑水港村，巧妙地将创新融入到该村的民主法治建设中，使得民主法治始终跟着时代的脚步，始终契合着村民的需求，始终解决着村民最迫切的问题。葑水港村的发展始终围绕着人民，在民主法治建设的过程中，紧紧围绕人民的需求。党员干得好不好，身边的群众最有发言权。葑水港村探索“双亮双评”模式——村民坐在家中点一点遥控器，就能实时对村里的党员干部进行“点对点”的满意度测评。从 2014 年起，葑水港村就依托网络电视推行村级重大事项公示，方便村民参与村级决策和管理。此次升级推出的“双亮双评”模式，则让所有村干部和党员在每家每户的网络电视平台上公开亮相，每个人的岗位分工、履职承诺一清二楚；村民可以直接在下设的评议专栏，进行星级评定和“满意”“基本满意”“不满意”等反馈，最终结果将作为对该党员干部个人考评的重要参考。变“关门考核”为“开门评议”,变“内部掌握”为“公开晾晒”——党员干部工作干得好不好,不用开会审议,只要打开电视评价栏,便一目了然。有关负责人表示,“双亮双评”模式通过让党员互评、群众督评“晒”在阳光下,有效倒逼党员干部更多“向下看”,踏踏实实扎根基层。

参考文献:

[1] 张翼,俞洁. 鄞州村一级推出党员“双亮双评”模式[N]. 宁波:宁波日报,2015-1-12(2).

[2] 郁建兴. 深化“三治融合”提升基层治理水平[N]. 杭州:浙江日报,2018-11-13(5).

三、宁海小微权力清单36条:依法治国的村级样本

(一) 基本情况

自2014年推行小微权力清单“36条”以来,浙江省宁海县变成了另外一番景象,由过去的“半拉子民主”、基层权力暗箱操作、居民和干部之间的不信任变成了让“群众明白,教干部清白”、把村级权力关进制度的“笼子”里、村务工作按图操作的新模样。宁海首创颁布了《宁海县村级权力清单三十六条》,对村干部的权力作出了“清单式”梳理规范,以简单易懂的漫画形式逐条绘制出权力运用流程。其中涉及19项村级重大事项决策、财务管理、招投标管理等集体管理事项,17项村民宅基地审批、土地征用款分配、计划生育审核等便民服务事项,这些基本涵盖了村级组织和村干部行使村务权力的全部内容,并且清清楚楚地写明了村干部哪些该做,哪些不该做,该怎么做。比如,对于村级重大事项规定了“五议决策法”,只要涉及村民利益和村集体多项重大事项,当由村党组织提议,由两委联席会议商议,再

交党员大会审议，由村民代表会议决议后，留足三天公示时间，两委会组织实施决议。2018 年，这份权力清单被写入中央一号文件，让村干部手中的小微权力有了明显的“边界”。把权力放到了老百姓的眼皮底下运行，使得农村基层治理取得明显成效，为推进乡村振兴战略扎紧了制度的铁笼。

“36 条”权力清单的出台并不是凭空想象和拍着脑袋产生的，而是针对人民群众反映的部分村干部存在滥用职权、腐败违纪等现象，以规范行使农村小微权力。中国社会科学院农村发展研究所副研究员李人庆说：“我们虽然实行了村级民主，实行基层民主选举，但并没有改变基层的运作模式，没有改变基层过大的权力集中、责任过大、能力有限和信息不对称等一系列制度结构问题，这些问题都凸显在我们运行的过程中。”这份清单实行期间，在规范基层干部权力边界和权力应用、增强政府透明度、提高政府公信力、改善基层公共服务、

图 2-4　宁海县跃龙街道东方村正在绘制 36 条漫画。(图来源：宁海新闻网)

图 2－5　宁海县西店镇岭口村“第一书记”陈金辉在村聊天长廊讲解 36 条。(图来源：宁海新闻网)

保护村民正当权益、维护社会稳定秩序等方面具有积极的意义。宁海“36 条”并非一蹴而就，而是根据实施过程中的具体问题，不断进行修订调整，升级版的“36 条”体现出革新、求进、提质等三个特点。在改革的过程中，宁海县推行的小微权力清单与乡村振兴战略、最多跑一次等中央、省、市、县委重大决策部署深度融合。

(二) 特色亮点

在约束小微权力方面，宁海县的探索无疑是第一个吃螃蟹，村级权力清单作为一种制度创新与政府创新，特色明显。

1. 从为民做主到由民做主

1998 年颁布的《村民委员组织法》明确提出：“村民委员会是在自我管理、自我教育、自我服务的基层群众性自治组织实行民主选举、民主决策、民主管理、民主监督”，但在实际操作中，除了民主选举，其他三项均未有效落实。专家将其称为“半拉子民主”，“派性和权力寻租形成一种民主埋单的恶性循环”。2014 年以前，凡有关村级重大事项决策、财务管理、招投标管理等集体管理事项，村民根本无法参与，向来由村干部说了算，村民敢怒不敢言，甚至许多村民表示对这些事务不曾知晓。而宁海县“36 条”权力清单的推行，意味着把知情权、参与权和监督权交给村民，破解了四个民主不配套的难题。宁海“村级权力清单 36 条”通过一系列流程保证了民主决策、民主监督、民主管理，推进了程序民主和实际民主的统一。使得当地村民参与村级事务的政治热情空前高涨，如此一来，村民就有可能真正成为村集体的主人翁。

2. 从暗箱操作到按图操作

以往，当村里有工程项目或者委任干部和工作人员时，村干部们很难过好“人情关”和“法治关”这两道关，村干部的亲戚朋友常会带着礼物上门说情，让干部们左右为难，在利益关系面前，干部之间、干部与村民之间常常会产生矛盾冲突。如今，在“36 条”权力清单中，每一项都有一个流程图。这份清单的第一项，是村级重大事项“五议决策图”的流程图，这个规则规定了：村里的重大事务，必须套用五议决策图。清单出台以后，让村干部手中的小微权力由暗箱操作变成了把权力真正置于阳光之下，用老百姓“看得见”的方式，公开权力的使用。“36 条”成为村干部的护身符，遇到说情，就拿出护身符，让请托的人哑口无言。在工程项目招投标上，按照《村级事务权力清单三十六条》的要求，采取公开公正透明的方式进行招投标，所有的流程均严格按照程序来，避免了向村干部“请托”的现象，杜绝由少数人说了算的不正之风。《村级事务权力清单三十六条》某种程度上实现了由暗箱操作到按图操作的转变，村级事务按流程进行，这让干部清白，更让村民明白。

3. 从事后追究到全程监管

过去，村主任等基层干部是腐败的高发群体，有不少群众强烈反映少数村干部在工程建设和征地拆迁等方面出现过以权谋私等问题,在查处到这些基层违法违纪案件时,往往采取亡羊补牢的措施,对这些违法违纪恶劣事件通过批评教育、进行通报、诫勉谈话、立案查处、开除党籍等手段来整治不正之风和腐败问题,但也造成了村官与村民之间的信任裂痕。小微权力清单为了防范上述风险,对村官的小微权力变事后追究为事前、事中、事后全程监管,构建线上线下监管网,及时纠正不规范村务行为,有效地化解了村民和村干部之间的不信任危机。例如,宁海建立每月监管联审例会和村级项目数据库,对每项工程实施全过程监督,督促每一项目的规范与公开。同时,还积极开展线上监督,例如,探索“积分宝”管理制度,对村主任村干部采取考核考量评议的手段,以及进行积分打分量分的形式,对村干部进行监督管理,这也从根本上构建了村干部“不敢腐”“不能腐”“不想腐”的长效机制,为扎实推进乡村振兴战略筑牢了基层“反腐防线”提供了一条有效路径。

4. 从规章约束到群众监督

小微权力清单未实行之前,一旦村里有什么工程项目或者便民服务事项,许多村民都摇摇头表示不清楚此事,而村干部在村民群众不知情或不知具体情况下,直接决策与实施。“36 条”着眼于此,设置了由群众组成的“村监会”,村干部在决策和执行村务过程中强化关键环节的监管,产生了村务监督委员会、职能部门、群众三级监督制度,大大减少了村干部们违法乱纪行为的发生。如在财务支出方面,超过 5000 元需要联村干部签字,超过 10000 元需要联片领导和镇分管领导签字,并且需要村民代表会议审核;在村级工程项目上,超过五万元需要公开招投标,并且规定了村干部的亲属不得参加招投标;在接待费方面,遇到超支情况则需要村民代表会议讨论,再行决定;在征地赔款上,过去村民并不了解征地款划入集体账户的资金数量,如今,老百姓们对资金的走向一目了然,由村务监督委员会全程监督。正由于小微权力的规范实施,强化监督环节,每个村民都成了

"村监会"的成员,每个干部都变成从被规章约束到自觉地受群众监督。如今,在宁海县各个村都形成了人人参与,事事监督的良好氛围。

(三) 经验启示

党的十八届三中全会提出,"全面深化改革的总目标是完善和发展中国特色社会主义制度,推进国家治理体系和治理能力现代化",[①]乡村有效治理是不断推进国家治理体系和治理能力现代化的重要组成部分。浙江宁海乡村治理实践探索的村级权力清单实现了由传统治理到依法治理的转变,是我国依法治国的村级样本。在推进全面乡村振兴战略和乡村基层治理现代化的新要求下,宁海小微权力"36条"为我们提供了有益经验。

1. 坚持推进依法治村

十九大报告提出:"积极发展社会主义民主政治,推进全面依法治国",[②]坚持全面依法治国是中国治理的一场深刻革命,是发展中国特色社会主义根本保障,而依法治村是全面依法治国的关键环节。乡村治理体系就需要建立和完善乡村治理的法律制度体系,从而实现"系统治理""依法治理""综合治理""源头治理"的乡村治理目标。[③] 宁海小微权力通过具体绘制权力行使流程图 45 张,明确每项村级权力事项名称、具体实施责任主体、权力事项来源依据、权力运行操作流程、运行过程公开公示、违反规定责任追究等 6 方面内容,[④]给村级干部权力套上治理的笼子。过去,宁海基层管理运

---

① 习近平. 中共中央关于全面深化改革若干重大问题的决定. 十八届三中全会学习辅导百问. 北京:学习出版社,2013.

② 习近平. 决胜全面建成小康社会　夺取新时代中国特色社会主义伟大胜利. 人民日报,2017-10-28(001).

③ 商湉. 脱贫攻坚下"依法治村"的制度框架构建. 重庆行政,2020,21(01):62—65.

④ 黄晓. 小微权力清单:乡村有效治理制度研究——基于升级宁海"36 条"实践的分析. 中共宁波市委党校学报,2019,(03):98—106.

行缺乏规范,基层干部的权力没有依法行使。宁海“36条”的出台,系统地建立了村民自治章程和村规民约,补上了乡村有效治理缺乏法律法规的短板。小微权力清单“36条”就是法”,每一个村干部和村民都要切实地依法贯彻,积极推进乡村治理体系和治理能力现代化。

2. 坚持以人民为中心理念

人民群众是推动社会发展的主体,是乡村治理有效的动力和主体。中国特色社会主义新时代,要继续坚持以人民为中心的基层治理理念,而宁海小微权力清单正是践行以人民为中心的基层有效治理的制度创新和实践创新。“坚持农民主体地位,充分尊重农民意愿,切实发挥农民在乡村振兴中的主体作用,调动亿万农民的积极性、主动性、创造性”[①],这就是宁海“36条”的根本指导原则。首先,人民群众是乡村有效治理的出发点。乡村发展依靠农民,要坚定人民为中心原则,积极发掘农民力量。以前,宁海的事务基本都是由村干部说了算,农民群众既没有参与权,也没有决定权,没有有效贯彻人民群众当家作主的理念。根据村民自治呼声制定的“36条”规定,涉及村级重大事务都必须向全体村民公开,重大决策必须经过村党组织提议、两委联席会议商议、党员大会审议、村民代表会议决议后、两委会组织实施决议等这些程序。宁海“36条”在某些程度上挖掘了人民群众自治的能动性,发挥了村民的主动性、积极性和创造性。其次,人民群众是乡村有效治理的归宿。农民是乡村发展的目的,乡村发展是为了农民。总之,切实“把维护农民群众根本利益作为出发点和落脚点,不断提升农民的获得感、幸福感、安全感”[②]是宁海“36条”创新实践的根本性目的。

① 中共中央国务院关于实施乡村振兴战略的意见. 人民日报,2018-02-05(01).
② 中共中央国务院关于实施乡村振兴战略的意见. 人民日报,2018-02-05(01).

3. 坚持一往无前的改革创新精神

习近平总书记指出全面深化改革，推进有效治理“就是要脚踏实地、真抓实干，敢于担当责任，勇于直面矛盾，善于解决问题，努力创造经得起实践、人民、历史检验的实绩”①，宁海“36条”正是一往无前改革创新的生动实践，被入选2015年度中国社区治理十大创新成果。首先，在农村基层治理中的权力清单制度没有现成的借鉴经验时，宁海县的积极探索对我国乡村治理改革具有重要的示范意义。例如，宁海前童镇积极创办了“36条”研修班、建立“五险一金”干预机制、编制廉政防控地图、实施“三清”迅雷活动等，不断创新举措。其次，这项制度在运行的实际过程中，难免会存在困难与问题，县纪委勇于负责、敢于负责，用攻坚克难的勇气，按照“革新、求进、提质”的要求，对宁海“36条”的具体内容进行调整以适应现实情况，例如，在2017年，对原“36条”45项内容修改了28项，精简了4项，并新增了“民主选举”项。宁海的主动作为、大胆突破，推出了一批率先于全省和全国的改革实践，为全国基层治理积累了有益经验，成为全国改革创新的生动“样本”。再次，优化宣传，增强群众的认知度。例如，通过宣传媒体和微信公众号不间断推出“36条”积极典型事例的专题报道；全县四百多个村全部绘制墙体漫画；制作播放“36条”系列微电影和动漫；创作戏剧、小品、马灯调等，不断加深村民对“36条”的认识。

4. 坚持筑牢廉洁防线

党的十八大以来，习近平总书记多次强调：要净化和重构政治生态，营造廉洁从政的良好环境。② 尤其针对包括农村腐败在内的基层贪腐时明确提出，“对基层贪腐以及执法不公等问题，要认真纠正和

① 习近平谈担当精神. 中国青年网，news. youth. cn/sz/201706/t20170614_10061886. html.

② 习近平. 在第十八届中央纪律检查委员会第二次全体会议上的讲话（节选）. 北京：党建读物出版社，2013.

严肃查处,维护群众切身利益”。① 党的十九大报告明确强调党的基层组织是保证党的方针政策和决策部署有效落实的基石。宁海小微权力“36”条敲响了廉洁从政的警钟,为村主任和村干部戴上反腐倡廉的“紧箍咒”,也真正打造了一支“为民、务实、清廉”的农村干部队伍。据统计,2011 年到 2013 年,宁海县农村党员干部涉及“三资”管理的违法案件占比很大,上级部门经常收到资金不规范使用的反映。“36 条”权力清单运行后,宁海反映村干部廉洁自律问题的初信初访案件逐年下降。在宁海“36 条”运行的过程中,推进了农村基层党风廉政建设,是实施廉洁工程的重要保障。无疑,宁海县的实践为我国其他地区农村基层廉政建设提供了示范标准。

参考文献:

[1] 习近平. 中共中央关于全面深化改革若干重大问题的决定. 十八届三中全会学习辅导百问[M]. 北京:学习出版社,2013.

[2] 习近平. 决胜全面建成小康社会　夺取新时代中国特色社会主义伟大胜利[N]. 人民日报,2017-10-28(001).

[3] 商湉. 脱贫攻坚下“依法治村”的制度框架构建[J]. 重庆行政,2020,(01):62-65.

[4] 黄晓. 小微权力清单:乡村有效治理制度研究—基于升级宁海“36 条”实践的分析[J]. 中共宁波市委党校学报,2019,41(03):98-106.

[5] 中共中央国务院关于实施乡村振兴战略的意见[N]. 人民日报,2018-02-05(01).

[6] 中共中央国务院关于实施乡村振兴战略的意见[N]. 人民日报,2018-02-05(01).

[7] 习近平谈担当精神[EB/OL]. 中国青年网 news. youth. cn/sz/201706/t20170614_10061886. html.

① 习近平. 在第十八届中央纪律检查委员会第六次全体会议上的讲话. 人民日报,2016-05-03.

[8] 习近平. 在第十八届中央纪律检查委员会第二次全体会议上的讲话(节选)[M]. 北京:党建读物出版社,2013.

[9] 习近平. 在第十八届中央纪律检查委员会第六次全体会议上的讲话[N]. 人民日报,2016-05-03.

[10] 董礼胜,王少泉. 十八大以来我国基层党组织廉洁政治生态的演变与优化[J]. 长白学刊,2017,(04):8-13.

四、象山县"村民说事":协商民主

(一) 基本情况

2009年4月,浙江省象山县西周镇率先在全县试行规范化的"村民说事"制度。该制度是指在基层干部的组织下,村民们围绕乡村建设、乡村经济发展、基层组织建设、村干部廉政、乡村和谐稳定,以民主议事商策为主要形式,将群策群力、民主解决和效果评议融为一体的基层民主管理方式。"村民说事"既为村民表达诉求和化解矛盾纠纷搭建新平台,也为破解村务决策不规范,推进乡村治理创新,加强基层党风廉政建设提供新路径。象山县"村民说事"不限制形式和对象,定时定点说事,并指定每个月的一两天作为固定"说事日",在村民说事室里理性表达、有效沟通,说事内容全程记录,并归档。"村民说事"制度将谋划权、商议权、监督权交给人民群众,把协商于民、协商为民贯彻到实处,不断提高乡村治理能力和治理水平。

象山县"村民说事"制度发端于西周镇杰下村白溪水库引水工程补偿款事件。2009年,杰下村村民针对白溪水库引水工程补偿款的使用和去向对村干部心生芥蒂和猜疑。为此,村干部秉着"证自身清白、让村民明白"的信念,在村子召开第一个说事会,将工程补偿款的每一条去向和用途清清楚楚地作了说明,以此缓解村民的情绪,消解村民的质疑,这场风波得以平息。受此事件的启发,杰下村的干部们开始建立村委会和村民之间的沟通桥梁，规定每个月的一两天为固定说事日，由此“村民说事”开始产生，没多久便在全镇推广。2010年3月，县委、县政府在全县490个村推广西周镇的经验。历经几十年实践探索，象山县委不断丰富和完善此制度，逐渐形成了“说、议、办、评”四个环节为核心的制度体系，并不断革新“村民说事”的内容和形式。实现了农村信访数同比明显下降，村民对基层组织满意度大幅上升。据2019年统计，象山县开展“村民说事”以来，农民人均可支配收入年均增11.8%，村集体经济收入年均增长12.5%，获评浙江省首批美丽乡村示范县、省首批“无违建县”。[①] 象山县“村民说事”制度成为全国推进乡村治理体系和治理能力现代化的典范。

图2-5　夏叶村说事会现场，村民认真记录。（图片来源：宁波日报）

① 郁进东．宁波市象山县：乡村治理推行“村民说事”制度．农村百事通，2019，(22)：15—17.

图 2-6 村民们观看村民说事公开栏。(图来源:宁波日报)

(二) 特色亮点

2014 年开始,“村民说事”形成了“说、议、办、评”为核心内容的乡村协商民主闭环说事体系,采用固定日子集中说、群众和干部一起商议、决策后立马办、好坏村民评等 4 个关键环节。这不仅充分激发了村民参与的自主性和积极性,也保证了民事纠纷和公共事务得到妥善解决。

1. 遇到事情敞开说

遇到事情敞开说意味着立足于农村现实情况,村委组织因地制宜地组织、引导、动员村民在建立的平台上充分有效地表达自己的意见和诉求。主要方式有:一是固定日子集中说。每个村都设置专门的说事室让群众有地说事;每个月设定一或两个固定的日子,让群众有时间说事;建立村干部坐班制度,让群众说事被倾听。二是面对面现场说。根据村民的需求,村干部奔赴一线现场进行说事议事。三是党员联户上门说。基于“党员联户”制度，村级党员干部主动上门听取村民的意见和需求。五是线上智慧说，更加方便搜集民情民意。在此基础上不断创新，扩大说的主体，引导政法干警、老幼妇女参与村民说事，开展“警民说事”“新乡贤说事”“检察官说案”“法官说法”“律师 e 说事”等活动；拓宽说的渠道，在落实固定日子集中说、党员上门说的同时，还创新实施了“网格说”、“线说”等方式；丰富说的内容，围绕矛盾纠纷、乡村建设、旅游发展、集体经济等主题，充分搜集人民群众的不同意见，而且在获取民意方面具有直接性和广泛性，为后面议题的进行奠定了真实有效的民意基础。把“事”亮出来，破解了诉求表达不畅通的问题。据统计，到 2018 年为止，全县开展以发展为主题的说事会超过 3000 次，参与村民接近 4 万人次。

2. *群众干部一起商议*

群众干部一起商议是针对“村民提出的事项，召开由村四套班子成员、说事村民和村民代表参加的村务联席会议或议事会，同时邀请涉及相关工作的乡镇科室和站所，发挥集体的智慧，集思广益，共同商讨”[①]由此可见，这是乡村协商民主的关键环节。通过建立村级干部与村民的协商平台进行群策群力，根据村级事务的等级、规模、涉益群体的差异，可分为不同类型的商议形式。第一种是民情会议，是指对一些简单的问题向群众现场答疑，对稍微繁琐的问题时，由村四套班子共同商讨提出解决方案。第二种是决策会商，对农村小微权力清单的日常管理类事项，由村四套班子集体讨论决策；对重大决策类事项，经村四套班子讨论后，再按“五议两公开”程序会商决定。[②]

① 宁波三农“十二个一批”：象山县实行“村民说事”制度有效提升农村治理水平.（2017－10－09）[2019－05－20]. http://www.cnluye.com/html/main/cxmsView/2883012.html, 2017－10－09.

② 王国勤. 乡村协商民主的系统化再造——以象山“村民说事”为例. 浙江社会科学，2018,（12）：26—34＋155—156.

第三种是财务会签，向村民通报村集体财产，公开每笔收入的来源、日期、去向，由村四套班子进行审核确认。为了提升质量，还邀请法律顾问和各行专业人才参与乡村发展重大事项。村级无法商议解决的大事难事，则可以利用“直通车”方式，通过“一中心四平台”交由上级商议决策。县乡两级通过建立了综合指挥室和社会治理综合智慧中心，统一受理村民提交的各类事件。把“计谋”找出来，破解了决策不规范问题。据统计，2018 年县、乡、村三级商议解决“村民说事”提交的事件 8963 件。[①]

3. 决策后立马办

决策后立马办是“民事村办”的落实环节，是实现乡村协商民主的重要程序。体现了乡村协商民主的治理实效这个目标，即“官僚体系在落实各种决策事项时要尽可能满足当前国家政策与行政标准，同时要努力在回应民意和有效达成治理目标之间实现平衡”。[②] 健全村级干部服务村民机制，促进与“一中心四平台一网格”相对接，推进“最多跑一次”向乡村延伸，大力开展农村便民服务站点建设。针对乡村群众办事难、需求大等问题，象山已实施民事分类流转办理，依托县镇村三级服务平台，对于村民日常生产生活事务的诉求由三级干部帮忙代办。其一，当涉及村民家庭琐事时，由村级便民服务中心进行代办。其二，当超过村两委主要负责人的职权范围的事项时，则需要建立重大事项督促联办机制。“在村级层面，探索建立村民说事承办情况定期汇报制度，由村党支部书记督促相关承办，村干部切实负起责任，抓好重点事项的办理，并在下个村务会商上汇报办理情况。在镇乡层面上探索建立‘一季度一督查一通报’制度，镇乡党委要对各村办理实施情况定期检查，推动‘村事民办’的有效

① 村民说事说出群众心声——浙江省象山县构建“说、议、办、评”制度体系. 农村经营管理，2019，(07)：12—13.

② 罗宗毅. 创新完善乡村治理机制. 学习时报，2017－12－08(004).

落实”。[①]

4. 好坏村民评

好坏村民评这一环节构建了一种乡村协商民主的问责机制。具体做法是当村民说事的事宜办结后,邀请一些乡贤人士组建“评价团”,对村级干部的重点工作进行效果评估和民主评议,对过程和结果中的不足进行督促整改,把民意作为村级干部考评的重要内容,以此倒逼干部整改作风和做事方法。“村民说事”考核机制按分类进行,第一种是常态式评价,即村干部、“评价团”或者群众对村级办结的各项事宜按照“一事一评”或“多事一评”方式开展评价。第二种是综合性评价,即结合“双述双评”活动,在年末对全年度各项工作进行综合性评价。第三种是主题式评价,即每年至少有一次,围绕重大事项、难度工程、舆论焦点等工作展开评价。村干部绩效评,包括上级组织评、镇村互评、人民群众议,既提高了考评的客观性和权威性,也完善了乡村民主协商中基层干部评价系统。这种问责机制的运行,使象山村民对服务型党组织建设满意度逐年上升。

(三) 经验启示

1. 坚持德治、自治、法治三治融合机制

党的十九大报告提出要加强农村基层基础工作,健全自治、法治、德治相结合的乡村治理体系。“三治融合”是起源于浙江省桐乡市开展的“自治、法治、德治”相结合的乡村治理经验的探索,[②]象山县“村民说事”制度通过将自觉自为、道德规范、法律法规三者有机统一起来,科学合理地形成了“自治、德治、法治”三治融合乡村治理新机制。

① 宁波市委政策研究室课题组.“村民说事”制度的建议.

② 付翠莲,吴帅.我国乡村治理中的“国家-社会”关系分析——以象山县“村民说事”为例.理论与改革,2019,(04):72—84.

从自治维度上看，自治是乡村社会治理的重要手段。村民自治的实质是一种直接参与式民主，强调通过村民的广泛参与和普遍协商，共同决定和处理村域范围内的公共事务和公益事务。[①] “村民说事”的推行标志着象山村民自治的开端，该制度对于自治的最大作用是形成了自我教育、自我管理和自我服务的一种乡村治理模式，促使群众积极、主动参与村级事务的商议和决策中，使人民当家作主的自治权得到充分保护和发挥。象山县“村民说事”制度发挥了村民群众的首创精神，在村级干部的带领下不断完善乡村自治机制，不断扩展“村民说事”的新渠道和新平台，不断丰富“村民说事”的内容，不断创新“村民说事”的形式。

从德治维度上看，德治是乡村社会治理的重要基础。乡村社会治理不仅要重视发挥法律的约束作用，而且要重视发挥道德的教化作用。德治是以人们在长期的共同生活中达成的理性共识为基础，规范和调整着人们日常行为。[②] 象山县建立信用档案，将村民自觉遵守村规的情况纳入乡风文明指数考评与村民诚信指数考评，依据考评结果决定村民是否能够享受村内补助和其它福利政策。另外，该县组建红白理事会等组织，推动婚丧礼俗由政府主导到村民自律，把婚丧礼俗事项纳入村民村规，使其成为村民认同和遵守的“公约”。象山县通过将“村民说事”与道德规范相结合，不断升华了“村民说事”的精神文明，深化了“村民说事”的道德底蕴，提升了“村民说事”的道德遵从。

从法治维度上看，法治是乡村社会有效治理的根本性制度保障。法治以法律的形式明确了村民自治的组织体系、运作规则以及村域

① 李小红，段雪辉. 农村自治、法治、德治“三治融合”路径探析. 理论探讨，2022，(01)：70—76.

② 李小红，段雪辉. 农村自治、法治、德治“三治融合”路径探析. 理论探讨，2022，(01)：70—76.

范围内人们的行为底线。[①] 乡村法治在维护“村民说事”发挥着不可替代的作用，使处理矛盾纠纷更合法合规，将司法理念贯穿于矛盾化解的全过程。另外，象山县各个村都配备了一名法律顾问，并且定期开展“法官说事”“法律下乡”“警民说事”“检察官说事”等活动，向群众普及法律知识，提高群众法治意识，将群众培养成新时代懂法、学法、守法的实践者，使群众在“说事”过程中更能感受到公平公正。据报道，“2017 年全县累计开展‘警民说事’196 场次、‘法官说事、检察官说事’47 场次、‘律师说事’58 场次；全县综治调解组织通过说事平台，累计化解矛盾纠纷 2369 起，成功率 98.1%”[②]，使“村民说事”始终在法律的框架下进行，有效保护了象山村民的合法权益。

2. 坚持提升基层党组织群众组织力

中共中央政治局委员、中央农村工作领导小组组长胡春华在全国加强乡村治理体系建设工作会议指出，加强乡村治理体系建设，实现乡村全面振兴，就要全面加强农村基层党组织建设，强化村党组织对村级各类组织的领导，优化农村基层党组织设置，充分发挥战斗堡垒作用。[③] 象山县推行“村民说事”的关键在于牢牢把握基层党组织群众组织力的关键抓手。首先，强化基层干部对乡村协商民主的政治引领力。一是凸显出基层干部的核心引领地位和政治引领功能，把坚持党的领导坚定不移地贯彻落实到“村民说事”的全过程中。二是不断强化村书记在“村民说事”中关键作用的发挥，村书记是引领村民实现乡村振兴的“领路人”，在“村民说事”中担负着主导责任。三是有效发挥基层党组织在“村民说事”中的政治宣

① 李小红，段雪辉. 农村自治、法治、德治“三治融合”路径探析. 理论探讨，2022，(01)：70—76.

② 中国象山港. 孙建军. 大事小事“村民说事”. (2018 - 08 - 17)[2019 - 05 - 21]. http://xs.cnnb.com.cn/system/2018/08/17/011899048.shtml，2018 - 08 - 18.

③ 曹坤. 胡春华强调大力推进乡村治理体系和治理能力现代化，人民网. http://politics.people.com.cn/n1/2019/0611/c1001-31128390.html，2019 - 06 - 11.

传能力，将党的路线方针政策等有效渗透到人民群众中去。其次，锻炼基层干部在“村民说事”过程中的组织动员能力。基层党员干部承载着直接组织群众、宣传群众、凝聚群众、服务群众的职责。① 因此，基层干部要始终保持密切联系群众的优势，要学会说人民群众听得懂、愿意听的话，“村民说事”才能真正得到村民的支持并且贯彻落实。同时，基层干部必须学会换位思考，坚持与群众平等对话。疏导人民群众的利益诉求，消解人民群众的不满情绪。最后，不断提升基层干部在“村民说事”中的自我革新能力。基层干部要建立健全群众满意度机制。人民群众在“村民说事”中处于主体地位，乡村协商民主要坚持以人民为中心的原则，不断完善常态式评价、主题式评价和综合性评价三种评价机制。将评价纳入村级干部年度考核范围，对评价结果不理想的相关党员干部进行诫勉谈话，从而推动基层干部不断自我革新，推进“村民说事”制度持续完善。

参考文献：

［1］郁进东．宁波市象山县：乡村治理推行“村民说事”制度[J]．农村百事通，2019，(22)：15－17．

［2］宁波三农“十二个一批”：象山县实行“村民说事”制度有效提升农村治理水平[EB/OL](2017－10－09)[2019－05－20]．http://www.cnluye.com/html/main/cxmsView/2883012.html，2017－10－09．

［3］王国勤．乡村协商民主的系统化再造——以象山“村民说事”为例[J]．浙江社会科学，2018，(12)：26－34＋155－156．

［4］村民说事说出群众心声——浙江省象山县构建“说、议、办、评”制度体系[J]．农村经营管理，2019，(07)：12－13．

［5］罗宗毅．创新完善乡村治理机制[N]．学习时报，2017－12－08(004)．

［6］宁波市委政策研究室课题组．创新提升说事规范　打造基层治理品牌[J]

① 黄立丰．乡村振兴急需提升基层党组织群众组织力　深化象山“村民说事”的思考．宁波通讯，2019，(15)：60—61．

关于深化推广“村民说事”.
[7] 付翠莲，吴帅. 我国乡村治理中的“国家-社会”关系分析——以象山县“村民说事”为例[J]. 理论与改革，2019，(04)：72-84.
[8][9][10] 李小红，段雪辉. 农村自治、法治、德治“三治融合”路径探析[J]. 理论探讨，2022，(01)：70-76.
[11] 中国象山港. 孙建军. 大事小事“村民说事”[EB/OL]. (2018-08-17)[2019-05-21]. http://xs.cnnb.com.cn/system/2018/08/17/011899048.shtml, 2018-08-18.
[12] 曹坤. 胡春华强调大力推进乡村治理体系和治理能力现代化，人民网[EB/OL]. http://politics.people.com.cn/n1/2019/0611/c1001-31128390.html, 2019-06-11.
[13] 黄立丰. 乡村振兴急需提升基层党组织群众组织力 深化象山“村民说事”的思考[J]. 宁波通讯，2019，(15)：60-61.

五、移动微法院：司法为民

(一) 基本情况

移动微法院既是中国特色社会主义进入新时代的需要，也是中国法院实现公平正义，强化司法为民的需要。移动微法院是腾讯公司和法院系统合作开发的微信小程序，是全新的“掌上诉讼”体系，基于微信小程序，帮助诉讼人运用人脸识别、电子签名、实时音视频等先进的互联网技术，便捷有效地完成网上立案全部过程，实现了当事人在诉讼过程中的立案、诉讼申请、调解、提交证据、缴费、笔录确认、电子送达、移动庭审等全过程的在线流转。移动微法院远程参与模式具有查询案件、网上立案、在线调解、申请执行等二十多项功能，这意味着原告、被告均不用到达庭审现场，免去了诉讼双方往返法院的奔波周折。移动微法院具有“掌上法庭”的特质，是我国首创的一种以 APP 与小程序等形式覆盖数十亿人群的“互联网＋审判”的移动司法系统。[①] 诉讼人在立案后，将有人工智能法官对发起诉讼的当事人给予全过程的在线指导，在整个程序和流程中，始终坚持公开、公正、公平的透明化结构。中国移动微法院的推广，是司法改革和信息化改革深度融合的成果，推进了智慧法院建设和一站式多元解纷机制平台建设，打通了司法服务的“最后一公里”，为新时期司法为民服务带来了实质性的改变。

“移动微法院”发端于浙江省余姚市，2018 年 1 月 2 日余姚人民法院以先行试点的方式推出，之后发展为“宁波移动微法院”，在宁波市法院进行试点，这也是宁波率先进入“指尖诉讼、掌上办案”新时期的标志。同年 8 月，由最高人民法院组建的全国联合项目组开发出“移动法院 4.0 版”微信小程序，在宁波两级法院线上试行，相比于 3.0 版本，新版本操作更简单，功能更强大。经过几年，移动微法院从浙江宁波普及到全国各地法院。移动微法院在 2019 年升级成中国移动微法院，并于 2020 年实现全国各个省份全覆盖。随着“移动微法院”在全国法院区域的全面普及和广泛应用，成为人类逐渐迈进智慧时代和数字社会的重要体现。

图 2－7 “中国移动微法院”微信小程序主页。(图来源：澎湃新闻)

① 赵欢欢. 论移动微法院的司法和谐与诉讼亲民. 长春师范大学学报，2021，40(01)：45—46.

(二) 特色亮点

随着我国经济的发展,传统的诉讼模式逐渐难以与我国现代化社会主义市场经济相适应,也无法更好地满足新时代中国特色社会主义的发展。移动微法院的诞生顺应时代的潮流和国内的环境,是传统诉讼模式的改良和完善。因此,与传统的诉讼模式相比较,中国移动微法院具备程序可操作性强、人民群众更加便捷、设计平台安全、司法工作任务明显减轻等显著特点。

1. 程序可操作性强

移动微法院小程序操作界面简洁、简便、智能化,程序可操作性强,界面主页包括我的案件、审判公开、执行公开、庭审公开、跨域立案、满意度评价、网上信访等多个程序,用户在参与诉讼过程时,每个步骤都有提示,一步步引导用户,使用户更清楚地遵循诉讼流程和规则。移动微法院对部分常见的诉讼文书预制格式样本,上传相关诉讼材料时,当事人既可以拍照,也可以使用内置模板,填空式输入移动微法院系统当中。① 中国移动微法院从用户角度进行设计和完善,2022 年 1 月,移动微法院小程序增设“跨域立案”模块,这为全国各地法院推进跨省、跨市异地立案提供坚强的技术支撑。同年 3 月份,移动微法院转型升级为人民法院在线服务,打造用科技改变诉讼模式的高质量水平。由于程序简便可操作性强,移动微法院还具有适用范围广的特点。在使用对象方面,均满足诉讼人与代理人、办案工作人员、第三方调解员等多方用户需求;在案件类型方面,除了刑事案件和涉密性隐私案件外,行政、执行、民商事案件均可适用。

2. 使人民群众更加便捷

随着全球科技日新月异,中国已经全面进入互联网时代,实现了人人都能上网,处处都能上网的全覆盖。从立案到结案,在手机端即可实现诉讼全流程,使“最多跑一次”甚至“一次不用跑”成为现实。

① 李妍. 我国电子诉讼新模式“移动微法院”研究. 延边大学,2020.

特别是在新冠疫情暴发期间，许多现场审判活动因安全考虑被迫延期或中断，移动微法院的线上诉讼和远程诉讼突破了时空的限制。基于智能手机和微信的普及，移动微法院是微信内设的小程序，诉讼人只需要打开微信里面扫一扫功能或者搜索一下，无须下载和安装，即可打开进行操作，触手可及，用完即走。传统司法诉讼费用较高，其中包括律师费用、时间成本、路程费用等，人民群众常常因为高昂的诉讼费用望而却步，这是导致群众对运用司法程序实现诉求率低的根本性原因之一。针对人们的普遍化需求，移动微法院应运而生，弥补了这一缺陷，具有普惠性、更亲民的优势为移动微法院的成长奠定了媒介基础、用户基础。传统司法诉讼流程繁琐，当事人需要花大量的精力走多个流程，互联网司法诉讼是对现有制度进行全流程改造，使打官司不再繁琐。

3. 设计平台安全

为了确保真实性和可靠性，移动微法院运用了最新的互联网防失真技术和防伪技术。在用户的身份认证上，移动微法院采用人脸识别技术、身份识别技术，保证了用户信息的真实性和可靠性。移动微法院程序要求用户留下标准的电子签名，并用区域块链技术对标准的电子签名进行防伪，之后在手机签名过程中，用户只需点击签名按钮便可完成签名。为了考虑用户数据的安全性，移动微法院完善了数据信息保护机制。移动微法院同时连接公网和法院专网，保证数据互通、数据实时交互，避免重复操作。除此之外，移动微法院借用法院的数据信息，尊重法院数据的所有权，不搜集跟踪数据信息，尽力保障用户数据的安全性。

4. 司法工作任务明显减轻

随着中国法制建设的有效推进和人民群众法制意识不断提高，全国各地法院的新收案件数量保持稳步增长的态势，而传统诉讼法院模式存在“案多人少”的矛盾已经阻碍了司法工作人员的效率。法院法官、人民调解员、审判辅助人员工作任务繁重成为我国法院系统的一个实践性问题。造成以上现状的根本原因在于：员额制改革后法官增加难，提高诉讼门槛迫使当事人远离诉讼欠缺正当性，多元化纠纷解决机制不完善，诉源治理权威性不足等。[①] 首先，审判工作人员的有效工作时间是有限的，超负荷运转使办案人员心有余而力不足，无法保证对每一个案件尽心尽力做到精细化处理，造成办案质量大幅下滑，司法效率直线下降，司法服务大打折扣。其次，不堪重负的工作压力也是法院流失人才的重要原因，致使办案数量的减少。再次，带有焦虑、急躁等负面情绪的审判人员在面对诉讼人时难免存在不耐烦、少沟通的情况，既无法满足人民群众的诉讼需求，也损害了法院的形象和公信力。而中国移动微法院的应用和发展，从根本上有效地缓解了全国各级人民法院面临的这一突出矛盾。

（三）经验启示

移动微法院建设虽然与传统法院建设具有逻辑的承继性，但却存在很大差异。中国移动微法院借助互联网的力量，在全国各地落地生花，很大程度上提高了司法高效性、便捷性，在推动人民法院审判体系和审判能力现代化上发挥了难以替代的影响，既提升我国司法公信力，也形成了独具特色的中国经验。新形势下，通过不断加强网络强国战略，不断创新服务模式，加强民主法治建设，坚持司法为民理念，坚持法律与科技深度融合与互相成就，推进诉讼变革，为深入推动“中国智慧法院”建设提供借鉴和参考。

1. 加强网络强国战略，不断创新信息技术

党的十八大以来，习近平总书记从党和国家的战略全局出发，结合我国互联网电子信息技术建设的实践与理论和全球互联网发展状况，围绕网络强国提出一系列新观点和新论断，形成了比较系统的习

① 王洲. L区法院“移动微法院”在司法实践中的运行及效果研究. 西北农林科技大学，2021.

近平关于网络强国的重要思想。习近平总书记指出“必须旗帜鲜明、毫不动摇坚持党管互联网，加强党中央对网信工作的集中统一领导，确保网信事业始终沿着正确方向前进。”[①]习近平总书记在多个场合都强调了“中国正在积极推进网络建设，让互联网发展成果惠及十三亿中国人民”[②]，首先，习近平总书记提出的网络强国战略是结合中国发展的实际现状，尤其是党的十八大以来领导和推进国家发展的实践，旗帜鲜明地提出网络强国战略目标，从国家战略和顶层设计部署网络强国重大战略。移动微法院的创新既是网络强国战略目标的深度探索，也是网络强国战略目标的新成果。其次，中国共产党作为中国特色社会主义事业的坚强领导核心，把满足人民群众对美好生活的向往作为奋斗的根本目标，凝聚力量，造福人民，团结并带领广大人民群众构建网络强国的设计蓝图。而移动微法院的推出正是互联网发展成果惠及十四亿人的生动实践，也是最高人民法院部署“五五纲要改革”的重要抓手。再次，人民是历史的创造者，是决定党和国家前途命运根本力量，始终秉持着一切为了人民、一切依靠人民的群众路线。因此，互联网事业归根到底也要靠人民的力量，要充分坚持人民的主体性，引导和激发人民群众的主动性、积极性和创造性，大力推动互联网和信息化向前迈进，为移动微法院的建设提供人才支撑，推动中国移动微法院的创新与完善。

2. 加强民主法治建设，坚持司法为民理念

习近平总书记多次强调，发展社会主义民主政治也就是要激发人民群众的创造力、体现保障人民群众的利益、用政治制度和法律制度体系保障人民当家作主。报告强调，民主法治是推动高质量发展的重要保障、现代化建设的显著标志，要加强民主法治建设，巩固发展

① 中共中央党史和文献研究院. 习近平关于网络强国论述摘编. 北京：中央文献出版社，2020. 10.

② 中共中央党史和文献研究院. 习近平关于网络强国论述摘编. 北京：中央文献出版社，2021. 17.

民主团结、生动活泼、安定和谐的政治局面。[①] 民主法治建设关乎大局，同时关乎我们每一个个体。民主法治社会需要强大的司法权，司法是实现法治的关键。司法的本质是实现真正意义上的人人平等，维持社会的和谐稳定，坚持司法为民理念，有效提升人民群众的安全感、获得感和幸福感。要以社会治理现代化思想为着力点，完善司法体系，践行司法为民，加快构建公正、高效、便民的高水平司法保障格局。因此，统筹抓好法治民主和司法为民两件大事，必须始终围绕习近平总书记法治思想，不断推进科学立法、严格执法、公正司法、全民守法，全面推进法治领域改革的深化，建设全社会良好的法治环境，切实做到维护社会和谐、保障人民安全。以此为目标，移动微法院的诉讼模式对我国人民法院自上而下的法治建设进行改革与创新，使司法服务以一种更加亲切和便民的形式贴近人民生活，体现了司法为民与诉讼亲民，为新时期的民主法治建设带来了实质性的改变。

3. *加强法律与科技深度融合，不断推进诉讼变革*

在当代，依法治国与科技创新是两大时代主题。随着互联网技术的在全球普及，网络也已经走进人们的政治生活，网络法治是在传统法治的基础上的演变，同时也带来了司法诉讼的变革。党的十八大以来，在以习近平同志为核心的党中央的坚强领导下，最高人民法院统筹规划、系统推进，形成具有中国特色的司法为民创新发展之路，智慧法院建设取得显著成效。[②] 为了贯彻落实习近平同志“把深化司法体制改革和现代科技应用结合起来”的要求，必须真正实现法律体系和电子信息相融合，法律与科技的融合将会推动网络司法之治。随着互联网信息技术的迅猛发展，从以下三点入手：第一，法律

---

① 益阳日报·大益阳客户端评论员．加强民主法治建设　促进社会和谐稳定．益阳日报，2021-10-20(001)．

② 刘艳红．人工智能技术在智慧法院建设中实践运用与前景展望．比较法研究，2022，(01)：1—11．

建设和司法体系要利用科学技术为人民群众提供更加便捷、更加有效的司法服务。其二，法律建设和司法体系要利用科技改善人们接近司法、实现正义的方式。其三，法律建设和司法体系要利用科技升级改造司法系统、提升司法效率。司法中包含的科技元素或相关专业知识愈来愈多，同时，科技进步给司法服务带来的价值也会愈来愈多，因此，科技创新的发展需要法律的保障，司法变革也需要科技的支撑。为了更好地推动司法改革，我国人民法院紧跟信息技术革命步伐，推动司法服务与科技创新的良性互动，积极探索移动微法院的全面推广，优化司法流程，创新司法机制。另外，我国移动微法院的全面深化，为全球互联网法治文明的建设提供了中国方案，贡献了中国力量。

参考文献：

[1] 赵欢欢. 论移动微法院的司法和谐与诉讼亲民[J]. 长春师范大学学报，2021，40(01)：45－46.

[2] 李妍. 我国电子诉讼新模式“移动微法院”研究[D]. 延边大学，2020.

[3] 王洲. L区法院“移动微法院”在司法实践中的运行及效果研究[D]. 西北农林科技大学，2021.

[4] 中共中央党史和文献研究院. 习近平关于网络强国论述摘编[M]. 北京：中央文献出版社，2020.10.

[5] 中共中央党史和文献研究院. 习近平关于网络强国论述摘编[M]. 北京：中央文献出版社，2021.17.

[6] 益阳日报・大益阳客户端评论员. 加强民主法治建设　促进社会和谐稳定[N]. 益阳日报，2021－10－20(001).

[7] 刘艳红. 人工智能技术在智慧法院建设中实践运用与前景展望[J]. 比较法研究，2022，(01)：1－11.

六、亲清新型政商关系:走在全国前列

(一) 基本情况

2016 年 3 月 4 日,习近平总书记第一次用“亲”和“清”两个字精辟概括并系统阐述了新型政商关系。随后,在党的十九大报告中习近平总书记指出,“构建亲清新型政商关系,促进非公有制经济健康发展和非公有制经济人士健康成长”。为党员干部与企业家的交往提出了明确要求和现实遵循,对于建设服务型政府和清廉企业、构建公平的市场环境、营造良好的社会风气具有重大而深远的意义。

浙江是中国改革的“东方启动点”和“重要窗口”,宁波市作为浙江省亲清新型政商关系的试点城市,争当政商关系构建的“模范生”。2018 年 3 月,浙江省委统战部、浙江省工商联把宁波列为构建亲清新型政商关系试点城市。[①] 宁波市在区县(市)、乡镇(街道)、社区、企业四个层面开展试点,并取得了阶段性成效。2019 年 8 月,宁波市委、市政府提出了“1+3+1”制度体系,是亲清新型政商关系构建的系统性谋划。其中,前面的“1”是指制定一份党政干部和企业家的正负面清单,“3”是指建立政商联系沟通、容错免责机制、评价监督机制等三项长效机制,后面的“1”是指打造一批亲清平台载体。以亲清平台为载体,搭建起政企联系的桥梁,同时通过正负面清单划清政商交往的界限,辅之以三项长效机制,从而建立起更加健康、规范、完善的亲清新型政商关系体系,推动民营经济不断发展。宁波市做好浙江建设“重要窗口”模范生,在亲清新型政商关系构建上走在全国前列。

① 裘安琪.亲清政商关系的构建与企业绩效——基于宁波市上市公司的数据分析.中国科技产业,2021,(06):64—67.

(二)特色亮点

宁波是中国新一轮对外开放的重要门户,是民营经济先发地区,民营企业体量庞大,而良好健康的政商关系有利于打造充满活力、富有效率、更加便利化的营商环境,能有效助推特色产业加速培育,构建亲清新型政商关系是坚定护航民营经济发展的必然举措。[①] 习近平总书记用"亲"和"清"两字表述中国特色新型政商关系应有的状态,宁波在探索创新试点经验的基础上,提出构建"1+3+1"亲清新型政商关系体系。

1. 确保"亲清有度"

"1+3+1"体系通过制定"1"份正负面清单,让政商互动在阳光下进行。这份清单包括党政部门及其公职人员的"七个参加"正面清单和"六个杜绝"负面清单,同时包括民营企业及其负责人的六项正面清单和"七个不得"负面清单,既划清底线和红线,又明确必须履行的职责,双向发力、协同推进,将政商交往放在"阳光之下"。[②] "3"是指为保障政企间亲而有度,宁波市建立了三项长效机制:政商联系沟通机制、容错免责机制、评价监督机制。政商互动机制要求政府部门主动服务企业,同时鼓励企业及时反馈诉求;容错免责机制激励政府官员敢于担当、有所作为,从而加强政商联系;评价监督机制以第三方发布的亲清健康指数为政企间的交往提供外部监督。通过三项长效机制实现激励与约束手段的制度化转变,是构建亲清政商关系的重要保障。后面的"1"是指打造一批亲清平台载体。宁波市亲清新型政商关系以"亲清家园、基层商会"为亲清载体。亲清家园、商会等基层组织与企业联系密切,既能承接政府职能转移,为民营企业排忧解难;又能整合社会资源,助推企业进步,实现亲清政商关系建设成

---

① 杜占春. 关于推进功能园区构建亲清新型政商关系的思考与建议. 宁波通讯,2020(23):52—54.

② 傅春荣. 宁波打造营商环境"新高地". 中华工商时报,2021-11-26(002).

效的最优化。“1＋3＋1”体系从制度上确保政商双方交往的“亲清有度”。

2. 为企服务确保“亲而有力”，构建良好的亲清政商关系，需要正确处理政企间的关系，通过党和政府的帮助，真正为企业发展排忧解难。宁波市相继出台《关于构建新型政商关系的实施意见》、《关于进一步推进降低减负促进实体经济稳增长的若干意见》、《宁波市改革创新容错纠错实施办法(试行)》等文件，并通过开展“问千家、进百企”走访调研活动，协调解决企业实际困难，营造良好的亲清政商关系氛围。[①] 通过建立市领导与非公有制经济人士联谊交友名单，邀请非公经济代表人士参加经济工作会议、经济社会形势分析会、重大经贸考察活动，建立以民营企业家为主体的民营经济政策咨询专家库，在制定重大涉企政策前事先听取专家的意见建议，还同步建立了商会对接服务保障、司法保障等制度，有效推动了政商间的良性互动。政府为民营企业服务要做到“亲而有力”，而不是为了自证“清白”，出现一些不敢为、不愿为、不作为的现象。在明确了工作的标准和红线后，真心实意地为企业服务是构建亲清政商关系的应有之义。

3. 坚持党建引领，共建清廉民企

宁波作为民营经济大市，改革开放以来，民营企业发展迅速，离不开党建引领下营商环境的持续优化。宁波把建设清廉民营企业纳入亲清政商关系的构建体系，以党建为引领，通过健全组织、完善制度、强化监督等方式，引导企业守法诚信、守牢底线。宁波市工商联联合市委组织部等九部门向全市民营企业发出加强清廉民营企业建设的倡议书，举办清廉民营企业建设工作培训会，开展清廉示范企业创建活动，召开全市清廉民营企业建设工作推进会，与市纪委、市委统战部联合对首批八家市级清廉民企创建示范单位进行授牌。在各

① 杨芝.“亲”“清”有道筑和谐　亲清新型政商关系营造良好营商环境.宁波通讯，2019(20)：54—59.

部门的共同努力下，在2018年浙江省新型政商关系“亲清指数”的研究中，宁波的企业活跃度、亲近感知度和廉洁感知度都位居前列，亲清指数位列前三甲。[①] 在宁波清廉民企建设的实践中，越来越多的企业坚持党建引领，将“红色基因”植入到企业发展中，实现脚踏实地稳发展，依法合规诚信经营，认真履行社会责任，积极参与新型政商关系建设。

表一　浙江省2018年“亲清指数”计算结果

一级指标	服务力	支持力	企业活跃度	亲近感知度	政府廉洁度	政府透明度	廉洁感知度
杭州	92.7	87.5	87.4	81.2	99.9	88.3	87
宁波	85.2	76.5	97.8	95.4	90.8	96.7	95.9
温州	86.6	73.5	68.4	86.8	95.5	85.1	88.3
嘉兴	85	74.4	60	88.3	100	89.9	91.5
湖州	77.3	74.2	100	73.8	91.7	76.2	81.6
绍兴	82.3	74	77.9	93	99.2	73.3	96.2
金华	91.2	74.8	85.2	85.1	80.8	96	87
衢州	92	71	91.3	60	70	94.2	70
舟山	79.4	76.6	97.2	100	98.6	90	100
台州	82.7	75.9	72.1	91.7	76.4	90.5	93.5
丽水	85.3	67.4	94.3	89.7	71.1	79.9	93.4

① 陈寿灿，徐越倩．浙江省新型政商关系“亲清指数”研究．浙江工商大学学报，2019(02)：5—17.

亲近指数	杭州	88.4	清白指数	杭州	95.1	亲清指数	杭州	91.8
	宁波	85.3		宁波	93.1		宁波	89.2
	温州	77.7		温州	91.7		温州	84.7
	嘉兴	76.1		嘉兴	96.1		嘉兴	86.1
	湖州	80.3		湖州	86.1		湖州	83.2
	绍兴	79.2		绍兴	91.1		绍兴	85.2
	金华	82.9		金华	86		金华	84.4
	衢州	80.3		衢州	77.2		衢州	78.8
	舟山	83.9		舟山	96.2		舟山	90
	台州	78.8		台州	82.4		台州	80.6
	丽水	80.4		丽水	75.9		丽水	78.2

（图表源自陈寿灿，徐越倩.浙江省新型政商关系“亲清指数”研究）

4. 依托“亲清平台”，搭建沟通桥梁

通过打造“亲清家园”，依托商会组织，将政府和民营企业有效联系起来。如宁波市北仑区在全省率先建立的“亲清家园”。通过明确“八个严禁”“五不为”等要求，划清政商交往边界。要求党员干部既当好“店小二”做到“亲企”，又筑牢“防火墙”做到“清己”，引导企业开展清廉企业建设，政企双向发力，共筑亲清新型政商关系。[①] 依托工业社区的管理网络和社会组织，建立亲清管家、亲清观察员、亲清指导队、企业发展协商理事会、企业发展顾问团等5支队伍，开通全国首条帮扶企业保廉倡廉的“民企亲清热线”，保障“亲清家园”平台的运作。亲清工作室的组建，使廉情信息得以分流、追踪和处置。通过对相关指数的分析，可以发现问题并解决问题，清风涤垢，营造良好的营商环境。根据企业诉求，区纪委区监委牵头成立了亲清政商关

① 余华.创新基层“清廉建设”载体　打造一流营商环境——宁波市北仑区“亲清家园”工作模式的实践与分析.观察与思考，2020(10)：77—82.

系研究会，举办企业内部保廉机制建设研修班，先后搭建“周末廉享会”、“清廉企业微信群”等平台，推出清廉指导手册，帮扶企业建立一套“保廉体系”。

（三）经验启示

建设“清廉浙江”、构建新型政商关系既是一项系统工程，也是一项需要在实践中不断探索完善的现实课题。宁波市在亲清新型政商关系创新试点中取得了不少成效和经验，规范了政商交往行为，推进了政商良性互动。

1. 坚守“清”的底线

官与商、政与企，交往不可避免，友谊无需回避，但一个前提是守住底线、把好分寸。① 宁波市通过出台相关政策，区分党政部门及其公职人员、民营企业及其负责人等不同对象，量身定制政商交往正负面清单，让机关和企业人员有底线、有遵循。对于党政干部来说，正负面清单的制定有利于“杜绝明哲保身、片面避险，杜绝插手干预、错位越位。”对于民营企业来说，明确了政商交往的底线，可以更好地提出诉求和寻求帮助。此外，为促进政商关系良性发展，宁海县梅林街道还开发了“亲清”服务卡。在入企前，街道联企干部通过平台预先申领二维码；进企后，企业负责人通过扫码开启服务；服务结束后，再由企业负责人提交评价。划了红线，亮了规矩，联企干部责任重了，政商交往更“清”了。

2. 搭建“亲”的桥梁

保持“亲清有度”的新型政商关系，需要搭建起政企间有效沟通的桥梁，如果为了自证清白而把企业家拒之门外，看似“没有猫腻”实则是“不作为”。对此，宁波市建立了日常联系沟通、信息收集反馈机

---

① 浙江省纪委省监委网站.“亲清”关系持续优化营商环境.［2021－04－21］. http://www.zjsjw.gov.cn/.

制,建好亲情顾问队伍,以服务为抓手,寓监督于服务,将工作触角延伸至政商交往一线。亲清家园的建设和推进为企业解决难题、寻求帮助提供了渠道。民企亲清服务热线可以24小时接听企业的投诉咨询,任何关于政商交往的举报和疑虑,都可以拨打热线电话。针对咨询中收到的问题,会及时安排相关人员上门核实调查、解答指导,做到真心实意为企业排忧解难。通过线上、线下两个渠道,平台办理和上门服务相结合,就政府涉企工作、企业涉政事务中双方需要协调沟通的事项围绕“亲”和“清”的要求开展工作,推进政府各项工作,维护企业合法权益。就企业生产经营活动中的关键要素组织提供优质服务,促进企业健康发展,做好“亲”的文章。宁波亲清家园平台在政商关系协调、企业员工纠纷调解、促进企业发展以及清廉企业建设等方面都发挥了重要作用。在践行亲清新型政商关系、优化营商环境中走在全省乃至全国的前列,提供可复制、可推广的经验做法。

3. 做细日常监督

通过完善政商联系沟通机制,建立科学合理的监督体系。注重加强与市场主体之间的交流沟通,健全联席会议制度,每季度按时召开座谈会,根据经济运行情况,面对面听取企业意见建议。宁波还建立了政商关系评价监督机制,与浙江大学研究团队合作,研究制定“亲清健康指数”,围绕“政府服务企业发展”“企业促进地方发展”“政府清廉”和“企业清廉”四个方面,设计出系统化、可量化的评价体系,列入对宁波各区县(市)和功能园区的目标考核。同时,一方面发动当地广大群众,动态采集关于区域内政府服务质量、政商交往不良行为风气等信息和舆论评价;另一方面保障问题线索被及时准确地上报流转、处置反馈。宁波启动的“亲清健康指数”评价工作,结合制定的宁波清廉民营企业评价标准和创建办法,共同构建民营企业求廉促廉的鲜明导向和长效机制,为构建亲清政商关系贡献可供参考的“宁波经验”。

4. 提升企业活跃度

提高经济发展水平是改善优化政商关系的根本基础。浙江省的“亲清新型政商关系”走在全国前列。浙江的实践表明:区域经济发展水平与政商关系正常程度总体成正比。即经济发展水平高的地方,企业的实力强贡献大社会影响力也大,企业家的社会地位较高,企业与政府的谈判能力强。正常沟通渠道和信息传播通畅,企业家受到不公平待遇的概率较低。此外,经济发展水平越高,经济活动对党政官员公务行为的约束和激励作用就越正面。地方较高的经济发展水平对应的是政府的财政收入和官员的合法收入也比较高,牟取不正当利益的需求就相应降低。同时,浙江省各类商会组织功能比较完善,职能发挥较好,政商交往的规范化和组织化程度较高,使得社会组织与政府之间的沟通成为政企沟通的主渠道,减少了企业个人与政府官员非正常交往,从而降低了暗箱操作和权钱交易的可能性,有利于优化政商关系。因此,构建亲清政商关系必须要注意提升企业活跃度,政府要继续优化制度,营造公平有序法治的市场竞争环境,以支持更多的创业者开展创业活动。另一方面,政府还应切实降低企业制度性交易成本,在更大范围、更深层次、以更有力的举措推进简政放权、放管结合、优化服务和“最多跑一次”改革。

在浙江省亲清新型政商关系试点城市中,宁波市率先在亲清新型政商关系构建中探索创新,争做浙江建设“重要窗口”模范生,取得了显著的成效和良好的社会反响,在亲清新型政商关系构建上走在全国前列。总结宁波亲清政商关系建设中的经验启示,可以为其他地区政商关系建设提供可参考的“宁波经验”。

参考文献:

[1] 裘安琪.亲清政商关系的构建与企业绩效——基于宁波市上市公司的数据分析[J].中国科技产业,2021,(06):64-67.

[2] 杜占春.关于推进功能园区构建亲清新型政商关系的思考与建议[J].宁波

通讯,2020(23):52-54.
[3] 杨芝.“亲”“清”有道筑和谐 亲清新型政商关系营造良好营商环境[J].宁波通讯,2019(20):54-59.
[4] 陈寿灿,徐越倩.浙江省新型政商关系“亲清指数”研究[J].浙江工商大学学报,2019(02):5-17.
[5] 余华.创新基层“清廉建设”载体 打造一流营商环境——宁波市北仑区“亲清家园”工作模式的实践与分析[J].观察与思考,2020(10):77-82.
[6] 傅春荣.宁波打造营商环境“新高地”[N].中华工商时报,2021-11-26(002).
[7] 陈少春.良好营商环境就是“金山银山”[N].中华工商时报,2020-11-09(005).
[8] 浙江省纪委省监委网站.“亲清”关系持续优化营商环境[EB/OL].[2021-04-21].http://www.zjsjw.gov.cn/.

七、北仑“四微”模式:城市民族工作的样本

(一)基本情况

在东部沿海各省份中,浙江一直都是少数民族流动人口,特别是穆斯林群众迁徙、流动的重要目的地。据2016年统计,在浙江境内居留时间达到半年以上的穆斯林流动人口总数已有近8万人。① 北仑港自然条件得天独厚,海湾风平浪静,常年不冻不淤,是世界上难得的避风良港。改革开放以来北仑区依港而兴,从中国最大的矿港和大型的石化港口,不断向综合性港口转化,现已成为宁波舟山港集装箱运输的主战场,依托港口优势形成了五个国家级开发区,建立起能源、石化、钢铁等六大临港产业,兴起塑机、纺织服装、港口物流等

① 陈振华、贺再军.教育引导管理服务:浙江“四位一体”做好穆斯林工作.中国民族报,2016年6月7日.

六大优势产业。优越的区位优势，优惠的区域政策，繁荣的经济和良好的就业机会，吸引越来越多的外来人口加入北仑建设。2011 年北仑区少数民族成份增长到 45 个，有 2 万多人，其中户籍人口 2000 余人，流动人口 18367 人；近十年来少数民族人口数量每年以 30%左右的速度递增，目前北仑有民族成份 47 个，少数民族 4.2 万多人，其中少数民族流动人口约 4 万人，占少数民族人口在北仑区总数的 95%。[①] 北仑区少数民族城市流动人口具有学历低、择业难、流动性大的特点，工作主要是以务工为主，还有一部分从事清真拉面、烤肉干果、摊贩经营等。通常是“亲戚拉亲戚”的小聚居形式，由于民族、地域和生活习惯等方面的差异，在社会融合中存在一定程度的不适应问题。

围绕有效破解少数民族因风俗习惯、语言文化等差异在融入城市中的突出问题，针对各地民族工作开展不均衡的实际情况，北仑借助“四微”（微窗口、微热线、微组织、微平台）模式的建设，帮助各族群众融入城市。其中，“微窗口”主要针对各族群众的法律咨询、就业咨询、子女教育、民政救助等提供个性化“一站式”服务；“微热线”即建立信息链接，如借助手机和 PC 客户端开展党的民族理论政策法规、民族知识和文化节庆活动等信息推送等，畅通信息渠道。“微组织”即在街道、社区（村）建立“1＋N＋N”的民族工作领导机构、党政领导联系各族代表人士机制、“1＋10＋N”民族社团组织网络，引导各族群众充分参与城市建设，密切群众与基层党组织和政府的联系。“微平台”即一方面通过流动课堂、技能比武等多种方式提升各族群众的就业技能，另一方面通过建立网上就业超市、举办专场招聘会等方式，拓宽各族群众就业创业渠道。[②] 北仑区坚持以铸牢中华民族共同体意识为根本方向，为城市民族工作提供了北仑经验。

---

① 徐平.在深化交往交流交融中铸牢中华民族共同体意识——以北仑少数民族流动人口城市融入为例.民族研究，2021，(02)：20—31＋139—140.

② 中共浙江省宁波市北仑区委常委 统战部部长 陆亚芬 中共北仑区委党校讲师 樊中泳.促融入、共发展：北仑促进城市民族事务治理的经验.中国民族报.

(二) 特色亮点

为进一步破解少数民族融入城市中面临的“三个不适应”问题,创新少数民族流动人口服务管理方式,北仑区率先以建立少数民族服务管理体系为重点,以解决少数民族切身利益为突破口,以让少数民族群众进得来、融得进、过得好为目标,打造了具有北仑特色的,适合浙江省实际的城市民族微组织、微平台、微热线、微窗口——“四微”模式,通过创新组织体系、服务方式、工作内容、工具手段,使城市民族工作更加贴近实际、更加贴近群众、更加贴近时代,为做好基层城市民族工作提供了初步样本。①

1. 健全工作网络,建立常态机制

通过建设发展“微组织”,实现“精准服务”。在北仑区、街道、民族工作重点社区(村)建立 1＋10＋N 三个层级的民族工作领导机构,重点研究、探讨和解决民族工作中出现的热点、难点问题,及时化解各种矛盾,并建立党政领导联系少数民族代表人士机制。在基层搭建起多层次的民族社团组织网络,充分发挥社团组织联系党和政府与少数民族同胞之间的桥梁和纽带作用。基层“微组织”的发展使城市民族工作如同一张张精密的大网,可以实现政府部门与少数民族群众更为有效地沟通,提供更为精准的服务。

2. 畅通诉求渠道,开展走心互动

北仑以“落细落实”为特色,始终秉持“重在平时、重在交心、重在行动、重在基层”的理念,通过帮扶帮助、走访慰问等形式,帮助少数民族流动人口更好地融入城市。为了满足群众的不同需求,强化个性化服务,北仑区在街道、社区设立微服务窗口、微宣传窗口等有形窗口,提供基本公共服务,微服务窗口主要开展针对少数民族的法律咨询、就业咨询、子女教育、民政救助等“一站式”便捷政务服务。同

① 孙文振. 浙江首个民族工作省级标准化试点项目是怎样炼成的. 中国民族报.

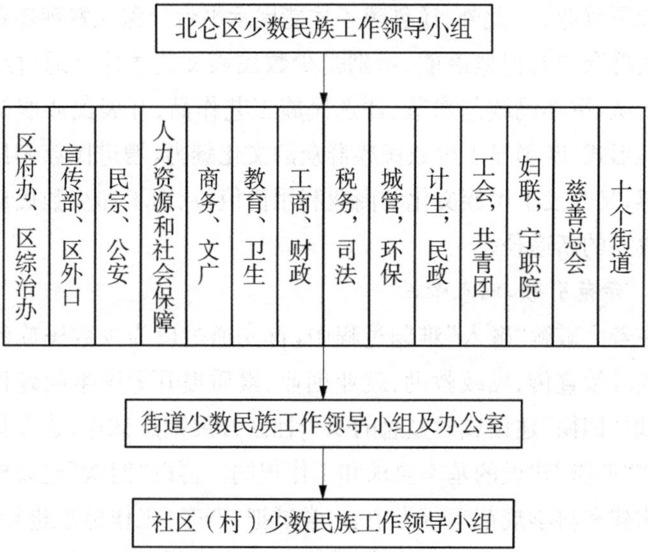

图 2-8　北仑民族工作基层治理组织网络体系

（图片源自网络）

时，各级“微热线”的建立，如各级电话服务热线、网络终端热线（QQ群、微信群等），既拓宽了群众的诉求渠道，也有利于党和政府与少数民族同胞开展走心互动，实现“以情促融”，在深化交往交流交融中铸牢中华民族共同体意识。

3. 提升综合素质，促进融入融合

城市少数民族群众融入城市生活，首先需要解决的就是就业生存问题。北仑“微平台”的建设和使用，一方面可以通过流动课堂、技能比武等多种方式提升各族群众的就业技能，提高自身综合素质。另一方面通过建立网上就业超市、举办专场招聘会、成立创业联盟等方式，拓宽各族群众的就业创业渠道，以多种方式破解生存难题。近几年已经累计投入 200 余万元扶持 60 多名少数民族同胞创业，为 20 多家小微企业争取贷款 800 余万元，帮助 400 余名少数民族流动群众实现再就业。[①] 此外，还创建了才能展示平台。深入发现蕴藏在少数民族群众中的智慧潜能，特别是少数民族文艺才能。通过组建文艺轻骑队、举办民族艺术节、评选民族工艺作品、开展民族服饰设计比赛等形式，既彰显了少数民族群众的文化魅力，增进民族归属感和自豪感，又开发了民族文化的商业利用价值，从而增加少数民族群众获得收入的新途径。

4. 示范引领，以点带面

在着力破解“融入”难题过程中，首先通过以为少数民族流动人口提供政策宣传、民政救助、就业创业、素质提升等民生问题作为导向，选取“四微”建设成效显著的4个社区开展重点试点，建立规范民族工作“四微”建设的基本要求和工作规则。再以“四微”建设标准体系的构建和科学规范运行为中心，尝试把“四微”工作标准进行固化，梳理“四微”建设配套标准体系，形成可操作、可复制、可推广样板，并在普遍推广的实践中不断推进创新。如北仑新街道芝兰社区，地处北仑区城关中心，目前居住着蒙、侗、达斡尔等12个少数民族，2014年以后，为实现少数民族同胞进得来、留得住、融得进、有发展，北仑区率先开展民族工作“四微”建设试点工作，“四微”工作法在芝兰社区率先落地，以精细化服务凝聚少数民族同胞真心。少数民族群众在不断融入社区生活过程中，也为社区的发展做出了贡献，经过社区多年的努力，实现了“管理—服务—供养—反哺”。芝兰社区只是北仑民族工作的一个窗口，随着“四微”模式的推广，我们可以看到北仑4.2万少数民族同胞工作生活的幸福指数的提高。

（三）经验启示

2011年，宁波北仑区被列入国家民委第一批“开展城市少数民族流动人口服务管理体系建设”试点单位。北仑区在浙江省首创民

① 数据材料由宁波市北仑区统战部、民宗委提供。

族工作“四微”建设模式，积极实施全国基层民族工作标准化试点项目。在促进少数民族同胞融入城市生活，实现共同发展过程中，为城市民族事务治理提供了宝贵的经验和启示。

1. 强化党建引领，创新组织体系

北仑“四微”模式坚持由党委领导，分片区、分社区、辅之以社会团体，建设网格化的组织体系，为少数民族群众提供精准服务。在片区大党委组织引领下，挑选其中少数民族党员担任联络员，在社会治理中，形成协商共议的格局；社区结合实际下划网格党支部，成立街道民族功能性党支部，吸纳少数民族党员，搭建网络协商平台，将“党建＋民族”力量渗透到小区治理及品质提升等工作中；而社会团体的培养和发展，不仅丰富了城市少数民族工作组织体系，还有利于形成文明共创、发展共商的互动格局。坚持党建引领，创新网格化的组织体系，是北仑“四微”模式实践带来的有效经验。

2. 宣传民族文化，强化服务理念

在民族文化的宣传方面，实现线上线下相结合，建设民族文化宣传阵地。线上通过建立服务热线，建立 QQ 群、微信群，建立信息员队伍，建立信息反馈机制等，畅通服务管理渠道，为宣传民族文化提供网络平台，推动信息对接的实时化和多样化。“微平台”的打造和使用，一方面有利于宣传民族文化和民族政策，另一方面为少数民族同胞提供才能展示的平台，可以促使少数民族文艺得到更广泛的传播。线下依托辖区内的民族工作展示中心，通过社区少数民族文化展厅、文化长廊等宣传阵地，宣传民族政策，展示民族风情。充分挖掘各民族的特长，打造特色品牌，实现民族工作主题系列化。借助如“民族之花文艺轻骑队”“好媳妇之家”等活动为各族群众搭建平台，提供资源，充分发挥他们的主观能动性和行动力，从而实现自身价值。

3. 创新民族事务的治理手段

在城市民族工作中要以铸牢中华民族共同体意识为导向，认真贯彻落实党的民族政策，尊重少数民族群众的风俗习惯，依法维护少数民族群众的合法权益。坚持公平发展、平等对待。通过搭建市级流动人口综合服务管理平台,逐步实现“一窗受理、全城通办”,为少数民族群众提供个性化“一站式”服务。利用政务服务网,提供民族成份变更、少数民族学生中考高考优待等服务,实现“最多跑一次”,接受社会监督。同时,注意建立健全处理影响民族团结和社会稳定事件的预警机制和协调机制,注重发挥民族宗教团体和代表人士在参与社会管理、维护社会稳定和流动人口利益诉求表达、矛盾纠纷化解等方面的“调节阀”作用。及时处理解决少数民族的矛盾纠纷,增进各民族团结和社会稳定。

4. 充分发挥民族社团的主体作用

民族社团对于城市民族事务治理具有强大的辅助作用。因此,应充分发挥少数民族社团组织自治功能,积极引导少数民族主动参与基层社会治理,推进少数民族群众自我管理、自我教育、自我服务。通过培育一批社区、企业、学校各类民族社团组织、少数民族联系点等,开辟和延伸各类服务窗口,设立少数民族事务热线和少数民族服务中心等特色窗口,为少数民族群众提供就业咨询、子女教育、计划生育、居家养老、慰问帮扶等“一站式”服务项目,以组织和制度让少数民族流动群众进得来、留得住、融得进、有发展。促使少数民族流动人口能化被动为主动,以城市“主人翁”的身份,参与到社会生活中。

宁波北仑“四微”模式建设,在基层实践过程中不断创新组织体系、治理模式、服务手段,进一步推动了新时代城市民族工作向制度化、规范化、精细化方向发展。北仑区获准制定全国首个城市民族工作省级地方标准,将“四微”工作标准进行固化,梳理“四微”建设配套标准体系,将为推动新时代城市民族工作实现共建共享、协同发展提供“宁波样本”。

参考文献:

[1] 中国共产党第十九届中央委员会第四次全体会议文件汇编. 人民出版社

2019 年版，第 30 页.
[2] 陈振华、贺再军. 教育引导管理服务：浙江“四位一体”做好穆斯林工作. 中国民族报. 2016 年 6 月 7 日.
[3] 徐平. 在深化交往交流交融中铸牢中华民族共同体意识——以北仑少数民族流动人口城市融入为例[J]. 民族研究，2021，(02)：20 - 31＋139 - 140.
[4] 中共浙江省宁波市北仑区委常委　统战部部长　陆亚芬、中共北仑区委党校讲师　樊中泳. 促融入、共发展：北仑促进城市民族事务治理的经验[N]. 中国民族报，2021 - 07 - 27(006).
[5] 孙文振. 浙江首个民族工作省级标准化试点项目是怎样炼成的[N]. 中国民族报. 2020 - 04 - 12.
[6] 冯辰皓. 正确把握民族工作中的四对关系[J]. 宁波通讯，2021(23)：63 - 64.
[7] 新时代民族工作的根本遵循[J]. 实践(思想理论版)，2021(10)：14.

八、余姚谢家路村：小板凳工作法

(一) 基本情况

一条小板凳，搭建起党员干部与群众的“连心桥”。余姚谢家路村“小板凳工作法”最初是关于村里农贸市场的建造。2001 年，钱建康出任谢家路村党委书记。当时的谢家路村刚由四个自然村合并，1600 多户人家，4000 多村民。村民大多以种植榨菜、棉花和蔬菜为生，集体经济薄弱。那时候，村民每天或三轮车，或自行车，把种植的蔬菜瓜果拉到村口的马路边叫卖，这是他们唯一的经济来源。[①] 于是，钱书记萌生了在这里建造一个农贸市场的想法，既可以帮助村民解决农产品的流通问题，也可以增加村里的集体经济收

① 宁波文明网. 宁波谢家路村倡导的“小板凳工作法”引起全国关注. [2014 - 09 - 14]. http://nb.wenming.cn/.

人。在他召开村干部拟定农贸市场规划后，却遭到了很多人的反对。因为市场的选址是一片农田，很多村民不理解，他们认为农田是谢家路村一代代人围海造田才有的土地，是先人留给子孙的馈赠，甚至有人联名写信告村干部的状。晚饭后，在村民围坐在院子里闲聊之际，钱书记上门先是同村民拉家常，在轻松融洽的气氛中，他开始切入主题询问村民对于建造市场的顾虑和想法。村民表示在村里建农贸市场是好事，但要保证好处可以落在群众身上才可行。于是，谢家路村主办了《阳光月刊》，不仅用来登载村里大事，也是村里账务公开的平台，对于支出有异议的村民还可以提出质询。随着钱书记和其他村干部走家串户，在小板凳上，党员干部同群众谈心交心，面对面听民声、问民情、解民忧，这样的工作思路逐渐在村干部心里形成了。如今，余姚谢家路村的小板凳工作法已引起全国关注，重大决策和规划实施前，村干部都要听听群众的意见，了解村民的想法，经村民投票表决后再启动。

图2-9　余姚谢家路村“小板凳”工作现场

（上图源自甬祖轩.余姚：“小板凳”工作法聚民心）

随着数字化进程的不断加快，加上疫情管控的需要，谢家路村开始积极探索智慧治村的新模式，推出党建引领的“小板凳”工作法 2.0 版本。之前的“小板凳工作法”，党员联系服务群众渠道单一，无法与群众实时交互并第一时间处置群众的反馈意见。如今，谢家路村搭建“红锋泗门”智慧党建平台，围绕高频民生事项，搭建党员联系服务群众的“指尖驿站”，鼓励群众通过手机及时上传图片、音频、文字等，一键报忧喜、谈看法、提意见，党员干部则可一键反馈解难题，确保党员联户更便捷快速。[①] 针对村里出现的垃圾暴露、河道漂浮物、水位越界等问题，智慧平台均能实时监控并发出预警提示。依靠数字赋

图 2－10　谢家路村综合“智慧”室工作人员通过智慧屏了解全村情况

（上图由严科　董惊鸿摄）

① 中国宁波网. 余姚谢家路村打造“小板凳”工作法 2.0 版. [2021－11－17]. http://nbnews.cnnb.com.cn/.

能，智慧治村，谢家路村已入选第二批全国乡村治理示范村名单。“小板凳工作法。”跟随书记走进村民家，端坐小板凳，在家长里短推心置腹的交流中，实现党员干部与群众面对面听民声、议民事、解民忧。

（二）特色亮点

谢家路村党委在党的群众路线教育实践活动中，大力推行以“‘三明举措’走亲连心、‘三事机制’自主决策、‘三大课堂’分类教育、‘四式服务’帮难解困”为主要内容的小板凳群众工作法。干部群众坐在一条板凳上增感情、商村事、提素质、见温暖，真正打通联系服务群众的“最后一公里”，拉近了党群干群距离，激发干部群众建设美好家园的精神动力。[①] 先后获得全国先进基层党组织、全国文明村等数十项国家级荣誉和一百多项省市级荣誉。

1. 巧妙的制度构思

如“三明举措”走亲连心，一是明责任，采取了党建进组、干部进片、党员进户的“三进”方法，精准细化到每家每户，确保走访农户全覆盖。其中党建进组是把支部建在村民小组上，按照现有 10 个村民小组分设 10 个党支部，全天候、全方位走访。干部进片是根据村民的居住情况，以 160 户左右为标准划分若干片区，10 名村干部每人包干一个片区，每季度走遍所辖片区所有农户。党员进户是每名党员就近联系 8 至 9 户农户，每月走访不少于 1 次。二是明内容，实行“五听两卡一记”制度。五听，即在家访中重点听群众生产生活情况、存在困难、思想困惑、烦心事、对村庄建设等意见。两卡，即向农户发放印有党员姓名、工作单位、电话号码等信息的党群连心卡和村民诉求卡。方便群众与干部随时保持联系，及时反映诉求。一记是指党员干部人手一本“民情日记”，及时记录家访情况和群众需求，做到村民情况清、重点难题清。三是明制度，比如“三不准、五必访”制度，即

① 甬祖轩．余姚：“小板凳”工作法聚民心．宁波通讯，2014(13)：31.

不准以开会召集方式代替走访，不准以问卷调查形式代替走访，不准委托村组工作人员代为走访；孤寡独居老人每日必访，家庭有突发情况必访，新转入党员必访，关爱对象定期必访，重点人群必访。明确的制度体系环环相扣，为村里群众提供精细化服务，做到不漏一户、不少一人。

2. 广泛集民智解难题

群众路线是党的工作的重要法宝，也是实现基层群众自治的关键。谢家路村党委创办体现村民自治形式的“板凳会”，让党员干部与村里群众同坐一条板凳，共同学政策议村务，广泛集民智解难题。村干部每月用一周时间带着小板凳入户，与农户开展“心贴心”的交谈，重点听取村民对村庄规划、环境整治、征地拆迁、文明创建等方面的意见建议。村党委每半月用一天时间邀请村民代表坐在小板凳上一起“面对面”商议，重点研究和解决群众最关心、最直接、最要紧的现实问题。“小板凳工作法”升级后，群众还可以在智慧平台上发表意见看法，获取政策信息。群众的广泛参与不仅提高了决策的透明度和科学性，而且“板凳会”为党员干部和群众架起了一座“连心桥”，成为维护百姓权益的好平台。

3. 发挥党员的先锋模范作用

谢家路村的前哨支部经过多年的经验积累与探索，不仅是当地基层党员日常学习、精准施教的平台，也是发挥基层党员先锋模范作用的平台。谢家路村曾经为了巩固治水成果，便于河道的日常保洁，计划拆除中心河道上的村民自建简易桥。对此，一些村民颇有意见，有人质疑相关政策，有人对拆后补偿期望过高。在工作陷入僵局时，谢家路村第三、第四前哨支部的党员率先站出来，带头拆除了自家的简易桥。在党员和各村民代表的带动下，24 座简易桥在短短 10 天内被拆完。小小党支部，充分发挥了基层党员的先锋模范作用，从而释放出极大的带动力量。“村中无小事”，谢家路村前哨支部的创新做法成为全市标杆。可见，加强基层党组织建设，打造先进党支部，发挥党员的带头模范作用,是做好基层工作的关键一招。

4. 智慧平台提升管理效率

谢家路村随着数字化进程的加快,推出党建引领的“小板凳”工作法2.0版本。通过搭建“红锋泗门”智慧党建平台,为党史教育活动拓宽渠道。“指尖驿站”为党员联系服务群众提供便利,群众可在手机上一键报忧喜、提意见,党员干部也可一键反馈解难题,党群联系更便捷快速。通过一键呼叫系统,全域巡逻车可迅速到达村庄各角落,更快捷地处理突发事件。该村还升级打造村级便民服务中心,采取“代办点+自助服务终端+网格员服务”模式,使村里群众办事“最多跑一次、跑一地”,打造线上线下“小板凳”说事亭,广泛集中群众智慧,助力乡村和谐。① “智慧板凳”的升级打造,充分发挥智能设备的作用,有利于深度推进乡村治理数字化,为打造数字乡村提供样板。

(三) 经验启示

余姚谢家路村的“小板凳”工作法具有鲜明的特色亮点,已经引起广泛的关注和学习,为我国乡村治理提供样板。

1. 完善管理制度,提供精细化服务

村中无小事,必须建立完善的制度体系,为群众服务做到不缺一户、不漏一人,才能凝聚群众智慧,共建和谐乡村。谢家路村的“三明举措”,通过党建进组、干部进片、党员进户的“三进”方法将村里群众进行网格化管理,确保农户全覆盖。“五听两卡一记”明确了工作内容,同时方便党员干部与群众及时沟通联系、解决问题。“三不准、五必访”制度明确了工作的标准和重点走访对象,确保了群众反映的意见事事有回应、件件有落实。在此基础上,该村党委还创办了体现村民自治形式的“板凳会”,让党员干部与群众同坐一条板凳,学政策议

① 央广网.余姚谢家路村:“智慧板凳”开启“智治”新模式.[2020-12-22].https://www.cnr.cn/.

村务，广泛集民智解难题。这样巧妙的制度构思，环环相扣，为基层乡村治理提供了可参考的样板和宝贵的经验。

2. 坚持群众路线，凝聚群众智慧

相信群众、依靠群众、密切联系群众是党的工作的宝贵经验。“小板凳”工作法的关键之处在于一改干部台上作报告，台下群众听报告的传统，而是与村里群众同坐一条板凳，实实在在走基层，扎扎实实解民忧。“板凳会”上党员干部与群众一起学政策、议村务，用群众的方式与群众拉近关系。通过与群众在板凳上谈心交心，面对面听取群众意见、询问民情、共同商议村里事务，可以形成和谐融洽的干群关系，同时广泛凝聚群众智慧，从而激发出干部群众共建美好家园的动力。农民课堂的开办和党员家庭教育活动点的设置，帮助群众在小板凳上提素质，提高群众参与乡村治理的积极性。此外，党员干部协调各种利益关系时，还必须注意摆正位置，站在大多数群众利益的一边，做群众的主心骨、代言人，否则屁股很容易坐到了既得利益群体一边，那样群众工作将难以开展。

余姚谢家路村用群众的方式贴近群众、以群众的需求服务群众、把群众的满意度作为检验成效的标准，切实打通了联系服务群众的最后一公里。“小板凳”工作法不仅增进了党群关系，切实拉近了党群干群距离，凝聚了共建和谐乡村的合力，为新时期的群众工作提供行之有效方法，而且激发农民群众参与乡村治理的创造力和积极性，群众的意见和建议将为乡村建设贡献出群众智慧和力量。

3. 加强基层党组织建设，打造先进党支部

经过多年的经验积累与探索，谢家路村的前哨支部不仅是当地基层党员日常学习的平台，也为基层党员发挥先锋模范作用提供平台，成了激活基层“细胞”的一剂良药。[①] 在村里大事小事需要支援

① 宁波日报记者　殷聪　冯瑄　单玉紫枫　沈孙晖　松阳县融媒体中心记者　周琳　周晴. 创新汇聚共富力. 宁波日报，2021－12－14(A04).

时,党员群众就齐聚村委会,带头上阵,他们还互相提醒,出了门代表的就是谢家路村,践行多年的小板凳工作法,使谢家路村有了振臂一呼应者云集的凝聚力。因此,在乡村治理日常工作中,应加强基层党组织建设,打造一批先进的党员队伍,在关键时刻带领群众共同解决问题,凝聚群众的智慧和力量,实现党建引领下的乡村振兴。探索“党建+网格”的工作模式,将服务点设在网格,实现村里群众全覆盖。党建进组、干部进片、党员进户的“三进”方法,正是基于为群众提供全方位服务的出发点。如今,借助网络信息技术,可以为党建搭建智慧平台,打破党员干部与群众联系的时空界限,使党群交流更加方便快捷,村级管理更加扁平高效。面对新形势对服务群众工作提出的新要求,基层党组织要在服务方式、服务领域、服务功能方面创新,既要发挥基层党员先锋模范的带头作用,又要担起促进乡村美好和谐的责任,真心实意为群众提供服务。

4. 创新治理手段,迈向数字乡村

谢家路村升级打造的“智慧板凳”,创建了党建智慧平台,可以一键听民声,一键办民事,一网管全村。此外,由老干部、老党员、青年骨干和妇女代表组成的小板凳宣讲团,也借助“云端宣讲”,实现线上线下联动,推动党史学习教育落地生根。新时代,网络信息技术快速发展,乡村治理方式和群众工作方法也应搭上时代的列车不断创新,以便更好地为群众提供服务。当前,数字化乡村治理仍面临许多困难,可以通过开办“小板凳”流动课堂,组织在职党员以送学上门的方式,以“小板凳”为媒介,把学习资料、笔记本、老花镜、收音机等用品送到年老体弱、生病在床的党员家中,组织群众学习线上平台的使用,实现线上线下共读同学,确保学习教育不掉队、跟得上。设立“小板凳”公益岗位,组织党员密切联系群众,为对智慧平台和网络信息技术的使用有困难的群众及时提供帮助。打造数字乡村服务中心,增加智能化自助设备的投入,为群众提供一站式服务,深度推进乡村治理数字化。

余姚谢家路村的小板凳工作法是坚持群众路线的结果，无论是有形的小板凳，还是无形的智慧板凳，都为党员干部和群众搭建起了一座连心桥，用乡土味赢得民心，实现服务群众“零距离”，当群众反映的事情事事有回音、件件有落实时，群众的主体性就容易得到发挥，参与乡村建设的积极性和热情就会提高，从而凝聚共建美丽乡村的合力。

参考文献：

［1］宁波日报记者　殷聪　冯瑄　单玉紫枫　沈孙晖　松阳县融媒体中心记者　周琳　周晴. 创新汇聚共富力[N]. 宁波日报，2021－12－14(A04).

［2］冯瑄. 携手“共富之约”[N]. 宁波日报，2021－12－29(002).

［3］赵永焕，张红，邵姚斌. 基层党内民主与社会主义新农村建设——余姚市谢家路村党内民主建设调查[J]. 中共宁波市委党校学报，2011，33(04)：58－60.

［4］甬祖轩. 余姚：“小板凳”工作法聚民心[J]. 宁波通讯，2014(13)：31. 10.16710/j.cnki.cn33－1272/d.2014.13.012.

［5］中国宁波网. 余姚谢家路村打造“小板凳”工作法 2.0 版. [EB/OL]. [2021－11－17]. http://nbnews.cnnb.com.cn/.

［6］央广网. 余姚谢家路村：“智慧板凳”开启“智治”新模式. [EB/OL]. [2020－12－22]. https://www.cnr.cn/.

［7］宁波文明网. 宁波谢家路村倡导的“小板凳工作法”引起全国关注[EB/OL]. [2014－09－14]. http://nb.wenming.cn/.

［8］宁波广电网. 余姚谢家路村：升级“小板凳工作法”打造数字乡村新样板[EB/OL]. [2021－03－19]. http://www.nbtv.cn/.

第三章

底蕴深厚的人文之城

一、天一阁:书藏古今

(一) 基本情况

天一阁是中国乃至亚洲现存历史最久的私家藏书楼。它位于浙江省宁波市的月湖西岸。坐北朝南,为两层砖木结构的硬山顶重楼式建筑,通高8.5米,斜坡屋顶,青瓦覆上。一层面阔,进深各六间,二层除楼梯间外为一大通间,以书橱间隔。阁前凿“天一池”通月湖,园林以“福、禄、寿”作总体造型,用山石堆成“九狮一象”等景点。天一阁及其周围园林具有江南庭院式园林特色。天一阁的藏书和建筑也为研究书法、地方史、石刻、石构建筑和浙东民居建筑提供了实物资料。①

天一阁是世界上现存最早的三座私家藏书楼之一。在这座藏书楼中不但收藏了大量珍贵的古代图书资料,而且楼房的布局和建筑对后来藏书楼的兴修也产生过很大的影响。据历史文献资料记载,天一阁兴修于明代嘉靖四十年至四十五年(公元1561—1566年)。此楼是由嘉靖进士、兵部右侍郎范钦修建的,原为范钦的私家藏书

① 范杨.天一阁藏书楼访问纪略与思考.河南:牡丹,2017,(35):8—10.

楼。范钦平生喜欢收集古代典籍，后又得到鄞县李氏万卷楼的残存藏书，存书达到了七万多卷，其中以地方志和登科录最为珍稀。乾隆三十七年(公元1772年)，下诏开始修撰《四库全书》，范钦的八世孙范懋柱进献所藏之书638种，于是乾隆皇帝敕命测绘天一阁的房屋、书橱的款式，兴造了著名的“南北七阁”，用来收藏所撰修的七套《四库全书》，天一阁也从此名闻全国。范钦为了保护藏书而订立了严格的族规，世代的子孙严格遵循“代不分书，书不出阁”的遗教，但终因年代过于久远，藏书还是有很多的失散。嘉庆十三年(公元1808年)，阁内的藏书实有4094部，共53000多卷。鸦片战争时，英国侵略者掠去了《一统志》等数十种古籍。咸丰年间(公元1851～1861年)，又有盗贼潜入阁内，偷去了许多的藏书，转卖给法国的传教士和造纸厂。后来又经历了许多的变故，到1940年，阁内的藏书仅存1591部，共13038卷。新中国成立后，政府为了保护天一阁，专门设置了管理机构，探访得到了流失在外的3000多卷原藏书。现在，天一阁共藏书三十余万卷(册)，其中有八万多卷是古本图书。天一阁自创建之后，已经过了四百多年的风风雨雨。在此期间，人们虽然对它进行了多次翻修，但它的布局、结构和外观，却依然保持着初建时的面貌。

1933年，对天一阁再次进行了翻修。在这次施工中，人们把孔庙中的尊经阁移到了天一阁的后院，使尊经阁成了天一阁的附属建筑。同时，人们又把散置在当地的宋代至清代的碑刻数十座移到了这里，构成了远近闻名的明州碑林，为天一阁增光添彩。现在天一阁前有假山、水池、小桥、小亭等园林建筑，清幽雅静；在阁东，有百鹤亭，造型精巧；在阁后，有尊经阁和明州碑林，古色古香；在阁内，有大量的古今图书和天一阁创建人范钦的塑像，令人神往。

天一阁已经成为浙江省和宁波市的一处重要的观光旅游胜地。1982年2月23日，天一阁被国务院公布为第二批全国重点文物保护单位。2018年10月29日，浙江省宁波市天一阁・月湖景区被中华人民共和国文化和旅游部确定为国家5A级旅游景区。

图 3－1　天一阁藏书楼

(二) 特色亮点

1. 严格有效的藏书保护制度，体现了对中国优秀传统文化的传承

天一阁对后来的官私藏书直至当代图书馆的影响，最大的莫过于重视管理，即严格和有效的管理制度。首先表现在思想上的重视。例如在防火方面，古往今来，火是藏书的一大隐患。楼主取名为“天一阁”，用“天一生水”之意，取其“以水克火”之义，使所建的藏书楼能够永远地保存下去。其次是具体措施到位。楼阁中的图书全部贮藏于二楼中间的大书柜内，书柜依墙摆放，以有利通风；书柜底下都放有一块英石，以用于吸潮；书柜内放置芸草，以防止虫蛀；阁前筑一水

池，除了用于美化景观外，还兼有防火的用处。此外，最重要的是有一套严密的管理条例。创始人范钦以先见之明，立下了“代不分书”的严训。在范钦殁后，子孙各房相约为例，“凡阁橱锁钥分房掌之，禁以书下阁梯，非各房子孙齐至不开锁，子孙无故开门入阁者罚……因而典鬻者，永摈逐不與祭”；楼阁中的藏书不借外人，子孙读书也要就阁读之，谓“书不出阁”。这样的管理条例杜绝了散失的可能，确保了藏书楼的安全。特别是火烛、烟酒切忌登楼等行之有效的“规章制度”，直至今天，不仅天一阁乃至中国的所有藏书楼、图书馆，仍然在执行这一规定。可见，天一阁的藏书保护的管理制度为中国藏书楼创立了系统、完整的范本。

2. 独具特色的藏书理念，形成了全面高质量藏书的体系

天一阁藏书得以久聚不散的原因之一，就在于它高度重视藏书质量，形成了独具特色的藏书体系。这是天一阁最有影响力的因素。

范钦与以前绝大多数藏书家不同，他并不一味醉心于珍本秘籍的收集，也钟情于当代的文献资料。在他的藏书中，除了一定数量的明代前的珍本、善本外，还拥有大量明代的实录、邸抄、揭帖、招供、方志、登科录、名人传记及其诗文集等等，其中不少是当时许多藏书家所不屑一顾的所谓“三式之书”“下邑陋志”和“时人近作”，而他却不遗余力，尽心搜集。正因为他具备立足当代、放眼后世的远见卓识，“不薄古人厚今人”“经世致用，人弃我取，时著为主”的藏书理念，在藏书建设上另辟蹊径，走出了一条有别世俗传统的路子，使得范钦的藏书事业在几百年之后大放异彩，起着别的藏书楼、图书馆所无法替代的作用。在现今图书馆的信息资源建设原则中，突出重点，形成特色，重视地方文献的采集等等，范钦的藏书思想和行为模式应该说不无启示作用和影响。

3. 藏书楼建筑的营造法式，为之后藏书楼的建设提供了样本

《四库全书》修编成功以后，乾隆下诏，命浙江省织造局寅著到天一阁查看其藏书楼的建筑式样与书柜款式。寅著查后奏称：“天一阁

在范氏宅东,坐北朝南,左右砖甃为恒,前后檐上下俱设窗门,其梁柱俱用松衫等木,共六间,西偏一间安设楼梯,东偏一间,以近墙壁,恐受湿气,并不贮书……阁前凿池,……阁用六间,取‘地六成之’之意,是以高下深广及书橱数目俱含六数”。这就是天一阁藏书楼的基本形制。后来乾隆仿造天一阁藏书楼形制,建造四库七阁,用以贮藏《四库全书》。这是天一阁的又一大贡献。此外,当时不仅仅有皇帝的下诏效法,在民间也有众多因仰慕而效仿的追随者。最相似的是建于乾隆四十二年(1777 年)宁波著名藏书家卢址的抱经楼,完全克隆了天一阁藏书楼形制,其内部结构和外观,均与天一阁一模一样;再过近百年,建于同治三年(1864 年)宁波著名藏书家徐时栋的水北阁也与天一阁藏书楼形制十分相似。在宁波本地以外的模仿天一阁藏书楼形制的还有金陵藏书家甘福的“津逮楼”、扬州藏书家吴引孙的“测海楼”、山东聊城杨以增的“海源阁”等数不胜数,故不再一一赘言。

4. 传抄刻印用以传播文献,为中华文化的传播发挥了积极作用

藏书楼作为封建社会的一种文化现象,与现如今的图书馆不可同日而语。许多藏书家把藏书视为私有财产,只供自己和弟子家人享用,不允许他人染指,采用严格的封闭式管理。应该说天一阁从建楼伊始直至以后的大部分时期,其对藏书的闭守程度是相当严密的,但并非刻板固守陈规。自清初以来,黄宗羲、万斯同、全祖望等诸多学者文人的相继登阁到访即是明证。并随着时间的推延、社会的发展,其开放程度也越来越高。在建阁前后,范钦常常到丰坊的“万卷楼”看书,每每见到自己没有的善本、珍本,就借来抄录,充实自己的藏书;还与江苏著名藏书家王世贞交换传抄罕见之本。天一阁传播藏书文献的一大特征是刻印书籍,前后刻书约有三十四种,其中二十种合成一部丛书,世称《范氏奇书》。至今天一阁尚保存着数百块明代刻片,成为研究我国雕版印刷历史的珍贵文献。康熙十二年(1673 年),范钦的第四代孙范光文、范光燮兄弟,开了大规模抄书的局面。

尤其是范光燮曾组织了一次大规模的对外传抄书籍活动，抄书总数在百种以上，其数量之多、时间之长、规模之大，在天一阁藏书史上是空前的，这在增加文献数量，保存、传播和利用文献方面都有重大的意义。1949年以后，两次影印出版《天一阁藏明代地方志选刊》，共收书二百十五种。把大量的珍本、孤本公诸于世，可让读者不受时间和空间的限制来使用这些珍贵文献。这印证了天一阁文献资源在新时期对学术文化的贡献日臻加大。

（三）经验启示

1. 为弘扬中华传统文化及推进藏书楼、图书馆管理提供了借鉴

天一阁是土木结构建筑，最忌怕火患。范钦在最开始建造阁楼的时候，取其为“天一阁”，含有“以水克火”之意。并在阁檐四周刻画有水波浪的图案，寓祈求免遭火灾的愿望。这些虽带有迷信的色彩，但却反映了楼阁的主人对火患存有戒心。而且为了能够切实地防御火灾，在阁楼前凿一天一池，引入月湖的水，用以防火。清代初年范钦的曾孙范文光又在藏书楼的北面和南面构筑假山桥亭，种植林木修竹，在藏书楼的四周铺曲径于山石仓木之间，以备预防楼阁周围房屋有失火蔓延的危险。规定藏书楼内不得带进火种。天一阁这种严格的防火制度和积极的防火措施至今还在沿用。如今的图书馆、博物馆等文化馆藏都严禁馆内管理人员以及参观游客携带明火以及戒绝吸烟，并且注重消防措施。

2. 为保护中华文献资源，提出了妥善的贮藏方法

天一阁的藏书都是存放在小木盒里，再分类放在大的书橱中。这种保管条件，对隔热、防尘都具有较好的效果。天一阁地处南方，根据江南多雨潮湿的气候特点，每年都需要把楼阁内藏书放在阴凉处翻凉一遍，透湿防潮，这种举措可以大大延缓藏书纸张老化变质的速度。此外，天一阁防虫护书也独具特色。范钦当年在广西做官时，曾用过广西出产的止痛中药灵香草防虫，根据他的经验，藏书楼也采用了灵香草防虫的方法,效果很好。这种防虫办法给现代人以启示,因为制作书本的材质源于木材,容易被害虫啃咬、腐蚀,尤其是南方地区,气候也给藏书带来一定的隐患。所以在保证藏书处在干燥通风的环境下,还要放置一些杀虫剂、防虫丸加大保护藏书的力度。正因为天一阁采用了这些妥善的贮藏方法,采取了以防为主的措施,才能得以把楼阁中的万卷古籍善本长久地保存下来。

3. 集中体现了中国藏书楼的建筑智慧。设计了适宜的建筑结构

天一阁是六间重楼,布瓦重檐硬山顶,山面作元宝形状。这种起脊式的屋顶,既具有江南宅舍质朴雅致的特色,又有便于通风,防止漏雨和隔热的作用。藏书楼前后为回形走廊,有防光、隔热、防潮、防尘的效能,为了防潮,天一阁底层的地面经过特别处理。廊下铺条石,房屋内铺设用桐油浸泡过的方砖,坚固耐久,防潮、防尘效果好。底层六间,其中东部五间是作对称处理。明稍间南北面设槛窗两扇,楼上西端一间是楼梯间,东部五间不设屏障,作为收藏珍籍的大库房。天一阁的这种房屋构造,明亮疏朗,便于自然通风,既保持楼阁内适宜的温度和湿度,又相对扩大库存藏书的面积,方便管理和查阅。藏书楼前后檐各间设推拉槛窗四扇,博脊与上檐檐椽之间装有铁栅栏,用以防盗。天一阁把江南古朴的建筑风格和保护藏书需要隔热、防潮、防光、防尘、防盗等要求为一体,创造了一个保护藏书的良好环境,延长了藏书的寿命。天一阁适宜保护藏书的建筑结构,对后代兴建藏书楼有较大的影响。乾隆三十九年(公元 1774),清王朝修了《四库全书》以后,为了兴建藏书楼,特别派杭州织造寅著到天一阁来调查测绘房屋构造和书橱尺寸等。著名的北京文渊阁、文源阁,沈阳的文硕阁,承德的文津阁,扬州的文汇阁,镇江的文宗阁和杭州的文澜阁七座藏书楼,都是仿造宁波天一阁的式样建造的,有的连园林外景都与天一阁一模一样。实践证明,天一阁的建筑构造宜用于保护藏书,是比较科学的。这对后世建造馆藏也有借鉴可取之处,要

根据地理位置和气候条件进行合适的选址，借助建筑式样来达到保护藏书的目的。

4. 为保护有价值的藏书文献，防止藏书流失，设立了严格的规章制度

为了防止藏书的散失，范钦和他的后代是颇费苦心的。范钦在去世前，曾嘱咐子孙“代不分书，书不出阁”。遵从他的遗训，后代们制定过严格的制度。他们把楼阁中的藏书作为范家家族的共同财富。无论家族变迁升沦，金钱可以分，藏书却不能散。为了切实保护藏书，规定外人不得进入藏书楼，阁内门房钥匙由族中众人掌管，族人也只准在楼阁内披阅藏书。正因为有了这样严格的规章制度，才使得天一阁部分藏书在历经艰辛后仍能得以保存。但是，封建统治者的觊觎、官吏奸商的诈骗，外国传教士的惊奇和屡遭盗窃，在当时的社会条件下，天一阁纵然有保护藏书的严格规则，也难以保全楼阁中的万卷藏书。到解放前夕，藏书只剩下一万四千多卷，散失甚巨。天一阁现在保存的三十多万卷藏书，是解放以后，国家在那里设立了专门管理机构，通过大力抢救，多方征集的结果。为了改善天一阁的保管条件，后来在天一阁的右后面兴建了一座富有江南特色的藏书楼，建筑面积九百多平方，比原来的楼阁扩大了四倍。新藏书楼的建成，也为利用藏书和进行学术研究活动提供了场所，可以更好地发挥这些珍书善本在文化建设中的作用。

参考文献：

[1] 陈宁雄. 天一阁对中国藏书文化的贡献[J]. 宁波大学学报(人文科学版)，2004，(05)：125－128.

[2] 王茂法. 宁波天一阁保护藏书对我们的启示[J]. 浙江档案工作，1983，(02)：32－34.

三、阳明心学:浙东学术文化的瑰宝

(一) 基本情况

浙东学术是指浙东学人创立的具有专门性与系统性的学说或学问。如王阳明的心学、黄宗羲的民主启蒙学说等。浙东学术是浙东文化的核心,并彰显着浙东文化的历史地位。浙东学术的外延呈现出多元性,而其基本内涵则主要表现于哲学思辨与史学精神的结合上,颇具博大精深的特色。明、清时期以王阳明、黄宗羲为代表的学术文化,则可视为浙东学术的精髓,是浙东学术的闪光点,其思想学说对后世影响甚远,至今仍有不可低估的现实价值。

王阳明是浙东学派重要代表人物。[①] 阳明心学内容丰富、内涵深刻,但基本的是三个方面:一是主体自觉——人生向上提升的内在动力。他提出“圣人之道,吾性自足”“心即理”,以良知为心之本体,把“心”的承载主体——“人”的地位提升到了中国历史上前所未有的高度,充分肯定了人的个体性、主体性、道德性和个体具有的能动性、自觉性和自由性。二是以“致良知”作为人生向上提升的根本方法。“吾心之良知即所谓天理也,致吾心良知之天理于事事物物,则事事物物皆得其理矣。”“吾平生讲学,只是致良知三字”。三是以“知行合一”作为人生向上提升的具体实修工夫。阳明心学思想虽有走向空虚流荡之弊,但它仍为实学。王阳明强调“知是行之始,行是知之成”,主张“知行并进”和“事上磨炼”,在强调道德行为自觉性的同时,也注重道德意识的实践性,“为学重在实践,不实践不足为学”“知而不行,只是未知”,其实质在于提倡力行。故章学诚曾说“阳明得之为事功”。

---

① 陈利权. 阳明心学与宁波地域文化. 宁波:宁波日报,2018 - 9 - 6.

图 3－2　王阳明

王阳明的心学对浙学产生了多方面的影响。黄宗羲曾提及“浙中王门”，其中谈到了很多浙地的人物，如钱德洪、徐爱、王畿等，心学对这些浙中人物的影响是不言而喻的。

（二）特色亮点

1．“心即理”论

“心即理”理论是王守仁心学的逻辑起点，是其哲学思想的理论基础，也可以说是他的宇宙观。

在“心”与“理”的关系问题上，程朱理学和陆王心学产生了很大分歧。陆九渊的“心”即“理”说在主观唯心主义方面还不够彻底。而王守仁则克服这个缺陷，发展了陆氏“心即理”这一命题，主张“吾心之良知，即所谓天理也”，认为求“理”不在于“格物”，而在于“致知”，即“致吾心良知之天理于事事物物，则事事物物皆得其理”（《答顾东桥书》）。王守仁公开宣称：“圣人之学，心学也，尧舜禹之相授受”（《象山文集序》）。他以“心即理”作为“立言宗旨”，否定了朱熹分裂“心”与“理”为二的理论；以“求理于吾心”作为“致知”途径，否定了朱熹“以吾心而求理于事事物物之中”的观点;又以“心之本体”说扩充了“心”的内涵,修正了陆九渊的“本心”说。这样,便形成较为彻底的主观唯心主义哲学思想。王守仁认定:吾心便是天理,便是世界的本体,它既是万物产生的根源,又是事物变化的归宿。因此,天地间诸事万物,举凡纲常伦理、言行举止,成败荣辱等等,无一不是根于吾心而森然毕具。所以,他反复强调:“心外无物,心外无义,心外无善”(《与王纯甫(二)》),“万事万物之理不外于吾心”(《答顾东桥书》),提倡求“理需从自己心上体认,不假外求始得”(《传习录上》)。

王守仁“心即理”之说,是其“知行合一”论的基础,它充分肯定了认识主体的能动作用,相信自我的道德力量和自我成圣的潜在能力,反对迷信外在权威,否定用现成规范和书本教条来禁锢人的身心,而主张依靠自我的“心之本体”(良知)来主宰和支配一切行为,在道德实践中努力实现自我的人生价值。然而,王守仁的“心即理”之说(“天下无心外之理,无心外之物”),把人类的主观意识和客观存在等同起来,断然否定了有离开心而独立存在的物质世界。

2.“知行合一”论

“知行合一”理论是阳明学说的核心,是其理论体系的主体结构,所以王守仁自始至终以此作为“立教宗旨”。这种“知行观”充分体现了儒家的实学精神,具有经世致用的功利主义倾向和人本主义意义。

王守仁的“知行合一”理论,是以“心即理”之说作为理论基础的。王守仁之所以提出“知行合一”理论,主要是因时而发。明代中叶宦官专权,政治腐败,贪官污吏肆意横行,农民起义风起云涌,这严重威胁着封建政权的稳固,有力冲击了封建王朝的伦理纲常,大大加深了明代潜伏已久的社会危机。在王守仁看来,人们想的与其做的基本上是相合的,如果彻底去掉人们对于封建伦理经常的违戾意识,就不会发生违反和破坏封建伦理纲常的行为。如果分“知”“行”为二,其危害甚大。“知是行之始,行是知之成”,“知”“行”互相联系,互相依存。他自信这种“知行合一”理论，既可纠正程、朱“知先行后”之偏，又可补救世人“知而不行”之弊。平心而论，王守仁关于“知行合一”的主张，确实比前人有所进步。“知行合一”论对于后世唯物论知行观的建立，显然起到了触媒的作用。其次，王守仁反对朱熹以“知先行后”说割裂了“知”“行”的辩证统一关系，公开提出了“知行合一”的重要命题，极力强调认识过程中“知”“行”两个阶段之间的统一与联系，这是王守仁对于认识论的新贡献。

但是，我们应该看到，王守仁的“知行合一”论是建立在唯心主义的理论基础上的，它片面夸大了“知”和“行”之间的统一性，而抹杀了二者之间的差异性，从而把主观见之于客观的“行”等同于纯粹主观先验的“知”，由此否定了“行”的客观性及其在认识过程中的决定作用。所谓“知”，在这里强调的是对道德理性和道德价值与作用的认识，它包含道德实践主体的道德意识、选择、判断和自我良心（良知）的觉醒，所以王守仁所讲的这种“知”，他称其为有别于朱熹所讲的对儒家经典和对道德规范等外在知识的认知，换句话说，王守仁所指的“知”是一种超经验超知识的内心体认，而非通常所言的感性认识，因此他称这种内心德性认为“真知”或“良知”。“知行合一”的“行”，在王守仁这里也不是指的对知识技术的运用，更不是指生产实践和社会实践，而是指个人的道德实行。他认为“真行”应当以“真知”为起点，它包括道德实践主体的“一念之发”到由良知支配下的一切心理活动与由这种心理向外延伸的一切道德实践。

3.“致良知”论

王守仁50岁在南昌讲学，开始提出了“致良知”的重大学说命题。这是王守仁关于认识方法的核心思想，是他对于“心即理”、“知行合一”等心学命题的理论概括与升华。王守仁曾说：“吾平生讲学，只是致良知三字。”“致良知”命题的提出，标志着阳明心学的发展达到了它的顶峰。

语出：《孟子·尽心上》“人之所不学而能者，其良能也，所不虑而知者,其良知也。”王守仁认为,“致知”就是致吾心内在的良知。这里所说的“良知”,既是道德意识,也指最高本体。他认为,良知人人具有,是一种不假外力的内在力量。“致良知”就是将良知推广扩充到事事物物。“致”本身即是兼知兼行的过程,因而也就是自觉之知与推致知行合一的过程,“致良知”也就是知行合一。“良知”是“知是知非”的“知”,“致”是在事上磨炼,见诸客观实际。“致良知”即是在实际行动中实现良知,知行合一。王守仁的“致良知”学说是将《大学》的“致知”与孟子的“良知”说结合起来加以改造和发明而产生的。在王守仁看来,“良知”也就是“道”、“天理”、“本心”;“致”就是使良知“明觉”和“发用流行”。“致良知”也就是把“良知”扩充、推及到万事万物之中,予以发扬光大,从而将人的潜在道德意识转化成现实的人生价值。他后来把自己的心学宗旨归结为“王门四句教”,即“无善无恶是心之体,有善有恶是意之动,知善知恶是良知,为善去恶是格物”。这是王守仁的晚年定论。

(三)经验启示

1. 坚守本心,激发主体意识

“中国学术的旨趣是重人的学术,一切学术归根结底是围绕人而展开,无论是宇宙天地的关怀,自然万物的关怀,还是社会群体的关怀,个体人生的关怀,都可以说是一种人文的关怀,因此,中国学术简言之为人文学术。”儒家倡导的仁学即人学,“性相近也,习相远也”,说明人性本来是相近的,是后天的“习”造就了每个人不同的道德思想和才智。阳明心学浓郁的人道气息和人文精神在于它对人的主体意识的激发。阳明认为“良知”是本体,存在于每个人的心中,而圣人的气魄只是“良知”在圣人身上的特殊表现而已,因此他主张从“良知”上学,根据个人的悟性和不同的生活环境,来成就风采各异的人生,而不必一味地描摹、照搬“圣人气象”。他有诗曰:“人人自有定盘针,万化根缘总在心。却笑从前颠倒见,枝枝叶叶外头寻。”儒学奉孔子为至尊,对孔子的言论可谓字字依循,唯恐有差。阳明虽一生笃信儒学,却宣称要以吾心之是非为是非,而不以孔子之是非为是非,尝言:“学贵得之于心,求之于心而非也,虽其言之出于孔子,不敢以为是也。”这种大胆质疑、积极开创的精神,正是中国人的性格里最缺乏的东西。

构建社会主义和谐社会,就必须坚持以人为本,才能激发社会活力,从而最广泛最充分地调动起一切积极因素,使全体人民各尽其能、各得其所。尊重知识、尊重人才、尊重创造,则是历史唯物主义的根本要求。“小康大业,人才为本”。要实施人才强国的战略,就得把人才工作纳入国家经济和社会发展的总规划,大力开发人力资源,要以开阔的视野、博大的胸怀去发现人才、爱惜人才,并通过舆论宣传,创设人人良性竞争和充分施展才能的社会氛围,以人的知识和智慧来实现共建和谐家园的美好前景。

2. 以身作则,传承廉政文化

王阳明身体力行“致良知”,以身作则“知行合一”,所彰显的思想境界和人格魅力至今仍令人敬仰,且颇具现实针对性。一些党员干部搞两面派、做两面人,是党风廉政建设亟待解决的棘手问题。这在王阳明身处的明朝官场更是积重难返:“为大臣者外托慎重老成之名,而内为固禄希宠之计,为左右者内挟交蟠蔽壅之资,而外肆招权纳贿之恶。习以成俗,互相为奸。”当时政治腐败道德颓废,尤其是士大夫中道德虚伪、知行脱节的问题尤其为突出,王安石所谓“贪人廉,淫人洁,佞人直”现象在明代愈演愈烈,习以为常。王阳明提出“知行合一”,旨在解决这种只知不行甚至以知代行的社会积弊,“知”和“行”是真知和真行:“知之真切笃实处即是行,行之明觉精察处即是知”,强调的是一种德性和德行意义上的“知”和“行”,亦即“良知”的知行功夫。需要注意的是,王阳明着眼于当时表里不一、知行脱节的政风学风世风的“补偏救弊”,讲的知行合一,更偏重于行。王阳明心学的“知行合一”学说及其身体力行,不仅在当时,及至现在无疑都具有重要的现实意义。正如2011年5月9日习近平在贵州大学中国文化书院与师生交谈时指出:“王阳明一生真正做到了知行合一,他既是一个伟大的哲学家、思想家,又是一个伟大的政治家、军事家。他在龙场讲学时向学生提了立志、勤学、改过、责善四点基本要求,首要的就是立志。对今天的大学生来说要成才,必先立志。立志就是要养浩然之气,要砥砺、磨炼自己的志向。”这不仅为大学生,也为当代公民指出了借鉴王阳明心学致廉政良知的心学路径及方法。对挖掘、传承中华传统文化里的廉洁基因,王阳明心学无疑是一个难能可贵的中国优秀传统廉政文化资源。

3. 适应环境,促进个人发展

阳明心学并非书斋哲学,而是王阳明在谪居贵州龙场时对社会人生痛苦体验的解悟,是生活和实践的哲学。如他所说:“某平日亦每有傲视行辈、轻忽世故之心,后虽稍知惩创,亦惟支恃抵塞于外而已。及谪贵州三年,百难备尝,然后能有所见,始信孟氏‘生于忧患’之言非欺我也。”阳明在龙场悟道之前,只执着于一些与他的心本不相悖的物和理,即“心制物”;龙场悟道之后,生活的课堂终于使他学会了权变,原来“心”不但制物,也制于物。他认识到,客观环境是不以人的意志为转移的,人只有正视现实,顺应环境,然后才能谈得上改造环境。“后之君子,亦当素其位而学,不愿乎其外。素富贵,学处乎富贵;素贫贱患难,学处乎贫贱患难,则可以无人而不自得”。他指出事业的成功始于人与社会环境的和谐,即“素其位而行”,不应一味地抱怨环境,即“不愿乎其外”,而要学会变通,学会适应环境,即“素富贵,学处乎富贵,素贫贱患难,学处乎贫贱患难”。“素位”绝非意味着消极被动地应对环境,无所作为,而是指安于平淡,实事求是,从而在平凡的岗位上做出不平凡的业绩。

人的发展与社会发展是一致的,二者互为前提和基础。人的发展离不开社会实践和社会关系,而社会进步又是以人的发展程度为重要标志的。努力促进人的全面发展,是马克思主义关于建设社会主义新社会的本质要求。也是我国建设社会主义和谐社会的重要内容。然而，人的全面发展在很大程度上制约于人与社会的和谐关系，“个人向往自由，要求权益自主，社会需要秩序，要求权益规范”。社会的发展固然要以人为本，个人的发展更不能脱离实际，这就需要国家和个人作出双方的努力，不断地协调各自的需求，以最终归于和谐，才能实现共建和谐社会。

参考文献：

［1］张立文.中国学术通史·宋元明卷[M].北京：人民出版社，2004.21.

［2］王守仁.王阳明集[M].北京：中华书局，2016.253.

［3］郭预衡，郭英德.唐宋八大家散文总集[M].石家庄：河北人民出版社，2013.3485.

［4］王守仁.王阳明集[M].北京：中华书局，2016.39.

［5］习近平论阳明文化[J].贵州：当代贵州，2015，(45)：8-9.

［6］潘岳.对和谐社会的几点思考[J].浙江：今日浙江，2006，(16).

四、“宁波帮”文化与宁波大学精神

(一) 基本情况

包玉刚图书馆、邵逸夫教学楼、赵安中行政楼、曹光彪科技楼……走进宁波大学，看到的每一幢教学楼，都以宁波帮人士命名。1986 年，[①]宁波帮人士的优秀代表——世界船王包玉刚先生捐资 2000 万美元创办宁波大学。如今，已有超过 60 位宁波帮人士为宁波大学捐资捐学。在这里读书生活的学子们，深受宁波帮精神感染，又以实际行动延续着宁波帮延绵不断的“感恩”精神。

① 宁波大学：“宁波帮”精神薪火相传. http://www.huaue.com/unews2014/2016103185521.htm. 2016-10-31.

上世纪80年代，宁波因其得天独厚的港口资源和区位优势，成为我国改革开放的前沿阵地。但这座新兴的城市，却面临没有一所综合性大学的尴尬。1984年10月，世界船王包玉刚回到阔别40多年的家乡宁波。他在考察中得知宁波连一所综合性大学也没有，培养地方建设人才很困难时，当即表示愿意捐款帮助家乡办一所大学。包玉刚先生的义举，在旅港宁波同乡会中引起强烈反响。1995年4月10日，包玉刚的同学赵安中捐建了宁波大学的第一个项目“林杏琴会堂”；1995年10月11日，又捐了第二个项目“林杏琴体育台”；此后，又陆续捐建了供宁大师生休息之用的“杏琴园”、宁波大学幼儿园以及方便宁大教职工子女就学的宁波江北区宁镇路小学等一批项目。从小学到大学，这一个完整系列的捐赠项目见证了赵安中从一个香港实业家到钟情于祖国教育事业的慈善家的心路历程。从包玉刚、邵逸夫，到赵安中、到曹光彪、李达三、魏绍相等，越来越多的宁波帮人士，慷慨解囊，捐资助学，使得宁波大学在短短30年时间内，就跃居国内大学前百强。

每一幢楼的背后，都有一个宁波帮人士的感人故事。作为我国近现代工商业最著名的一个商帮，遍布30多个国家和地区的宁波帮人士，已经成为“创新、诚信、务实、爱国”的代言。尤其是宁波帮人士心系祖国、造福桑梓的赤子情怀，激荡起每个中国人的爱国之心。而对于读书、生活在宁波大学的学子而言，宁波帮的故事，是他们进入宁波大学的第一堂人生课。创办51网络社区和2345网址导航的庞升东，是宁波大学经济管理系98届的学生。2015年，他为母校宁波大学捐赠3000万元，用于宁波大学新图书馆建设和成立真诚读书基金。2016年，他又捐赠1100万元，用于激励学校推动教学模式改革。

感恩的故事还在继续。包陪庆是已故宁波帮杰出代表包玉刚先生的长女。2015年，包陪庆女士在上海创办包玉刚国际学校。庞升东为包玉刚国际学校捐款1500万。深受感动的包陪庆女士，反过来又决定要为庞升东的母校——宁波大学，捐助了一个跑道。

数据显示，从建校至今，宁波帮人士一共为宁波大学捐款 7 个亿，建造了 50 多幢大楼。除了宁波帮人士的爱心捐资，从宁波大学毕业的校友们也开始加入到捐资助学的队伍中来，宁波帮精神和感恩文化在不断传承、延续。

图 3-3　宁波帮博物馆

(二) 特色亮点

1. “宁波帮”文化是对学生进行教育的良好教材

一方面“宁波帮”文化是对大学生进行爱国主义教育的生动教材。“宁波帮”人士通过捐资助学表达他们拳拳的爱国爱乡之情，其捐资助学活动由宁波推向全国，在全国的捐赠款已多达 55 亿，惠及全国 31 个省、自治区、直辖市。而且老一代“宁波帮”人士还把捐助当作纽带，通过捐助这一载体把自己的下一代紧紧地与故国、家乡连在一起，如包氏家族、赵安中先生父子、朱英龙先生父子等等，他们都以这种朴素、直观的方式传递着爱国爱乡的传统理念。他们的事迹也影响和熏陶着宁大的学生,他们的爱国主义精神,无疑成为对大学生进行爱国主义教育的生动教材。另一方面“宁波帮”文化是对学生进行人生观、价值观教育的良好教材。青年大学生可塑性强,对他们进行励志教育十分必要。很多“宁波帮”人士一生自强不息、艰苦创业,却将一生的积蓄都奉献给祖国的教育事业,如赵安中是香港有成就的实业家,但他生活上一直坚持低标准:衣,只要够暖;食,只要够饱;住,只要够大。可他自 1986 年以来携子在浙江、河北、贵州等 10 多个省区累计捐资 1.3 亿元人民币,助建 160 多所大、中、小学的教学楼,为促进祖国和家乡的教育事业发展作出了重要贡献。“宁波帮”这种“好德乐善而无求”的优秀品质,以及他们克己奉公、互助互爱、扶贫济困的民族精神,是对大学生进行名利观、价值观教育的好教材,具有极强的现实教育意义。

2. “宁波帮”文化使大学生受到中华民族传统美德的洗礼

“宁波帮”是享誉中外的著名商帮,特别是近代以来宁波帮以其强烈的创业精神和雄厚的经济实力伫立于中国工商界,有力推动了中国社会经济的近代化进程。与此同时,从 19 世纪末起,大批的宁波人漂洋过海,远渡重洋,外出创业。他们顽强拼搏,奋力开拓,为所在国家和地区社会经济的发展作出了重大贡献。如今许多宁波帮人士仍然活跃在世界经济文化舞台上,从中产生了一批一批的工商巨子、社会精英。在中国改革开放以来,他们又积极支持和参与祖国的现代化建设的对外开放的事业中。在长期的经济文化活动中,“宁波帮”不仅创造了巨大的物质财富,而且也形成了独特的精神风范与文化性格,从而使自己具有顽强的生存能力和发展能力。

“宁波帮”精神作为一种无形的力量,主要表现为:一是热爱祖国、振兴中华的爱国情怀。如果说近代宁波人开始涉足工商业多是出于谋生的无奈,而推动他们事业进一步发展的动力则无疑是强烈的爱国情怀。面对多灾多难、落后挨打的祖国,宁波商人都有一份强烈的历史使命感和社会责任心。他们清醒地意识到自己的生存和发展与祖国的命运息息相关，从而萌发了反对外国侵略，振兴中华的强烈愿望，并将毕生的精力投入到实业救国的行动中去，为发展民族工商业呕心沥血，顽强拼搏。二是克勤克俭、脚踏实地的创业精神。近代以来，宁波帮企业家继承了这一传统美德并发扬光大，成为他们谋生存、求发展，同困难环境作斗争的有力武器。许多宁波帮企业家成功的背后，都有一部克勤克俭、脚踏实地的创业史。勤与俭是宁波帮企业家立世创业的一个显著特点。正如包玉刚所言："宁波人出门闯天下，别无所长，靠的就是这两个字。"三是注重团体、强调联合的互助精神。近代宁波帮是一个以血缘家族为核心、以地缘关系为纽带的范围广泛、组织松散的企业家群体，强烈的群体意识与凝聚力是其基本特点。这种由家族同乡关系所形成的团结力量和群体互助意识，是近代宁波帮能到处扎根、得以发展壮大的重要原因所在。"宁波帮"精神既是宁波社会经济文化发展的重要动力，更是宁波大学开展人文精神教育的生动教材。当学生了解了"宁波帮"背后的故事后，也受到了"宁波帮"团结、务实、爱国的中华传统美德的洗礼。

3. "宁波帮"文化让宁大学子敢于创新并善于感恩

敢为人先是"宁波帮"长盛不衰的秘密所在。"宁波帮"大都有过一段曲折的创业经历，他们不畏艰辛，勇于创新创业，在长期的经济活动中，形成了创新、诚信、务实、爱国的"宁波帮"精神，当他们事业有成后，又不忘回馈祖国家乡。他们的这种勇于创新并善于感恩的精神激励着在校大学生。宁大有不少学生大学期间就开始创业，并取得一定成绩。很多校友创业成功后不忘感恩、回馈母校，正在形成一种宁波大学特有的文化特征。如 2006 年，宁波大学建校 20 周年暨三校合并 10 周年校庆期间，共收到来自校友的捐款 2000 万元。"宁波帮"精神不仅深刻地影响着学习期间的宁大学子，而且继续影响着他们今后的生活道路，甚至影响他们的一生。苏霍姆林斯基说过："教育是人和人的心灵上最微妙的相互接触"。从古至今，许多道德高尚、作风严谨、思想活跃的优秀人才，无不受到先进人物人文精神的影响。在充满了“宁波帮”人文气息的宁波大学校园中,大学生通过与“宁波帮”人士直接或间接的“接触”,感受着“宁波帮”人士的人文精神和人格魅力,对于他们心灵的成长和人格的形成无疑具有深刻的影响,这是任何教科书、任何道德圣言以及任何奖惩制度都无法代替的。

(三) 经验启示

1. 建设弘扬“宁波帮”精神特色的校园文化

高雅文明的校园文化环境能潜移默化地影响大学生的健康成长,对培育大学生的民族精神有着特殊意义。因此要精心规划和实施校园文化建设,以丰富多彩的弘扬“宁波帮”精神为特色的校园文化活动为载体,为大学生民族精神培育营造良好的文化氛围。一方面可以把弘扬“宁波帮”精神的文艺作品搬上舞台、荧屏。优秀的文艺作品通过舞台、荧屏可以有效地传承一种精神。“宁波帮”是我国近现代历史上的重要商帮,许多家族的发展历程如果成功地搬上舞台、荧屏,可将“宁波帮”精神弘扬到一个空前的高度。2007 年,宁波大学学生自编自演了以包玉刚、赵安中为原型的话剧《风雨半生路》、《传薪商人》,产生了良好的宣传教育效果。宁波高校可以以此为借鉴,组织各界力量,把更多有关“宁波帮”创业成功的故事搬上舞台、荧屏,使大学生了解“宁波帮”艰苦创业的非凡经历和爱国爱乡的伟大情怀,从中汲取丰富的文化底蕴。另一方面在校园内建设具有“宁波帮”特色的人文景观。校园文化环境既是一所学校办学的基础条件,也是一所学校精神面貌的载体。宁波高校可以在校园内建设具有“宁波帮”特色的人文景观,以营造陶冶大学生情操的良好氛围。例如用“宁波帮”人士姓名为建筑命名,在校园内学生活动较多的场所建造“宁波帮”名人雕像,在校园中合适的景点镌刻“宁波帮”人士创业治世格言等等,使校园的每一个景点成为大学生民族精神培育的重要资源和形象教材,通过具有浓郁“宁波帮”气息的人文景观陶冶大学生情操，激发大学生的爱国情感。

2. 构建“宁波帮”文化网络教育

随着信息网络的发展，为民族精神培育提供发展契机的同时也带来了挑战。要对大学生进行爱国主义网络教育，使大学生在网上能自觉选择吸收正确的信息，摒弃错误的东西，增强对错误思潮和腐朽思想的抵抗力和免疫力。因此可将网络文化创新活动与学习、弘扬“宁波帮”精神有机结合起来。将“宁波帮”创业故事改编成深受大众喜欢的连环画，将与“宁波帮”有关文艺作品创作放到网络上进行发表，使之成为培育大学生民族精神的生动资料。同时建议宁波市有关部门每年举办以弘扬“宁波帮”精神为主题的大学生动漫节、“宁波帮”卡通比赛等等。总之，将网络文化创新活动与学习、弘扬“宁波帮”精神有机结合起来，必能收到推动大学生民族精神的培育的实效。还可完善“宁波帮”数据库，为大学生了解、认识、学习、研究“宁波帮”提供系统的第一手资料。目前宁波大学图书馆的专业信息库“宁波帮”数据库收集有一定数量的有关“宁波帮”人士的信息，主要包括人物的姓名、出生日期、籍贯、现所在国家或地区、学业情况、工作经历和主要任职情况、事业的发展及成就、学术成果等。要进一步系统地完善信息，补充相关资料，尤其是“宁波帮”人物的创业经历、人生感悟等感性材料，使数据库充分发挥作用。

3. 深入挖掘“宁波帮”精神

高校要把大学生民族精神的塑造放在培养全面发展人才的战略高度上予以重视，努力用先进文化构筑大学生的精神支柱，以此对大学生进行民族精神培育。对于宁波高校来说，“宁波帮”精神是非常鲜活生动具有地域特色的先进文化素材，对此进行深入挖掘，用以进一步构筑大学生的精神支柱，必将是十分有效的。“宁波帮”精神是海内外“宁波帮”人士历尽艰辛，在风雨坎坷中共同孕育的风骨和品格，是宁波人民弥足珍贵的宝贵财富。“宁波帮”精神概括为五个方面：树高不忘根的赤子情怀，不甘居人后的开拓精神，大海容百川的开明思想,至实而无妄的诚信品德,励业重义理的互助风格。要充分发挥“宁波帮”优势,传承“宁波帮”精神,并不断赋予新的时代内涵,使“宁波帮”精神薪火相传、生生不息。可以在社科规划课题、教育规划课题、宁波市高校思想政治教育研究会课题范围内设立一定数量的有关“宁波帮”精神研究的课题,进一步加强“宁波帮”精神的研究和以“宁波帮”精神对大学生进行民族精神培育的研究。同时有计划地在大学生中开展“宁波帮”精神宣传与学习讨论,加强大学生对老一代“宁波帮”精神的继承,对新一代“宁波帮”精神的理性认识,促进民族精神的培育。

参考文献:

[1] 王耀成. 希望之路——赵安中传[M]. 北京:北京大学出版社,1997. 188.

[2] 李九伟,黄映芳. 简论“宁波帮”人文精神的德育功效——以宁波大学为例[J]. 宁波职业技术学院学报,2009,13(03):48-50.

[3] 孙善根,张钧澄. 发挥侨资大学优势 拓展人文教育资源——宁波帮精神与宁大人文精神教育[J]. 宁波大学学报(教育科学版),2000,(06):78-80.

[4] 崔雨,张宏洪. 以“宁波帮”精神教育培育大学生民族精神途径探索[J]. 宁波经济(三江论坛),2008,(10):45-47.

五、屠呦呦:呦呦有蒿

(一) 基本情况

屠呦呦(1930年12月30日—),女,汉族,中共党员,药学家。出生于浙江省宁波市,是家里5个孩子中唯一的女孩。“呦呦鹿鸣,食野之蒿”,《诗经·小雅》的名句寄托了屠呦呦父母对她的美好期待。1951年考入北京大学医学院药学系生药专业。1955年毕业于北京医学院(今北京大学医学部)。毕业后接受中医培训两年半,并一直在中国中医研究院(2005年更名为中国中医科学院)工作,其间晋升为硕士生导师、博士生导师。现为中国中医科学院首席科学家,终身研究员兼首席研究员,青蒿素研究开发中心主任,博士生导师,"共和国勋章"获得者。

屠呦呦多年从事中药和中西药结合研究,突出贡献是创制新型抗疟药青蒿素和双氢青蒿素。1969年1月开始,[①]领导课题组从系统收集整理历代医籍、本草、民间方药入手,在收集2000余方药基础上,编写了640种药物为主的《抗疟单验方集》,对其中的200多种中药开展实验研究,历经380多次失败,利用现代医学和方法进行分析研究、不断改进提取方法,终于在1971年获得青蒿抗疟发掘成功。1972年,屠呦呦和她的同事在青蒿中提取到了一种分子式为C15H22O5的无色结晶体,一种熔点为156℃～157℃的活性成份,他们将这种无色的结晶体物质命名为青蒿素。青蒿素为一具有"高效、速效、低毒"优点的新结构类型抗疟药,对各型疟疾特别是抗性疟有特效。1986年"青蒿素"获得了一类新药证书(86卫药证字X-01号)。1979年获"国家发明奖"。2011年9月,因发现青蒿素——一种用于治疗疟疾的药物,挽救了全球特别是发展中国家数百万人的生命获得拉斯克奖和葛兰素史克中国研发中心"生命科学杰出成就奖"。2015年10月获得诺贝尔生理学或医学奖,成为首获科学类诺贝尔奖的中国人。2019年6月,屠呦呦及其团队经过多年攻坚,在"抗疟机理研究""抗药性成因""调整治疗手段"等方面取得新突破,对提出应对"青蒿素抗药性"难题的切实可行治疗方案,并在"青蒿素治疗红斑狼疮等适应症""传统中医药科研论著走出去"等方面取得新进展,获得世界卫生组织和国内外权威专家的高度认可。

---

① 季昌仁.屠呦呦:蒿叶一样的宁静,蒿花一样的淡泊,蒿茎一样的正直.商业文化,2021,(19):19—22.

2017年1月9日获2016年国家最高科学技术奖。2018年12月18日,党中央、国务院授予屠呦呦同志改革先锋称号,颁授改革先锋奖章。2019年5月,入选福布斯中国科技50女性榜单。2020年3月入选《时代》周刊100位最具影响力女性人物榜。2020年,中国中医科学院与上海中医药大学开设九年制本博连读中医学“屠呦呦班”。

图3-4 屠呦呦获诺贝尔生理学或医学奖

(二) 亮点分析

1. 执着与恒心

在青蒿素是否抗疟的最初研究显示,中药青蒿对疟疾抑制率为10%—40%,多个团队因青蒿素作用不明显而放弃。屠呦呦团队在查阅了大量的历史文献和方剂的积累探索基础上,筛选了多种药物,最后确定青蒿素作为抗疟药进行研究。根据东晋名医葛洪《肘后备急方》有关青蒿的记载,屠呦呦考虑提取过程中的温度可能是限制因子，190次实验，190次失败，终于在第191次的实验中取得了成功，通过改变提取温度使青蒿的抑制率达到了100%，这体现了屠呦呦团队的执着和恒心。成功是属于有准备的人的，屠呦呦用踏实和勤奋获得了成功。数学家华罗庚认为："科学是老老实实的学问，搞科学研究工作就要采取老老实实、实事求是的态度，不能有半点虚假浮夸。"用一株小草获得诺贝尔奖的屠呦呦，是对这句话最好的解释。

2. 奉献精神

在七十年代的中国，科研环境非常差。为提取青蒿的有效部位，科研工作者们把简陋的水缸当作提取设备，因通风条件差，他们接触大量的有机溶剂，导致部分科研工作者的身体受损。自1974年以来，屠呦呦经常病休，这与她前期的付出有很大的关系。临床前的实验过程中，在个别动物的病理切片中发现了疑似毒副作用，只有进行后续的动物实验、确保安全后才能上临床。为尽快赶上当时的临床观察季节，屠呦呦第一个试药，科研团队中的其他人也亲自服用了青蒿素有效部位提取物，确保了临床病人的安危，这体现了前辈们的奉献精神和科学献身精神。诸如此类的还有很多，如523项目（代号为"523"的疟疾防治药物研究项目）成员李国桥教授从1964年开始从事针灸治疗疟疾的研究。1967年，李国桥为检验针灸治疗的效果，把疟疾病人的血注入自己的体内感染疟疾，连续4天用针灸治疗，出现脾脏、肝脏肿大、全身高烧，陷入生命险境才停止，这种献身科学的精神是科研工作者学习的楷模。中国科学家在艰苦的环境下，努力从中医药中寻找抗疟新药的故事鼓舞着每一个年轻人和科研工作者。

3. 团队合作精神

523项目持续13年，聚集全国60多个科研单位，参加项目的工作人员有五六百人，加上中途轮换者，参与者达3000人左右。临床验证青蒿素有效的第一人广州中医药大学李国桥教授首先证实了青蒿素治疗恶性疟疾的速效和低毒，可通过延长疗程来获得高治愈率，证明青蒿素类药对恶性疟原虫配子体的抑杀作用,提出恶性疟原虫对青蒿素类药不易产生抗药性的学术新见解;云南省药物研究所的罗泽渊研究员在云南大学校园里意外发现许多同属苦蒿,经石油醚、乙醚等提取出黄蒿素,未发现对心肝有明显损害,且临床效果好;分类专家吴征镒对苦蒿的植物标本进行鉴定,定名为菊科蒿属大头黄花蒿;山东中医药研究所研究提取工艺,研究人员通过重结晶,得到纯度99.9%的结晶体。青蒿素的环状结构保护了过氧桥的稳定,造成青蒿素难溶于水和油,不易制成适当的剂型,使用不便,生物利用率低;上海药物所在1976年就开始尝试改造青蒿素,经过各种药理试验,李英合成了脂类、醚类、碳酸脂类三种青蒿素衍生物,它们的抗疟活性均比青蒿素高。523领导小组办公室的助理施凛荣说:“青蒿素的研发是一场长达13年的艰苦长跑,当时是处于特殊时期,其他项目都停了,只有两弹一星和523项目没有停,大家不为名利,一心工作,发明青蒿素是一场接力赛,当时有成果,大家就拿出来分享”。屠呦呦在参加诺贝尔基金会举办的年度科学庆典时,用一份图表展示当年抗疟研究团队的合作情况,她认为协作单位同行们所取得的多方面成果才成就一个青蒿素,没有大家无私合作的团队精神,不可能在短期内将青蒿素贡献给世界,团队精神和无私合作加速了科学发现转化成药物。

4. 创新精神

青蒿素抗疟疾突破了传统观念和理论,这一研究成果打破了既往认为抗疟药物必须具有含氮杂环的传统观念。青蒿素的化学结构与作用方式同以往的抗疟药物完全不同,它是一种新型的倍半萜内酯,只含碳、氢、氧3种元素。而抗疟活性又与倍半萜内酯中的过氧基团密切相关。它的发现被认为是抗疟史上继喹啉类药物之后的一个新发现和重大突破。青蒿素这一全新的化学结构,对疟原虫抑制率达100%,而对哺乳细胞几乎没有副作用的一线抗疟药,其结构特点是学者们关注的重点。有抗疟活性的青蒿素衍生物均含过氧键,无过氧键的青蒿素类似物没有显著生物活性，双氧桥化学性质活泼，可与铁发生 Fenton 反应生成羟自由基，对细胞产生强烈毒性。与以往的抗疟药物不同，青蒿素的双氧桥通过类似反应，生成相应的活性氧自由基。部分研究认为特异性主要来源于特异激活，如疟原虫里的血红素、二价铁离子能更多地激活青蒿素，或疟原虫线粒体某一物质能特异激活青蒿素，另一类解释认为青蒿素能特异作用于疟原虫的血红素、蛋白质或线粒体。青蒿素作用复杂，可能有多种不同的作用方式，对于不同类型细胞可能采用不同的作用方式，青蒿素在分子细胞水平作用特性上有待进一步研究。

（三）经验启示

1. 尊重传统，善于传承中医中药文化

屠呦呦强调，中医中药是一个伟大的宝库，经过继承、创新、发扬，它的精华能更好地被世人认识，能为世界医学做出更大的贡献。“中医是宝库，但拿来就用还不够。”青蒿素的发现和青蒿素的提取方法，在很大程度上得益于屠呦呦对传统医学深刻的认识，并相应采取正确实验方法。屠呦呦在一次演讲中提到，“一千多年前，《肘后备急方》记载道理很简单，就是青蒿一把，加水研磨一下，压出来的水喝下去”这句话给她很大启发，并以此为发散点，改换了提取方式，进而获得很大成功。在传统医药学中获得巨大启发的同时，屠呦呦教授也对中医药有深刻的认识，她认为对待传统要清醒地尊重，扬弃地继承。对于年轻人而言，尊重和热爱传统文化，在传统文化中汲取营养，在思想和文化层面不断积淀，推“陈”出新，不断走出人生的新境界。屠呦呦“用一株小草改变了世界，让中国之蒿走向了世界。”诺贝尔生理或医学奖评委让·安德森教授评价说，“屠呦呦是第一个证实青蒿素可以在动物体和人体内有效抵抗疟疾的科学家。她的研发对人类的生命健康贡献突出，为科研人员打开了一扇崭新的窗户。她将东西方医学相结合，达到了一加一大于二的效果，屠呦呦的发明是这种结合的完美体现。”

2. 培养严谨、耐心、专注、坚持和精益求精的工匠精神

在数十年的中草药抗疟研究过程中，屠呦呦和她的课题组成员筛选出2000余个中草药方，整理出640种抗疟药方集。以鼠疟原虫为模型检测了200多种中草药方和380多个中草药提取物，并不断改进、不断完善，“对自己的工作兢兢业业，奴隶般的忠心耿耿”。屠呦呦若没有执着的工匠精神，其中任何一个环节的研究都可能中止。屠呦呦课题组在第191次低沸点实验中发现了抗疟效果为100%的青蒿提取物青蒿素。但是，这些成就并未让屠呦呦止步，她针对青蒿素成本高、对疟疾难以根治等缺点，又发明出双氢青蒿素这一抗疟疗效为前者10倍的“升级版”。追求极致、一丝不苟的大工匠情怀，应该成为科技工作者的共同价值取向。屠呦呦把对生命的敬畏、对科学的虔敬、对研究的未来，倾注于心、全神贯注、无私忘我，甚至用自己的生命去实践和体验，使青蒿素在世界各地的抗击疟疾中不断显示出奇效。诺贝尔生理或医学奖评委让·安德森教授说，“屠呦呦的科研经历对年轻科学家来说是一个很好的例子。如果认准了一个领域，就要坚持去做，坚持到底永不放弃。”

4. 守得住清贫，耐得住寂寞，实事求是的奋斗精神

要有板凳要坐十年冷的决心和定力，“为伊消得人憔悴，衣带渐宽终不悔”的勤奋和百折不回，方有守得云开见月明的科技突破和收获。事实上，一项重要的科研课题从研发到成果，特别是获得诺贝尔奖需要数十年甚至更长的时间。科研成果需要反复检验，容不得任何虚伪，特别是急功近利。屠呦呦1951年考入北京大学医学院，选择了药物学系生药学专业为第一志愿，可以说是中国本土科研体系所培养的获诺贝尔科学奖第一人。她的获奖，无疑能增强我们这个时代科学家们的自信心。40多年前，科研人员与外面的世界交流不多，可供查找的文献很少，在相对简陋的条件下，还能作出如此重要的原创突破。屠呦呦说：“我经历了190次失败，但我还要继续努力

与尝试。一个科研项目的成功不会很轻易，要做出艰苦的努力。”天道酬勤，没有谁能随随便便成功，40 多年，一路走来，她从始至终坚守岗位，不慕浮华、刻苦钻研、无私奉献，为促进人类健康和减少病患痛苦作出了革命性的贡献。青蒿素自发明以来，已经在非洲拯救了数百万人的生命。屠呦呦说：“一个科研成功不会很轻易，要做艰苦的努力，要坚持不懈、反复实践，关键是要有信心、有决心。科学要实事求是，不是为了争名争利。”

5. 团结协作，攻坚克难的团队合作精神

屠呦呦在得知获得诺奖接受记者采访时说，“这个奖项是颁发给中国科学家群体的”。她在参加会议时说道，“全部的研发团队大协作，努力促进了青蒿素的研究、生产和临床（试验），解决了当时国内外大量的工作没有得到结果的耐药性疟疾的治疗问题”，在演讲中始终贯穿着并肯定着团队协作工作的方式。开展中草药抗疟研究，是多学科科学家团结协作的集体成果。当时，全国有 7 个省市、60 多家科研机构、超过 500 名科研人员协力攻关。在这个团队里，很多科技工作者不仅参与了研究实验而且还作出了许多贡献，如：临床上验证青蒿素抗疟功效的李国桥、改造青蒿素分子结构并合成蒿甲醚的李英、率先研制复方蒿甲醚的周义清等许多科技工作者，他们舍身忘我、不计名利、团结协作、联合攻关，像钉子一样紧紧地钉在各自的岗位上，不断推进课题的研发、实验乃至应用推广，他们都是拯救全球疟疾患者的中国药学家。屠呦呦对团队的尊重和投身到团队之中的经历，值得我们青年人学习，“若想走得快，一个人走；若想走得远，一群人走”，跟团队一起走，相互学习，相互鼓励和弥补不足，就会走得更远。

参考文献：

[1] 吴晶，王思北，胡浩. 屠呦呦：第 191 次的发现. 当代劳模，2015，(10)：42 - 46，2 - 3.

[2] 苏青. 机遇总是垂青有准备的人——读《呦呦有蒿——屠呦呦与青蒿素》有感[J]. 科技导报,2015,33(20):138-139.
[3] 张铁军,王于方,刘丹等. 天然药物化学史话:青蒿素——中药研究的丰碑[J]. 中草药,2016,47(19):3351-3361.
[4] 钟梦娇,周兵. 青蒿素作用机制之谜[J]. 科学通报,2017,62(18):1938-1947.

六、职业道德楷模:高空"穿针引线"的竺士杰

(一) 基本情况

竺士杰[①],男,1980年3月出生,中共党员,汉族人,1998年毕业于宁波港校,同年进入宁波港集团工作,现为宁波港码头经营有限公司营运操作部桥吊队副队长、电动装卸机械技师。15年来,竺士杰敢于挑战自我,不断追求卓越,从一名年轻的职高生成长为拥有龙门吊和桥吊双料证书、优秀的桥吊操作技术带头人,在宁波港集装箱生产一线创造了骄人业绩,是宁波港青工中"立足岗位、创新创效"的典范。

竺士杰自行创造了一套"稳、准、快"的桥吊"竺士杰操作法",提高了作业效率,并正在宁波港推广应用;出色接卸世界最大的集装箱船"中远宁波"轮,创造了国际领先的宁波港当时最高船时效率;成功抢卸震惊国内外的海损集装箱轮"地中海克里斯蒂娜",得到了各方的高度肯定;成功承担"宁波—舟山2006年第700万集装箱"、"宁波—舟山2008年第1000万集装箱"的起吊任务;当选北京2008年奥运会火炬手,并成为奥运火炬宁波站第一棒火炬手。竺士杰还被评选为浙江省政协委员,省市青联委员、市党代表,代表青年工人认真履行参政议政的权益。

---

① 港吉,龚维琳. 竺士杰:奏响桥吊协奏曲. 宁波通讯,2016(16):19.

竺士杰把经验技术无私地传授给同事,至今带出的近 120 名徒弟都已是公司内生产作业的骨干;专门从医生那里学来“推拿”,为缓解队友的工作疲劳服务;向其所在部门献出 2 万元,建立了专项基金以鼓励员工勇于创新、建功立业。

2008 年 5 月 1 日,竺士杰有幸在温家宝总理视察宁波港时,与温总理共进午餐,并向总理介绍自己的工作情况。2008 年 6 月,他作为代表参加了共青团十六大,并在党和国家领导人同团中央新一届领导班子以及 6 名团十六大代表的座谈会上进行汇报发言,得到了胡总书记的肯定。

竺士杰曾荣获宁波市职工技术能手、宁波市首席工人、宁波市十大杰出青年、浙江省“百行百星”“浙江交通十大感动人物”提名奖、浙江省“创业创新”新闻人物、浙江省十大杰出青年、浙江省十大职工技能状元“金锤奖”、浙江省五一劳动奖章、浙江省劳模、全国交通技术能手、全国青年岗位能手、全国五一劳动奖章等。

图 3-5 竺士杰在宁波港码头

(二) 亮点分析

1. 天赋与梦想

1998年,18岁的竺士杰从宁波港技工学校毕业,怀揣着梦想,踏进了梦寐以求的北仑港。当时的北仑港来往船只以内线为主,而且散杂货业务居多,偶尔才会有集装箱船到访,也多是由散货船改装。当时桥吊司机是港区最具技术难度的岗位,但竺士杰作为初出茅庐的新人,他的第一份工作是开20多米高的龙门吊。当时的工作制度是一个师傅带一个徒弟,一般是3个月入门,6个月可以考操作证。但竺士杰显然是一个有天赋的人,他一个星期便掌握了整套手法,一年左右的时间就赶上了师傅的水平。这更加让竺士杰坚信来港口的选择是正确的,也认定了自己生来就属于港口。带着这份热爱和自信,在“一专多能”政策的鼓励下,竺士杰决定尝试更难的技术岗位:桥吊司机。尽管听说“学不好会被退回来”,但年轻爱挑战的他并没有退缩,甘心从零开始。1998年底,法国达飞公司开通了宁波港至欧洲的航线,每周停靠,要装卸一两千个标准箱,这对于当时年吞吐量仅50万标准箱的港口而言是一次重大考验。桥吊班为此抽调优秀的桥吊司机,组建“达飞突击队”,竺士杰自然也没有放弃这次机会。不过一向上手快的他,由于刚接触桥吊不久,这一次却深受打击:面对6小时180个箱子的基本要求,他当时只有8小时120个箱子的水准。被冠以“姜太公”外号的竺士杰并不甘心,他日以继夜四处“偷学”技术,反复操练并总结经验教训,一跃成为最年轻的“达飞突击手”,还跻身“龙虎榜”。竺士杰正是由于对港口的热爱,再加上天赋的加持,才一步一步进入桥吊班,成为优秀的桥吊司机。

2. 挑战与突破

集装箱改变了世界贸易的方式,也悄悄改变了竺士杰的命运。1976年,集装箱进入了中国。1984年,宁波镇海港区起吊了第一个集装箱,但彼时的业务量很小。1998年1月,当时的宁波港专门成立集装箱处，这进一步促进了集装箱业务的快速发展。竺士杰恰逢其时，赶上了港口集装箱业务从起步到迅猛发展的时期。2004 年，竺士杰转岗到穿山港区码头，彼时那里还是个新建港：近千米长的码头岸线，总共 3 个泊位、4 座桥吊，每天仅有零星几艘小货船靠岸。转机在 2006 年 12 月 27 日，这一天习近平同志在穿山港区按下了宁波舟山港第 700 万标箱的起吊按钮，当时负责起吊的正是竺士杰。这一年，全港全年完成集装箱吞吐量 714 万标箱。这也是竺士杰永生难忘的日子。2017 年 12 月 27 日，宁波舟山港这年货物吞吐量首次突破 10 亿吨，同样在穿山港区，竺士杰起吊了这个突破 10 亿吨的集装箱。2017 年宁波舟山港第 9 次问鼎货物吞吐量世界之首，全年集装箱吞吐量超 2460 万标箱，比上年增长 14.1%，稳居全球第四。竺士杰对此不禁感慨：岸线超 3400 米，11 个泊位、45 台桥吊可同时作业，每天三五艘装载近 2 万标准箱的集装箱船进出已是常态，“超级码头”不负盛名。

在与集装箱打交道的 20 年里，竺士杰目睹接卸的船舶越来越大，来自不同国家的船型不尽相同。这对桥吊司机的接卸水平，一次次发起了挑战。介于此，竺士杰想要研究一个更全面便捷的操作方法，可以同时操作不同性能的桥吊，而且上手快、作业效率高。善于创新的竺士杰尝试“逆向思维”。桥吊作业讲究稳、准、快，通常利用加速跟进保证操作稳定。他反其道而行之，区分出不同设备的性能和不同作业船行走的长度，在距离不同的情况下，用减速的方法稳定桥吊。凭借这套手法，2006 年，世界上最大集装箱轮“中远宁波”首航之际，竺士杰带领队友仅用了 1 小时 40 分钟，就完成了 1031 个集装箱的装船作业，装卸效率达到每小时 387.43 箱，创下新纪录。在此之前，以竺士杰的水平，每小时最多能吊起 20 多个集装箱，如今其团队大多数司机每小时能够吊起集装箱 35 个至 40 个，最多时将近 60 个。竺士杰自创的这套技术，2007 年被宁波舟山港命名为“竺士杰桥吊操作法”，并被编制成学习教材。

3. 荣誉与责任

现如今,穿山港区45台桥吊若满负荷作业,采用“竺士杰桥吊操作法”,一天就能实现3万多个集装箱的作业量,相当于改革开放初期全港一整年的集装箱吞吐量。毋庸置疑,改革开放给了港口机遇,港口的机遇便是港口人的机遇。不论宁波舟山港还是竺士杰,都抓牢了机遇,并敢于挑战和创新。面对荣誉,竺士杰坦言,“我很幸运,是港口哺育了我,我所有的成就归功于港口的跨越式发展,得益于改革开放以来浙江经济的腾飞。因此对我来说,更多的是一种反哺港口的责任和使命,这也是今后推动我继续创新、寻求突破的最大动力。”谈及自己沉浸的技术领域,竺士杰滔滔不绝。“近几年,我的创新工作室一直致力于桥吊‘一次着箱率’检测系统的研发。该技术可以让桥吊一次着箱率提高7%,相当于每抓一个箱子能减少着箱0.1次。”竺士杰初步统计,如果以100万个标准箱相当于一个300米泊位的年吞吐量进行推算,无形之中就多出了一个泊位的吞吐量。而新建一个集装箱泊位的成本,差不多要10亿元。小桥吊,大贡献。竺士杰的每一次突破,都在诠释平凡岗位的不凡贡献,不断促进整个行业的发展。对于技术,这位80后总是精益求精。在提高桥吊效率后,他又忙着琢磨如何提高桥吊司机的“单兵作战”能力。他利用大数据,精确测算出每个桥吊司机的实际操作水平,同时通过3D动画与动态实景模型,把“竺士杰桥吊操作法”进行视频化与模型化,进一步量化技术标准,并向行业标准进军。港口给了竺士杰荣誉,也让他扛起了责任,更好地成就自己。

(三) 经验启示

1. 专心致志,传承工匠精神的“细心”

“天下大事,必作于细。”以极致的态度对产品精雕细琢,精益求精、追求卓越乃“工匠精神”。对本职工作精益求精、追求卓越是广大党员干部应有的鲜明态度。以习近平同志为核心的党中央对党员干部提出了新的更高要求。作为新时代党员干部，自当在日常工作中主动适应新形势、新任务、新要求，以“大国工匠”为标杆，不断增强“四个意识”，牢固树立“四个自信”，坚决做到“两个维护”，把本职岗位作为干事创业的大舞台，大力弘扬精益求精的“工匠精神”，以“抓铁有痕、踏石留印”的昂扬斗志，“主动作为、积极进取”的精神状态，从一点一滴做起，讲实话、谋实策、出实招、干实事，精益求精把各项工作做实、做细、做深、做好，奋力实现党的政策落到实处、本职工作形成实绩、推动发展取得实效、人民群众得到实惠，争做新时代干一行、爱一行、钻一行、精一行的“能工巧匠”。“桥吊操作”需要有极致的耐心，精准的操作，细微的手法，以及对职业精益求精、追求卓越的鲜明态度。起初，竺士杰的手法一点也不娴熟，正如他本人谈起第一次操作桥吊，是那样的记忆犹新：“我是从龙门吊转岗到桥吊，第一次上机我满头大汗地操作了10多分钟，愣是没吊起箱子，最后还是师傅帮我解了围。”可见，“竺士杰桥吊操作法”不是一蹴而就的，而是善于在精细中出彩，经过不断摸索、反复试验的结果，其过程是坎坷的、艰辛的。

2. 锲而不舍，传承工匠精神的“恒心”

“锲而不舍，金石可镂。”专心、专注、专一是精益求精的“工匠精神”最重要的精神品质。对于新时代党员干部而言，弘扬精益求精的“工匠精神”，既是一种呼唤，也是一种要求；既是一种品格，更是一种责任。“古之成大事者，不惟有超世之才，亦必有坚忍不拔之志。”前进征程上，面对党和人民赋予的新使命新任务，广大党员干部当树立“为官避事平生耻，从政必须有作为”的处世理念，永葆“功成不必在我，功成必定有我”博大胸怀，锤炼“逆水行舟，一篙不可放缓；滴水穿石，一滴不可弃滞”的担当魄力，秉承和发扬“咬定青山不放松”“千磨万击还坚劲”的韧劲，像“大国工匠”求艺那样，耐得住寂寞、稳得住心神、经得住诱惑，持续发扬专心、专注、专一的精神品质，朝着伟大奋斗目标精益求精、追求卓越，奋力为实现“新发展”、创造“新伟业”打开“新局面”、夺取“新胜利”。竺士杰在起吊时，一直寻找解决行走不同距离、起吊不同重量、不同箱型、不同船型结构、不同设备性能及大风等特殊天气下的作业方法。他在每个环节掐秒表,将操作细化到每个微小动作,为了练习精准推挡,卡在手柄上的虎口都磨出了血泡。正是由于他对待工作高度负责的态度,精益求精的精神和锲而不舍的恒心,才能够获得胜利。

3. 心无旁骛,传承工匠精神的“信心”

“空谈误国,实干兴邦。”习近平总书记强调:“要倡导精细化的工作态度,掌握情况要细,分析问题要细,制定方案要细,配套措施要细,工作落实要细。领导干部对待工作也要有‘工匠精神’,善于在精细中出彩。”进入新时代以来,实现中华民族伟大复兴的前进征程上面临着各种艰巨的任务、复杂的困难和严峻的挑战,作为新时代党员干部,自当“不驰于空想、不骛于虚声”,弘扬精益求精的“工匠精神”,甘吃“三更灯火五更鸡”的勤勉之苦、“板凳甘坐十年冷”的孤寂之苦、“衣带渐宽终不悔”的坚韧之苦,全面贯彻党的基本理论、基本路线、基本方略,特别是在深化改革、脱贫攻坚、乡村振兴等重点工作中,自觉将“工匠精神”融入责任担当,自觉追求“人无我有,人有我优”的工作超越,在前进征程上坚决啃下一切“硬骨头”、拿下一切“拦路虎”,不断跨越新的关卡,主动顺应时代的发展、回应人民的期待,不断满足人民对美好生活的向往,不断创造新的历史伟业,为实现“两个一百年”奋斗目标、实现中华民族伟大复兴中国梦作出新的更大贡献!竺士杰在最初接触桥吊工作时,效率并不高,这打击了他的自信心。但他并没有因此气馁,反而想尽办法提高效率,甚至自创“竺士杰桥吊操作法”,并得到推广。

参考文献:

[1] 王凯艺,张帆. 竺士杰:与东方大港同成长[N]. 浙江日报,2018-12-10.

七、乡贤赵安中：优良家风的传承

（一）基本情况

“宁波帮”特指宁波商帮，即指旧宁波府所辖鄞县、奉化、慈溪、镇海、定海、象山六县在外埠经营，以血缘姻亲、地缘乡谊和业缘行会为纽带联结而成的商人群体。宁波帮在闯荡天下，创造长盛不衰的奇迹，成为中国进现代化先行者的过程中，亦承载着赤子心怀故土、报效桑梓的殷切之情。

赵安中迭经战乱、失学、失业之苦，辗转漂泊，流落香港。在陌生的港岛白手起家，艰苦创业，“凭勤俭建立根本，靠积聚而成小康”，成为一位颇有成就的实业家。但君子虽在他乡，不忘父母之国。赵安中先生深知教育乃立人振业兴国之基础，受教育是人一生发展之根本。在他的有生之年，赵安中先生对祖国和家乡的教育倾注了最大的爱心。他相信捐资办学是对未来的投资，是一种没有金钱回报却远比金钱回报更有价值的投资。为此他乐此不疲，一发而不可收。

1986 年由世界船王包玉刚先生捐资，邓小平同志题写校名，宁波大学创立。由此翻开了宁波帮与宁波大学的故事篇章。1991 年到 1994 年宁波大学的发展陷入困境，一直关心着宁大发展的包玉刚同窗好友、旅港宁波帮企业家赵安中更是看在眼里，急在心里。在学校发展的困难时期，他当仁不让地站了出来，不负包先生“多关心一下宁波大学的发展”这一嘱托，一方面他在海外宁波人中宣传宁大、介绍宁大，推动众多乡长共助宁大；另一方面，亲力亲为，频频出资为宁大发展添砖加瓦，包括林杏琴会堂、体育看台、杏琴园、杏琴苑……以自己的实际行动续写了宁波帮合力支持宁波大学发展的辉煌篇章。在 85 岁生日那天，赵先生捧出儿子赵亨文送给双亲置换楼房的 1500 万元支票，捐建了如今耸立在宁大的又一标志性建筑——安中大楼（行政与会展大楼）。赵安中先生说：“宁大是我第四个儿子。”把这笔钱捐给家乡就是最大的孝顺。

宁波大学、宁波大学幼儿园、宁镇路小学等一批项目，见证了赵安中从一个香港实业家到钟情于祖国教育事业的慈善家的心路历程。家乡的人民饮水思源，永远铭记赵安中先生。

图 3-6　宁波大学林杏琴会堂

(https://23790902.s21i.faiusr.com/2/ABUIABACGAAgs7n7ggYozMv87QcwsQg-48AQ!1000x1000.jpg)

(二) 亮点分析

1. 贵在忘我

古稀之年的赵安中把亲手创立的荣华纺织有限公司交给儿子管理，自己淡出商界。但这种无欲无求、优哉游哉的安度晚年方式，反而给习惯于奋斗的赵安中一种强烈的失落感。在他看来，人生必须有一个希望。为达成希望而去奋斗，因成功而欢悦。创业、聚财，是一种满足；散财、捐助，更是成功者的莫大乐趣。于是他把钱财用在太阳底下最有意义的事业——教育上。[①]

"我从小受教育不多，但深知教育乃立人振业兴国之基础。树木需坚根，树人需扶本，受教育是人一生发展之根本，没有什么事情比教育更重要了。因此，在我有生之年，总要小小尽力。"赵安中捐助教育事业从自己的故乡开始的，从宁波的 15 个贫困乡镇而扩至温州、丽水，再扩至长城脚下的河北、云贵高原上的贵州乡村。

革命根据地四明山区不少学校的校舍成了危房，被当地人戏称是"清朝的房子，民国的桌子，共和国的孩子"，赵安中一口气捐了 11 幢"林杏琴教学楼"。时任宁波市副市长的陈守义激动地对他说："希望工程上四明山，您是第一人。"

宁波市与贵州黔西南、黔东南两个民族自治州结对帮扶后，赵安中将他的捐资助学范围扩大到了贵州。在宁波市政府的协助下，2000 年他在黔西南州册亨县捐建民族中学"杏琴园综合楼"。2001 年 5 月，已 84 岁高龄的赵安中又专程从香港飞赴贵州，签订 110 万元的捐建项目，分别在黔西南州的普安、贞丰、安龙县和黔东南州的黄平、雷山、丹寨县助建 9 座希望小学、中学的教学楼及实验楼。几十年如一日的教育慈善事业里，80 高龄的赵安中多次上高山下海岛，他的"尽力"从家乡尽到了河北，"尽"到了贵州。[②]

2004 年 3 月，他患重病，仍旧叫南大驻港办事处的左教授从深圳赶到香港，当场安排捐助南京大学 1200 万元建 EMBA 大楼的项目捐款存到中国银行。[③]

他晚年曾袒露自己捐钱助学的成功秘诀之一便是没有一丝一毫私人目的。经历过颠沛流离、白手起家的赵安中先生晚年倾注了大

① 希望工程的功臣——追忆赵安中先生 http://nbb.zhxww.net/gaer/zaz/zl_zaz/200811/20081115211227-4.asp.

② 希望工程的功臣——追忆赵安中先生 http://nbb.zhxww.net/gaer/zaz/zl_zaz/200811/20081115211227-4.asp.

③ 赵安中：希望工程的楷模 http://zs.zhxww.net/rwzs/rwzs/rwzs_sbgl/20080414144316.htm.

量心血在宁波大学的建设上,他觉得无论是作为包玉刚的同窗好友,还是作为海外宁波帮,自己都有责任为宁大做点事,将其视为“第四个儿子”。只求不负人,何妨人负我;只求奉献,不计求取。既然选择了投身教育慈善事业,那么不论是海外的房产、置换新房的支票、富足安逸的生活都可以放弃,但求“一箪食,一瓢饮”,为教育事业倾尽所有。

赵安中先生的做法不仅仅在物资上支持了宁波大学的建立和发展,更以其对教育慈善事业的忘我态度从精神上感动了人、教育了人。慈善需要有钱来支撑,但慈善不仅仅是钱,更重要的是心,是一颗赤诚的爱心。赵安中先生对宁波教育事业的奉献贵在忘我,这一份“忘我”是一份专注、一份执着、一份努力,他以忘我的精神、无我的境界奉献自我,久久为功。

2. 责在传承

赵安中先生和包玉刚先生为中兴学校的同班同学,尽管在之后两人一次次失之交臂,但始信人生一见,都有前因。自此以后,宁波大学竣工,中兴母校复校,港龙航空公司首航杭州,以及国家和浙江省领导人到港、返回宁波故乡,两个分手四五十年的老同窗都一起出席宴请,结伴同行。尤其是包玉刚资助教育的思路与他不谋而合,使老同学之间有了更多的共同语言。①

1991 年 9 月,包玉刚突然病逝后,宁波大学的捐资助建工作一度沉寂,学校的发展陷入困境……作为包玉刚的同窗同学和生前挚友,赵安中先生感到自己有责任和义务为宁波大学“做点事体”,于是他率先捐建了两个项目,即林杏琴会堂和运动场司令台。赵安中先生频频走进宁大校园,以自己的远见卓识和真挚情感,为宁大发展献计献策,奔走联络。“宁大的事耽搁不得”。他不仅自己亲力亲为,而且

① 包玉刚和赵安中:“我就是包起然”. http://nbb.zhxww.net/gaer/byg/zl_byg/200811/20081114155501.asp.

穿针引线，推动众多旅外乡贤支持宁大。[①]

在赵安中的义举之下，海外宁波帮人士纷纷解囊捐助宁波大学，一个包玉刚生前设想的“希望爱国爱乡而有能力的朋友鼎力协助宁波大学发展”的局面，终于在1995年的春天出现了。赵安中先生以自己的实际行动续写了宁波帮合力支持宁波大学发展的辉煌篇章，这也意味着宁大发展的又一个春天来临了。

“天下之利，莫大于兴学”。面对海外“宁波帮”第一代夕阳余晖，第二代乡情已淡的情形，赵安中看在眼里，急在心里。1995年4月，赵安中率儿孙参加以他们的名义出资捐助的几十项“希望工程”的落成典礼和新的“希望工程”项目的奠基、签字仪式。几十个捐资办学落成、奠基、签约项目，老人有意识地让孩子们参加了全过程，从8岁到18岁的孩子，和大人一样端坐在主席台上，6个孩子和爷爷、奶奶、爸妈及故乡的各级领导一起剪彩，一起奠基，既感受到一份光荣，更重要的是接受了一种洗礼，传承了一种责任。赵安中借这个机会，在故乡的课堂上给自己的第三代上一堂人生之课。用他自己的话说就是：“一个人的能力是有限的。但是我希望我的儿子、我的孙子记得家乡，多也好，少也好，总要为家乡有所尽力。”在老先生的支持和鼓励下，赵先生的子嗣赵亨文、赵亨龙、赵亨衍等先后投入到宁波大学的建设中，这种传承是十分宝贵的。

赵安中经常对儿孙们说：甬江、四明山是我们的“根”。树高千丈，叶落归根，“根”是不能忘记的。他要子孙后代在家乡的大学课堂里亲身体验乡情，不要忘根忘本，接受人生洗礼，承担报效桑梓的责任；他要家人一起努力共同为播种“希望”而奋斗。[②]

---

① 赵安中离世九年　生前将宁大看作“第四个儿子”. https://zjnews.zjol.com.cn/zjnews/nbnews/201611/t20161103_2043865.shtml.

② 希望工程的功臣——追忆赵安中先生. http://nbb.zhxww.net/gaer/zaz/zl_zaz/200811/20081115211227-4.asp.

赵安中先生对宁波大学教育事业的奉献贵在传承,承于邓小平“把全世界的‘宁波帮’都动员起来建设宁波”的号召,承于包玉刚先生“希望爱国爱乡而有能力的朋友鼎力协助宁波大学发展”的愿景和希冀,又将这种奉献精神身体力行地传承给更多的宁波帮人士。

3. 贵在谦卑

宁波大学落成后,赵安中陪同包玉刚出席了宁波大学的落成典礼。当时,包玉刚曾表示希望赵安中在宁大做个项目,赵安中则认为,以他的实力,还是在农村、贫困山区做小项目为妥。然而如今各地的安中楼、杏琴园无不诉说着一个香港实业家、慈善家的满腔赤诚。如此谦卑之心,不得不让人深感敬佩。

宁波大学是所特殊的大学,它既不是国家计划中出资创办的大学,也不是某个私人独资包办的民间大学,而是由包玉刚先生倡议并率先捐赠巨资而创办的地方性大学。包先生的去世,使学校可能面临捐赠不济,发展的脚步趋缓的境地。这时,赵安中先生挺身而出做出表率,捐资建立林杏琴会堂、体育馆、安中大楼、教工生活园区“杏琴园”、宁大幼儿园“杏琴苑”和宁镇路小学等等。

之后,赵安中先生又卖掉他在美国、加拿大等地的房产,筹集1000万资金在宁大设立“杏琴园教育基金”,用于创办国有民办的科技学院。设立“宁波大学荣华学者奖励计划”,奖励在教书育人、科学研究中取得显著成绩的院士、教授、研究员。

赵安中先生对宁波大学教育事业的奉献贵在谦卑。“曾经灿烂,历过沧桑;今虽平淡,依旧芬芳”,赵安中先生认为宁波人为自己的家乡做事情,是理所应当的,算不上帮忙。“居丰行俭,在富能贫”,这是赵安中的生活操守;“自奉极俭,慷慨施人”这是赵安中的处世原则;“只讲奉献,不计回报”,这是赵安中的谦卑品格。

(三) 经验启示

1. 知恩图报，不断向前

1986年，包玉刚先生欣然出资2000万美元捐建宁大，圆了百年来宁波几代人想建一所综合性大学的梦想。宁波大学从它创立的那一天起就是吃着“宁波帮”的“百家饭”长大的。30多年来，包玉刚兄弟、邵逸夫、赵安中、李达三、魏绍相等广大海内外“宁波帮”、校友和社会各界人士捐赠已逾9亿元，使得宁波大学得以克服一道又一道难关，乘风破浪，一步步走到今天。

宁波市副市长张明华在王明康楼命名暨启动典礼上表示，“宁波大学是在‘宁波帮’关心爱护下成长起来的一所侨资特色鲜明的大学，在宁波大学的发展过程中，众多‘宁波帮’人士作出了巨大的贡献，他们的支持为宁波大学高起点办学、高速度发展提供了有力的物质支撑和强大的精神动力。”每一个与之相关的人，尤其是我们青年一代，都应该知恩图报、不断进取，回报那些为宁波大学的建设发挥了至关重要作用的人，没有他们就没有宁波大学的诞生，没有他们就没有宁波大学的高速发展，没有他们就没有宁波大学的今天。[①]

宁波大学一幢幢以宁波帮人士命名的“宁波帮楼群”，都有着一个个宁波帮人士倾力助学的感人故事。在“宁波帮”精神的感召和感恩文化的浸润下，知恩图报、回馈母校成为每位宁大师生的自觉行动。

宁大经济管理系1998届毕业生庞升东2015年捐赠3000万元，用于新图书馆建设，而后捐赠1100万元用于推动教育教学改革；原宁波师范学院（1996年与原宁波大学合并办学）校友叶建荣个人一次性捐赠3000万元；宁大首届毕业生韩春岚，2006年设立总额达300万元的“添路职业发展基金”，帮助和扶持学校开展大学生职业生涯规划教育，资助大学生创业……宁大人浸润在宁波帮精神之中，

① 宁波籍港胞助资1000万建楼　海外“宁波帮”捐赠宁波大学近5亿. http://edu.people.com.cn/n/2015/0407/c1053-26809573.html.

以敢闯天下路、敢为天下先、敢争天下强的精神品格,创造骄人业绩的同时,知恩图报,用优异的成绩回馈母校。截至 2016 年,共有 45 位校友在学校设立了 119 个资助项目,资助范围涉及校园建设、学生奖助学金、大学生创新创业、课堂教学改革、国际化办学等多个方面。

如今,"宁波帮",是一群人,但已不单是一个群体的代名词,更是一种地域人文现象,是一种互相扶持、倾囊相助的情感,是一种团结互助的家国情怀。

2. 重视传承,弘扬精神

宁波帮精神主要体现在五个方面:一是树高不忘根的赤子情怀,二是不甘居人后的开拓精神,三是大海容百川的开明思想,四是至实而无妄的诚信品德,五是励业重义理的互助风格。[①] 宁波帮从筚路蓝缕中走来,成长为中国十大商帮之一,在时代的浪潮中巍然屹立、与时俱进。那些岁月虽已远逝,但其背后的精神力量却并未蒙尘。其所创造的商业经济成就,所体现的优秀文化传统,所传承的人文关怀精神,难能可贵,弥足珍贵,更是与"诚信、务实、开放、创新"的宁波精神一脉相承。

近年来,宁波大学将"宁波帮"精神教育纳入课程教育体系,编写"宁波帮"精神相关读本和教材体系,搭建"宁波帮"精神网络教育平台。拓展"宁波帮"精神教育的实践体系,将校园周边宁波帮博物馆、宁波帮人士故(旧)居等场馆作为文化校园的延伸,组织学生定期进行参观考察、义务讲解、人物访谈等社会实践活动。将"宁波帮"精神全面融入校园文化活动,办宁波帮文化节,开展"宁波帮"题材精品话剧创作,举办"宁波帮与宁波大学"系列讲座……营造无处不在的"宁波帮"文化氛围,提升"宁波帮"精神在师生中的影响力和感召力。[②]

---

① 挖掘"宁波帮"文化提炼"宁波帮"精神. http://txnbb.ningbo.gov.cn/art/2018/1/17/art_2899_1798147.html.

② 宁波大学:建校 30 周年"宁波帮"精神薪火相传. http://news.jxufe.edu.cn/news-show-9706.html.

2021年，宁波市政协副主席叶正波在“传承和弘扬宁波帮精神　擦亮宁波金名片”座谈会上指出：一是保护好、利用好“宁波帮”的文化遗产，努力留住海内外宁波人的乡愁，增强其对家乡认同感与归属感；二是研究好、提炼好新时代“宁波帮”精神，坚持古为今用、洋为中用；三是传承好、弘扬好新时代“宁波帮”精神，更好地动员和发挥“宁波帮”人士、“帮宁波”人士的积极性，引导其积极参与宁波经济社会建设、推动宁波高质量发展。

要深入挖掘宁波帮精神的内涵与价值，通过开通创造话剧、动漫、主题景观等多样化途径以及参观博物馆、校史馆，进行社会实践活动等多样性活动，将宁波帮精神与当代青少年教育相结合，做好“宁波帮”文章，擦亮“宁波帮”这个“金名片”，增强宁波城市文化的凝聚力、向心力和认同感，实现“宁波帮”“帮宁波”，将“宁波帮”精神一代代传承下去。

3. 高瞻远瞩，投资教育

国际竞争如逆水行舟，不进则退，宁波帮人士深谙“天行健，君子以自强不息”“苟日新，日日新，又日新”的道理，以创造性的追求和大无畏的精神，审时度势，抓住机遇，成为时代的弄潮儿，

学校是孕育希望的，在土地上播下种子，静待花开。“清朝的房子，民国的桌子，共和国的孩子”这种教育悲剧无不让宁波帮人士痛心。商人们闯荡江湖，更是懂得“秀才不怕衣衫破，只怕肚里没有货”的窘迫，也更注重对教育的捐助和支持。赵安中先生说过：“捐资办学是没有金钱回报的投资，但远比金钱的回报更有价值。因为，人才的价值是不可估量的价值。”他多次表示：宁波人“如欲再度辉煌，端赖现在学中之同学”。[①] 治贫先治愚，治愚办教育。众多宁波帮人士对教育领域表现出极大的热情，并进行大量的投资建设，倾囊助学，

① 宁波勤廉故事少年说|家风传承育后人——赵安中 https://www.sohu.com/a/234299926_395015.

懿德茂行。

“十年树木、百年树人,百年大计、教育为本”。宁波帮人士把捐赠当作一项事业来做,甚至把他们多年的经商经验与智慧运用到捐赠事业上。因此我们可以看到很多人士根据自己的财力在捐赠方向的选择上,深思熟虑,精心擘画,分步实施,往往自成系列,各具特色。例如邵逸夫把一开始就捐赠的范围定位在全国的高等教育,捐赠触角基本涵盖我国现有的教育体系,与他的财力和身份相匹配;赵安中以贫困山村的基础教育作为自己的捐赠方向,使捐赠起到雪中送炭、以一当十的效果;闻儒根把平时省吃俭用下来的钱捐赠给幼儿园和敬老院的“闻氏系列工程”……[①]众多宁波帮人士高瞻远瞩,家族联动,代代相传支持教育事业,对宁波乃至整个国家的教育业发展作出了巨大的贡献,对国家富强、民族复兴发挥了关键作用。

面临百年未有之大变局,教育已成为现代化城市建设新的风向。宁波商人在家乡出资建学、改善教育,促进了民间助学兴学优良传统的形成,来自民间的支持使宁波教育发展取得了巨大的成就;宁波商人的通透精明却不失书生般对仁义礼智信的道德操守,对宁波教育的影响是深刻的,为宁波教育注入了新的观念和活力,同时也给宁波教育的体制机制创新提供了启示;[②]宁波注重教育与城市的协调发展,让教育带动地方经济,让地方经济助力教育,促进了城乡义务教育的一体化均衡发展,赋予了宁波教育新的内涵。

投资教育就是投资希望、投资未来。要打破对教育的传统认知,抓住教育带来的广阔市场,定位好教育,办好新时代教育,增强宁波教育的底气和锐气。

---

① “宁波帮”捐资办学的特点及其贡献 http://txnbb.ningbo.gov.cn/art/2021/12/22/art_2899_4185357.html.

② 宁波:办四通八达的教育 https://edu.gmw.cn/2021-03/15/content_34687473.htm.

参考文献：

［1］希望工程的功臣——追忆赵安中先生[EB/OL]. http://nbb. zhxww. net/gaer/zaz/zl_zaz/200811/20081115211227-4. asp.

［2］赵安中：希望工程的楷模[EB/OL]. http://zs. zhxww. net/rwzs/rwzs/rwzs_sbgl/20080414144316. htm.

［3］包玉刚和赵安中："我就是包起然"[EB/OL]. http://nbb. zhxww. net/gaer/byg/zl_byg/200811/20081114155501. asp.

［4］赵安中离世九年　生前将宁大看作"第四个儿子"[EB/OL]. https://zjnews. zjol. com. cn/zjnews/nbnews/201611/t20161103_2043865. shtml

［5］宁波籍港胞助资 1000 万建楼　海外"宁波帮"捐赠宁波大学近 5 亿[EB/OL]. http://edu. people. com. cn/n/2015/0407/c1053-26809573. html.

［6］挖掘"宁波帮"文化提炼"宁波帮"精神[EB/OL]. http://txnbb. ningbo. gov. cn/art/2018/1/17/art_2899_1798147. html.

［7］宁波大学：建校 30 周年"宁波帮"精神薪火相传[EB/OL]. http://news. jxufe. edu. cn/news-show-9706. html.

［8］宁波勤廉故事少年说|家风传承育后人——赵安中[EB/OL]. https://www. sohu. com/a/234299926_395015.

［9］"宁波帮"捐资办学的特点及其贡献[EB/OL]. http://txnbb. ningbo. gov. cn/art/2021/12/22/art_2899_4185357. html.

［10］宁波：办四通八达的教育[EB/OL]. https://edu. gmw. cn/2021-03/15/content_34687473. htm.

八、"顺其自然"："中华慈善奖"最具爱心楷模

（一）案例介绍

2021 年 11 月 19 日，宁波慈善总会"如期"收到了一封信件，里面是厚厚的一叠捐款单。这 107 张捐款单，总计 105 万元。但是，每张汇款单的金额都没有超过 1 万元。因为根据规定，超过 1 万元就必

须要实名。这个署名为"顺其"的捐款者，就是23年来，一直没有间断地捐款的"顺其自然"。1999年，宁波慈善总会收到了捐款凭据，还有一张纸条，上面写着"好事不说，坏事不做，顺其自然。"所以，宁波慈善总会就叫这名捐款者为"顺其自然"。在此后的23年里，宁波慈善总会每年的年底，都会收到捐款凭证，署名就是"顺其自然"四字中随机抽取的两个字。23年来，"顺其自然"已经累计捐款1363万

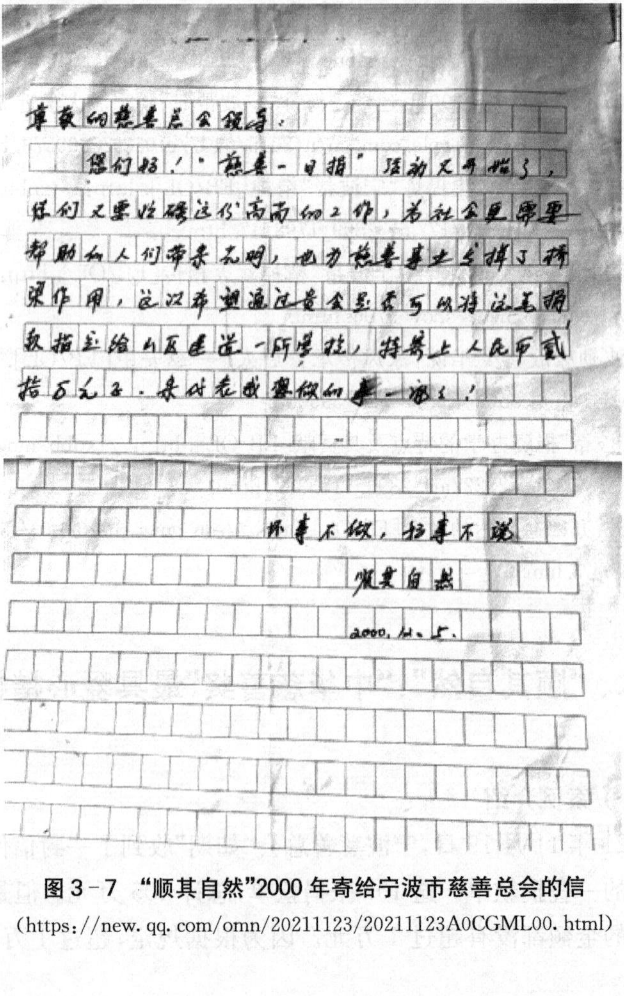
尊敬的慈善总会领导：
您们好！"慈善一日捐"活动又开始了，你们又要忙碌这份高尚的工作，为社会更需要帮助的人们带来光明，也为慈善事业起到了桥梁作用，这次希望通过贵会是否可以将这笔捐款指定给山区建造一所学校，特寄上人民币贰拾万元正。来对表我要做的事一谢谢！
坏事不做，好事不说
顺其自然
2000.12.5.

图3-7 "顺其自然"2000年寄给宁波市慈善总会的信

(https://new.qq.com/omn/20211123/20211123A0CGML00.html)

元，没有一年间断过。[1]

大家都希望找到这个神秘的捐款人，但是，很显然他并不想让人知道他是谁，宁波慈善总会也就放弃了找寻他的想法。“顺其自然”也成了“慈善”的代名词。浙江省档案馆2018年开始的常设展“大写浙江人”共展示百余位浙江古今杰出人物，“顺其自然”是其中唯一的隐名者。所有人物中，只有“顺其自然”不是真实姓名，人物图片用了一群人的剪影，其展板展出的是历年捐款给宁波市慈善总会的汇款单，2015年民政部授予其“第九届中华慈善奖”的获奖证书，还有几封他(她)写给宁波市慈善总会的信。

“顺其自然”是爱心和仁善的象征。中华民族自古以来就有乐善好施的优良传统。在进行慈善活动的过程中，不仅对困难的同胞手足是一种帮助，而且对行善救助的人来说，在精神上也是一种升华。“顺其自然”的事迹，能够深入人心，一个重要原因，就是他(她)给了人们一种精神的力量。

(二) 特色亮点

1. 让爱心顺其自然

从1999年以来，每到11月下旬或12月初，总有一份特别的爱如约而至。虚构的地址，虚拟的姓名，一堆汇款单……在浙江宁波，化名“顺其自然”的好心人，总会成为宁波全城的焦点。2021年11月19日，宁波市慈善总会收到107张取款通知单，其中105张是9999元，1张55元，1张50元，累计105万元，统一署名“顺其”，算上这次，这已经是这位宁波著名匿名慈善爱心人士第23次捐款，累计额度达到1363万元。[2]“顺其自然”是谁？尽管大家都充满着好奇，也

---

① 宁波“顺其自然”，匿名捐款23年，总计捐出1363万元. https://new.qq.com/omn/20211123/20211123A0CGML00.html.

② 宁波“顺其自然”再捐款105万元　连续23年累计捐款1363万元. https://www.chinanews.com.cn/sh/2021/11-23/9614606.shtml.

对这位不知名的人士充满敬意，但是大家都不约而同地选择了放弃寻找匿名捐助者的行动。只是通过媒体报告“顺其自然”每一笔善款的用途。恰如其名，“顺其自然”的意义不正在此吗？低调行善，没有刻意渲染、自我标榜；顺其自然，也没有过度消费、借机炒作。这位匿名爱心人士曾捐款留言说，坏事不做，好事不说，顺其自然。这又何尝不是对更多人的期许与鞭策？向善之心，正应该这样纯粹：为善之行，本应如此简单。以爱自利只会让爱功利：以善炒作，只会让善蒙尘。有自然流淌的爱心善行，才有渗透人心的力量。

2. 不知道你是谁，却知道你为了谁

理解捐赠人隐名的意愿，也是对爱心人士的一种尊重。正如顺其自然在给宁波慈善总会的信中表达的那样，“顺其自然”善款的使用主要方向是助学、教育，并需要通过媒体公布每笔善款的使用情况。除此之外，“顺其自然”也对重大灾害、个人重疾等进行定向捐赠。不管“顺其自然”到底是谁，他（她）的爱心正在温暖更多需要帮助的人。宁波市慈善总会副秘书长蔡怀书说，“顺其自然”每年除向市慈善总会特定捐款外，还常常“散捐”：在宁波打工的江西人朱军华父子遭遇车祸，医药费无着落，“顺其自然”汇去 3000 元；四川苍溪籍农民工黎有才妻子得重病，“顺其自然”汇去 3000 元；宁波市聋哑学校学生周鸣脑肿瘤需动手术，“顺其自然”汇去 5000 元；奉化市 9 岁孩子邬方裕患急性淋巴细胞白血病，“顺其自然”汇去 1 万元；宁波市红十字会收到“顺其自然”捐赠的两万元，指定援助骨髓库建设……“社会困难人士一般是经媒体报道后，金额在 3000 元左右。有些是通过媒体捐款，如果有具体地址或账号的话，他会直接汇款过去。受灾地区捐款，金额多数在 5 万—10 万。”[①]“顺其自然”的捐款落款往

① 宁波“顺其自然”如约再捐款 96 万元，19 年来已捐近千万. https://www.thepaper.cn/newsDetail_forward_1876495.

往是以宁波的爱心人士名义，署名在“顺其自然”几个字里择字组合。如果是受灾地区捐款，他的署名则在“风调雨顺”几个字里择字组合。

3. 从一个人的秘密到一座城市的默契

随着时间的推移，人们发现在“顺其自然”的影响下，宁波慈善隐名捐款成为一种社会风尚。2018 年 11 月下旬起，气温骤降，但是，宁波又涌动起隐名捐赠的热流。

11 月 23 日上午，也就是收到“顺其自然”50 万元善款的当天，一位老太太走进位于西河街 74 号的宁波市慈善总会，表示要捐出 5 万元。姓名、家庭地址、原因，她什么都不肯说，只透露了自己已 85 岁。最后，工作人员为她办理了慈善小额救助基金。

还是 11 月 23 日，中午 12 时 40 分左右，一位衣着破旧的男子来到鄞州白鹤派出所。他一边从口袋里掏出 1000 元钱交给民警徐勇，一边说“在报纸上看到公安干警搞‘雪莲花’助学计划，也捐点钱、出把力”。徐勇发觉这是一位生活没有着落的流浪汉，便劝他留下点钱。男子执拗地说：“吃住我自己会解决的，你们别担心！这些钱不是歪路子来的，你们请放心！”最后，男子没有留下姓名和联系方式，扭头就走了。

11 月 27 日，一位老人拄着拐杖走进海曙古林派出所。值班民警宋贤虎上前询问，只见老人从兜里拿出一沓钱和一张纸，纸上写着这样一段话：“您好，我是一个 88 岁残腿老人，今有一事相求：我是个农保户，每月收入千元左右，现在有一笔现款 1 万元，欲捐给慈善总会，因不会赶公交车去城市，故此拜托同志们替我转交。谢谢你们！”

宋贤虎反复询问，可是老人十分低调，不肯透露其他任何信息。“我不图名利、不图回报、不图宣扬，只想尽自己一份微薄之力。”老人说。通过沟通与走访，民警们了解到这位老人叫姜善庭，家住海曙区古林镇藕池村，这些年他一直在捐款助学。这次捐献的 1 万元钱，是他平日里卖废品并省吃俭用积攒下来的。

而更早些日子，11 月 5 日，一位“神秘”女士来到宁波市慈善总会,一次性捐款 180 万元。她提出的唯一要求是,关于她的一切,都不能向外界透露。①

当然,宁波"隐形慈善"不仅仅在捐款捐物上,这几年又出现了捐献人体器官的群体。

2011 年 12 月,一位务工者无偿捐献双肾、肝脏和两个眼角膜,成为宁波首例器官捐献者,给 3 人带去生的希望,让 2 人重返光明世界。2012 年实现器官捐献 16 例,2013 年 11 例,2014 年 25 例,2015 年 30 例……捐献者中,年龄最小的出生才 29 天,最大的 66 岁。他们在生命的最后一刻,送出了最宝贵的礼物,用自己的无私奉献,让 300 多位重症病人得以重生。②

如今,"顺其自然"已经从一个人演变为一个庞大的爱心群体,共同演绎着倾城之爱。

4. 文明宁波的爱心品牌

爱似涟漪一般交织、如涌潮一般扩散,一波激起一波,一浪高过一浪……不计名利,不求"回报"。从"普党"到"顺其自然",从"我想"到"妙音",从个人的秘密到一座城市的秘密——在宁波,"顺其自然"对慈善事业不离不弃,与宁波慈善事业共同成长,是宁波慈善事业的见证人和坚定的支持者。他那诚挚的爱心和感人的事迹影响了一大批人,带动大家参与慈善和社会公益。"顺其自然"的行为不但符合现代慈善理念,也充分体现了社会主义核心价值观的要求,不仅有力促进了慈善事业的发展,也促进了宁波文明城市的创建。在"顺其自然"的影响下,宁波隐名捐款蔚然成风,形成了一个隐名捐款的爱心群体。他们署下各式各样的化名,如"吴老太""学茶哥""我想回报""无名氏""云呆""欢喜""随缘"等,也有的干脆就写下"顺其自然"。

---

① "顺其自然":宁波持续了 20 年的一个秘密. http://news. cnnb. com. cn/system/2018/12/25/030013691. shtml.

② 隐名慈善人"顺其自然"带动甬城"隐善"成风. http://www. xinhuanet. com/mrdx/2016-12/19/c_135915821. htm.

他们经常来到市慈善总会捐款，有的基本上每月要来捐一次。可以说，“顺其自然”已成为宁波这座爱心城市的一张亮丽名片。现在的宁波可谓是一座“慈善之城”，宁波三次蝉联中国慈善“七星级城市”称号，连续五届荣获“中国城市公益慈善指数百强榜”，其中2018年排名上升至全国第八位，在2019年第六届“浙江慈善奖”宁波获奖数量居全省首位。可以看出，以“顺其自然”为代表的匿名爱心群体已经成为宁波一道美丽的风景，成为甬城的骄傲。

(三) 经验启示

1. 行善不欲与人知

多年来，“顺其自然”声名远播，中央、省、市众多媒体都进行过广泛报道。令人感叹的是，虽然不见“顺其自然”本人，但他(她)获得了许多荣誉，包括2004年省首届“十大慈善之星”“2005年‘爱心中国’——中国最具有影响力的100位慈善人物特别奖”、2007年全国十大社会公益之星集体奖、第九届“中华慈善奖”、“大写浙江人”古今浙江杰出代表人物之一、2015年召开的宁波市第四届“慈善奖”表彰会上获得“最具爱心慈善楷模奖”等多项慈善大奖。2016年9月1日，《中华人民共和国慈善法》正式实施。第二天，民政部在江苏南通召开第九届“中华慈善奖”表彰大会，宁波“顺其自然”获得“最具爱心楷模”称号。这是“顺其自然”获得的国家级最高慈善奖项。2018年6月，浙江省档案馆推出“大写浙江人”展览，“顺其自然”与孙权、王羲之、陆游、周恩来、鲁迅、马云等其他123位有史以来浙江杰出代表人物同列一榜。“顺其自然”是唯一没有真实姓名、没有图像照片的“大写浙江人”！

虽然每一次颁奖，每一个奖杯最后都无人领取，但现场观众都会主动起立，真诚地向其致敬。

2. 大爱无声声自远

“顺其自然”的爱心体现着社会成员强烈的责任意识。一个公民在社会上生活，享受着社会各方面提供的帮助；一个企业在社会上发

图3-8 民政部给“顺其自然”颁发的“第九届中华慈善奖”奖状

(https://zhidao.baidu.com/question/814576269036326892.html)

展,也依靠社会各方面提供的资源。每个公民、每个企业理应回报社会,为社会进步尽心尽责。有一位成功的企业家认为,作为企业家也应该成为慈善家,要为社会作贡献,多多反哺社会慈善公益事业,这既是对社会的一种奉献,也是企业持续发展的一个投资经营理念,更是企业家的一种社会责任。“顺其自然”得到社会的认同,正是由于他(她)时时刻刻关注着社会的安定、和谐和进步。“顺其自然”的名字是尊重自然与社会发展规律的生动写照。富裕与贫困是相对的,只有先富帮后富,才有大家的共同富裕,而只有全社会共同富裕,个人富裕的增长才有坚实的基础。因为,建立在绝大多数人贫困上的富裕是不能持久的。对于每个公民、每个企业来说,应该逐步从追求财富发展到追求社会的理想,取之于社会,用之于社会,在推进社会发展中实现人生的真正价值。“顺其自然”的行为,之所以得到社会的高度赞赏,其原因也在于此。慈善精神是一种高尚的精神,慈善事业是一项光荣的事业,捐款的金额从来没有多少之分,慈善的形式一直都是多种多样,这个社会上的我们人人可慈善,爱心无界限。

3. 促进慈善事业繁茂

慈善事业是缓和社会矛盾的润滑剂，是和谐社会发展的催化剂。一个国家慈善事业的发展程度是这个国家社会文明的标志。一方面，它可以有效弥补政府社会保障之不足，调节贫富差距，促进社会公平；另一方面，它也代表着一个国家与社会的爱心，使社会和谐、人情温暖的同时又促进自身更加完善与发展。对当代中国而言，慈善事业是构建和谐社会的生动体现和内在要求。随着我国经济的不断发展，社会保障体系不断完善，慈善事业得到了人们的普遍认同，慈善意识得到普及。慈善作为“看得见的手”和“看不见的手”之外的第三方社会力量正日益显示其独特的社会作用。世界上数以百万计的慈善基金会和慈善机构在唤起世界道德良心、维护社会公平、和谐中发挥着巨大的作用。虽然我国慈善机构的管理机制还不够完善，但“顺其自然”一直都十分信任着宁波慈善总会。慈善总会没有辜负了他(她)的期望，用心用准慈善款项。

(四) 匿名行善在接力

“为善欲人知，必非真善”。神秘人 23 年捐款超千万，这种为善不欲人知的精神令人敬佩，这是做好事的最高境界，是中华民族传统美德的传承。古人说:公子有德于人，愿公子忘之。自己有美德不必挂在口头上，讲究的是桃李不言，下自成蹊；讲究的是“人不知而不愠，不亦君子乎?”，提倡的是谦虚，不张扬，不图报，不以恩人自居。慈善的本质是一种割舍不断的人间真情，在帮助别人的同时收获内心的喜悦。激发全社会更多民众，接过爱心接力棒，一棒一棒传下去。“顺其自然”作为一个匿名捐款代表，给这个社会带来无尽的正能量。当人人都把慈善当成一种生活方式、当成一种自然而然的生活习惯，社会一定会就变得越来越温暖，越来越和谐。

“匿名捐款”不求回报的价值观是社会难得的“活教材”。匿名捐款的人越多，意味着我们身边默默无闻的好人越多；我们对身边人感激之情越浓,感恩社会的心就会越加强烈。一旦身边有人需要帮助时,我们就会毫不犹豫地伸出援助之手。愿我们力所能及的涓滴善意,书写更多人人心怀慈善、参与慈善的时代故事。

“赠人玫瑰,手有余香”;大爱无言,大音无声。“顺其自然”已成为一张爱心名片,激励着更多善行义举。只有心怀同情之心、关爱之心、感恩之心的人越来越多,我们的社会才会更和谐、更美好。

参考文献:

[1] 宁波“顺其自然”,匿名捐款 23 年,总计捐出 1363 万元[EB/OL]. https://new. qq. com/omn/20211123/20211123A0CGML00. html.

[2] 宁波“顺其自然”再捐款 105 万元　连续 23 年累计捐款 1363 万元[EB/OL]. https://www. chinanews. com. cn/sh/2021/11-23/9614606. shtml.

[3] 宁波“顺其自然”如约再捐款 96 万元,19 年来已捐近千万[EB/OL]. https://www. thepaper. cn/newsDetail_forward_1876495.

[4] “顺其自然”:宁波持续了 20 年的一个秘密[EB/OL]. http://news. cnnb. com. cn/system/2018/12/25/030013691. shtml.

[5] 隐名慈善人“顺其自然”带动甬城“隐善”成风[EB/OL]. http://www. xinhuanet. com/mrdx/2016-12/19/c_135915821. htm.

九、体育之星:世界举重的石智勇

(一) 基本情况

石智勇,1993 年 10 月 10 日出生于广西桂林,2006 年落户于浙江宁波慈溪,中国男子举重运动员,国际级运动健将,两届奥运冠军,全国五一劳动奖章获得者,中国国家举重队成员。2015 年 11 月,石智勇获得 2015 年世界举重锦标赛冠军。2016 年 5 月,国家体育总局授予石智勇国际级运动健将称号。2016 年 8 月,石智勇夺得 2016 年里约奥运会举重男子69公斤级金牌；8月30日，中华全国总工会授予石智勇全国五一劳动奖章；12月，石智勇包揽举重世界杯男子73公斤级冠军。2019年4月，石智勇获得2019年亚洲举重锦标赛男子73公斤级冠军。2021年4月，石智勇获得亚洲举重锦标赛暨东京奥运会资格赛男子73公斤级冠军。2021年7月28日，石智勇夺得2020年东京奥运会举重男子73公斤级金牌，并打破世界记录。9月22日，在第十四届全运会男子举重73公斤级比赛中，石智勇在挺举比赛中举起195公斤，以总成绩365公斤打破他自己创造的全国纪录并超世界纪录，夺得冠军。

图3-9　石智勇

2021年7月28日晚，在东京奥运会举重男子73公斤级决赛中，中国选手石智勇表现神勇，以364公斤的总成绩，刷新了自己此前创造的世界纪录夺得冠军，帮助中国体育代表团霸气地拿下了第12枚金牌。5年前在里约奥运会男子举重69公斤级夺得金牌后，石智勇在世界范围内“一路称雄”。2018 年，经过世界举联对级别的调整，很多男子 69 公斤级选手选择升级为 73 公斤级，石智勇也是其中之一。随着级别的增大，“升级”后的石智勇在赛场遇到了来自欧洲劲旅的挑战，但这并没有影响他继续在世界赛场上的王者地位。在 2018 年 11 月举办的世界举重锦标赛上，他以抓举 164 公斤、挺举 196 公斤、总成绩 360 公斤夺得冠军，同时也改写了抓举、挺举和总成绩 3 项世界纪录。之后的比赛中，无人能敌的石智勇目标只有一个，那就是超越自己。仅 2019 年，石智勇就 5 次改写男子 73 公斤级举重的世界纪录。东京奥运会赛前，石智勇表示，经历了 5 年的备战，这次他要将积蓄的所有力量释放出来。[①] 他也成为继占旭刚、陈艳青之后，第三位连续两届获得奥运会金牌的中国举重运动员，这将载入

图 3－10　石智勇

① 陈博文.“石”破天惊！石智勇打破举重世界纪录.西安：陕西日报，2021－07－09(9).

中国举重史册。

（二）亮点分析

1. 为举重而生

石智勇，原名石磊，1993 年 10 月 10 日出生于广西桂林五通镇的一个普通农民家庭，五通镇是中国著名的举重之乡，物华天宝，人杰地灵，一个人口仅几万人的小镇，却出了 2 位奥运会举重冠军，一个是 1996 年亚特兰大奥运会的唐灵生（他的经典画面是奥运会上举起 3 倍体重的杠铃，坚持了 12 秒），另一个就是 2016 年里约奥运会的石智勇，而且，他和同为世锦赛冠军的唐德尚也是老乡。

石智勇从 6 岁起就学会了干农活，从小身体素质极好，上小学时，前后有三位举重教练都选中过他，启蒙教练肖双贵曾三顾茅庐，才说服了他的父母，同意他练举重，好像他就是为举重而生的。

2005 年，石智勇去市体校试训没有被选上，原本以为举重生涯就此终结，但没想到的是，正好宁波体校的教练李东瑜回广西老家探亲时，又看上了 11 岁的石智勇，觉得他的协调性，爆发力都很好，就叫他跟自己去宁波继续练习举重。

李东瑜觉得他名字中石头太多，人显得木讷，还帮他改了名字，叫石智勇，就是智勇双全的意思，没想到和雅典奥运会冠军石智勇重名。

改名之后，石智勇的举重生涯也好像开始起飞了。

到了宁波训练馆，教练李东瑜特别关注石智勇，喜欢他不服输的个性，觉得他很有上进心，训练完后喜欢给他"开小灶"，磨炼技术，让石智勇很快便从同龄人中脱颖而出。仅仅一年，石智勇就已经能超过浙江省冠军的成绩，在一次全国比赛中获得了冠军。

2008 年，石智勇被选入浙江省队，之后又被分到了占旭刚一组，成了重点培养对象。

2011 年，石智勇在全国举重锦标赛上冒尖，随后职业生涯开始一帆风顺。

2012 年，石智勇在亚洲锦标赛上首次获得冠军，在 69 公斤级比赛中他以 144/180 公斤的成绩夺冠。

2013 年底，国家男子举重队浙江组入驻宁波市重竞技训练基地，整合省市力量保障石智勇。中国举重队的队员个个身体素质都极佳，有一组测试数据证明：举重能给人带来超强的爆发力和弹跳力，虽然石智勇身高才 1.6 米，但可以跳过 1.50 米的垫子，立定跳远达 3.1 米，还能轻松跳起抓篮筐。

2. 里约奥运会举重冠军

2014 年，在长沙进行的亚运会选拔赛上，石智勇尽管顺利拿到了冠军，但随后的伤病却让他亚运会和世锦赛都没法参加，这让石智勇第一次感受到了竞技的残酷，对他打击非常大，还好石智勇不是一个喜欢钻“牛角尖”的人，在大家的开导下，他很快便走出了伤病的阴影。

2015 年 4 月，在里约奥运会选拔赛上，石智勇以 2 公斤之差输给奥运冠军廖辉，成了廖辉的替补，但廖辉因膝盖受伤，无法保证系统训练，从而宣布退役，所以，69 公斤级的参赛人选就落在了石智勇的身上。

2015 年 11 月 24 日，在美国休斯顿进行的世界举重锦标赛中，石智勇以抓举 158 公斤，挺举 190 公斤和总成绩 348 公斤夺得男子 69 公斤级举重冠军。

2016 年 8 月 9 日，在巴西里约奥运会上，石智勇以抓举 162 公斤，挺举 190 公斤，总成绩 352 公斤。成为 69 公斤级奥运会举重冠军。

3. 欲破世界纪录，卫冕奥运会举重金牌

小石智勇曾经说过：“和世界冠军重名，我也必须是世界冠军，”他是这么说的，也是这么做的，随着自己的比赛成绩越来越出色，他也越比越自信，而且屡屡打破世界纪录，霸气十足！

2018 年 11 月，在举重世锦赛 73 公斤级的较量中，石智勇以抓举 164 公斤、挺举 196 公斤、总成绩 360 公斤包揽三冠，同时打破了抓举、挺举和总成绩的世界纪录！

2019 年，在亚洲举重锦标赛和东京奥运会资格赛上，石智勇以抓举 168 公斤、挺举 194 公斤、总成绩 362 公斤，摘下这个级别的抓举、挺举和总成绩冠军，并打破抓举和总成绩的世界纪录。

在即将开始的东京奥运会男子 73 公斤举重比赛上，夺冠大热门石智勇欲以打破世界纪录，卫冕奥运会举重金牌。

但东京奥运会也不是他的终点站，他说要坚持到 2024 年的巴黎奥运会。"为什么有这么大动力？因为身边有这样的榜样，2020 年东京奥运会，吕小军 36 岁了，所以，2024 年我也才 32 岁，一点问题都没有，新时代的运动员，30 岁可以是巅峰，我相信我也可以！"①

石智勇对举重有一片赤诚之心，并愿意为之付出最大的努力。尽管在 2019 年一整年不间断的比赛过后，石智勇在冬训有些"伤痕累累"，一度无法保持系统训练。但好在从里约奥运周期就开始接触并认真贯彻体能训练，石智勇这个"螃蟹"一直吃到现在都有滋有味。"现在还在缓慢地恢复中，速度有点像绿皮火车。就像每次比赛拿完冠军我都说要一切从零开始，这次也一样。在奥运年，我要找到那种当小队员时的拼劲，不忘初心全力以赴"。② "石"至名归，智勇双全。这是无悔拼搏的青春，这是势不可挡的崛起，这是令人敬畏的"中国力量"！

参考文献：

[1] 陈博文."石"破天惊！石智勇打破举重世界纪录[N]. 西安：陕西日报，2021-07-09(9).

① 石智勇. 为举重而生，欲破世界纪录，卫冕奥运会举重金牌. 搜狐网. 2023-03-07.

② 石智勇. 奥运年找回赤诚勇敢的心. 新浪网. 2020-03-20.

[2] 石智勇:为举重而生,欲破世界纪录,卫冕奥运会举重金牌. 搜狐网. 2023-03-07.

[3] 石智勇:奥运年找回赤诚勇敢的心. 新浪网. 2020-03-20.

十、宁海葛家村:艺术点亮乡村

(一) 基本情况

葛家村是宁海县一个偏远的小山村,离宁海县城30多公里,发展滞后。在2019年之前,算是一个名不见经传的偏远小山村,虽然有着1200多年历史,但没特色、没优势、没潜力,是地地道道的典型"三无"村。

2019年以来,宁海县启动实施了"艺术振兴乡村"行动,葛家村作为主要试点村。[①] 中国人民大学丛志强教授团队来到葛家村,带领指导村级组织和村民开展艺术振兴乡村工作,推动艺术设计与农村生产生活需求、乡村治理机制创新和产业振兴高度融合,该村成为远近闻名的艺术村、"网红村"。村庄成功创建3A级景区,并入选全国乡村旅游重点村、省美丽宜居示范村。

2020年,葛家村培育了138名本土乡建艺术家,成立"艺术振兴乡村农民讲习堂",13名农民成为第一批农民讲师,他们受邀走进其他村庄,走上中国人民大学讲台、"百名第一书记"讲座,用所做、所想来改变村民观念,激发村民振兴乡村的内生动力。此举不仅带动周边村庄兴起艺术乡建行动,连片打造"乡村艺术谷",更有全县20个村庄参照开展艺术振兴乡村。该村还成立"西行葛家军",跨越千里山海,以村民帮村、村民帮村民的形式,远赴贵州晴隆开展"同走艺术

① 共同富裕看浙里 | 宁海葛家村:百年老宅变新潮——人人都是"艺术家". https://sdxw.iqilu.com/share/YS0yMS03OTc2Nzg5.html. 2021-07-14.

振兴乡村路"结对帮扶，转变村民思想、艺术改造家园、赋能乡村振兴，帮助他们决胜脱贫攻坚、共奔乡村振兴路。

2020年，葛家村入选浙江省3A级景区村庄、第二批全国乡村旅游重点村，村集体收入也从2019年的12万元增长到2020年的35万元，2021年有望突破50万元。2020年，该村旅游人数超过8万人次，旅游收入超过500万元。目前，村里有农家乐11家、民宿20家，较2019年增收250万元，增长40%以上，吸引了很多外地乡贤回乡创业投资。

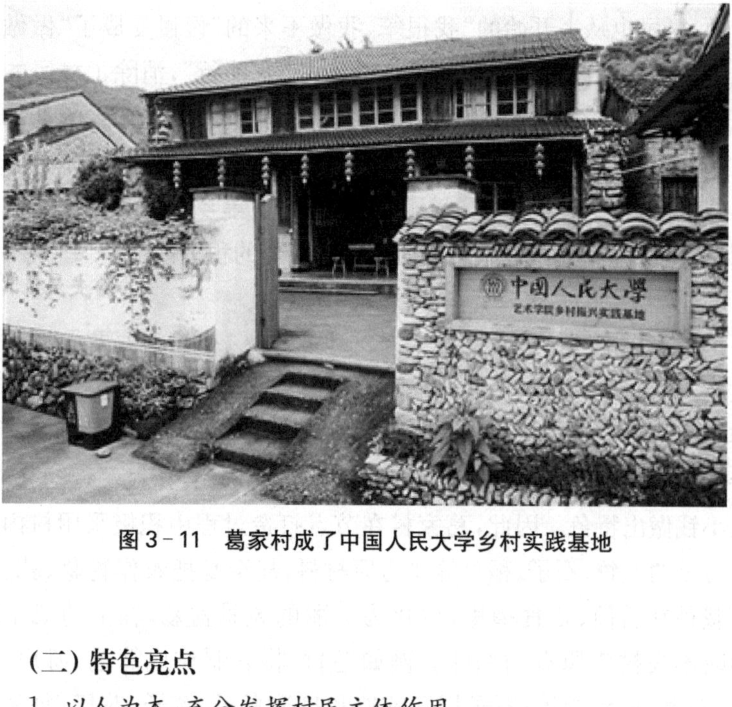

图3-11　葛家村成了中国人民大学乡村实践基地

(二) 特色亮点

1. 以人为本，充分发挥村民主体作用

设计激发村民内生动力是以"人"的提升为核心，赋能给村民。大佳何镇通过开设了艺术技能培训班，发动妇女、儿童、手工匠人踊跃参与，只要有一技之长，劈竹、缝纫、砌石、画画、包饺子、和面的都可以成为艺术家。尤其是每个节点的打造，从选点、设计再到施工、建造，都由村民全程参与完成，通过驻村艺术家的启发和引导，学会用新的角度去认识自己生活的乡村，用新的审美去大胆设计，用自己的手艺去艺术创造，成为各自领域的艺术家。例如村民葛运大以连绵起伏的山为造型，用石头和竹子制作成纳凉的桌椅，成为村庄客厅。村民叶仙绒用家里三代人的书法、自己的手工以及老家具、老式收音机、朱金漆木雕等，成立了村中第一个家庭美术馆，传承文化的同时也成为村中一处亮丽的景点。如果没有艺术团队的挖掘，这些珍贵物品将一直蒙尘。通过艺术家团队与村民的深度融合和手把手指导，村民也从一开始的“我很笨，我做不来的”慢慢变成了“做做试试”“挺有意思”，到后期的积极主动参与“我能行”，消除了村民的顾虑和排斥心态，调动和激活村民的主观能动性。投身艺术活动的村民人数也呈指数型增长，年龄跨度小至 10 岁，大至 79 岁。举办第一届艺术节，评选出竹木匠、粉刷匠、家庭妇女等乡村艺术家 24 位，肯定村民创作的同时，也激发他们内生式创作的积极性。

2. 就地取材，大幅降低艺术创建成本

葛家村一开始最大的疑虑是艺术家来了，是不是要花大钱大拆大建，然后买一批现代设计堆在村庄角落，或者请广告公司完成制作。从教授打消疑虑，设计团队坚持就地取材，充分挖掘村庄里面的特色和资源，特色、易得、低成本的材料多元利用，让村民行动起来，花小钱做出特色。因此，葛家村在节点打造过程中积极采用村内随处可见的毛竹、石子、稻草等作为原材料，甚至是把农作物葱、蒜、韭菜栽种在竹筒、猪食槽里，也化为美丽的风景盆栽，在节约成本的同时不失村庄原有的韵味。例如毛竹，将它制作成篱笆、窗户、椅子、花盆、风铃等等；石子用于铺地和打造桌子、椅子、花坛；每家每户不要的布匹制作成娃娃、布画、门帘等等。除去一些花木采购和帮工成本外，基本没有其他开支，真正的花小钱办大事，不给村集体造成负担。

3. 留住乡愁,显著提升和谐文明乡风

丛教授在保留现有村容村貌的基础上,充分挖掘乡愁元素,以时光的记忆凝聚村民的共识,带领村民共同将曾经环境整治“钉子户”中的老房子、残墙断垣、脏乱庭院等,通过艺术改造,焕发生机和美丽,例如将葛家桂花王所在的破败院子改造成“桂王院”,提升环境的同时保留乡愁记忆;例如丛教授团队在葛家村村边800亩桂花林中选定部分区域,打造“儿童—家庭”式的旅游区块,内置商业、娱乐、休闲、研学等模块;例如四君子院、和美苑、玉兰王院等,均遗留了很多邻里矛盾,通过艺术打造、干部牵线,化解了多年矛盾,邻里间通过共同打造美丽庭院,显著提升了乡风文明、和谐。

4. 业态融合,持续拓宽振兴致富之路

业态融合是村民享受艺术振兴乡村红利的关键,也是可持续的必然。葛家村在丛教授的指导下,热火朝天地发生着改变,但也产生了新的疑虑,设计师来了,乡村热闹非凡;设计师走了,乡村会不会又回到从前。两期的艺术驻村,启蒙了村民将美学融入到村庄美化、庭院打造、产品设计,甚至日常生活中,在丛教授团队离开后,部分村民一直在持续创作,村民袁小仙设计制作了布玩具70多个,毛竹用品10余种,已开始被游客购买,村民自豪地当起了乡村艺术品掌柜。葛家村已成为周边人们周末休闲旅游的好去处,吉林、上海等地游客慕名前来,带动了村庄民宿、农产品、服务等产业发展,提高村民经济收入,目前,葛家村共有葛家之光、嬉乐园等休闲共享空间24余处,巾帼画院、仙绒美术馆等业态空间23余处,带动26家乡村民宿营业,民宿入住率为去年同期的三倍,桂语7号的自我设计制作的手工艺品深受游客喜爱,让村民切实享受到艺术振兴乡村带来的环境提升和改革红利。

(三) 经验启示

1. 艺术助推乡村振兴要理论与实践相结合

宁海县葛家村可以说是一夜爆红。2019年4月,中国人民大学艺术学院副院长丛志强带领团队来到葛家村，按照宁海县实施艺术振兴乡村的行动部署，开展了艺术与乡村融合的社会实践活动。从教授带领团队刚到宁海时，县里准备安排他们到条件比较好的村里去，但他们谢绝了，主动选择了距离县城较远、交通不太方便、经济条件不好的葛家村。他们刚到村里时，先由村干部召集村民来听课。他们特意设计了 ppt，讲理念，说案例，介绍其他地方村庄的成功案例。但村民不理解、不愿听，最后就是不来听。甚至有人怀疑丛教授是来骗钱的，讲几堂课拿了钱就走了。从教授马上发现问题，改变做法，放下 PPT，改先讲后做为先做后讲、边做边讲、边讲边做，团队和村民一起动脑筋、想办法、搞建设，以融合设计的理念，就地取材、因地制宜，花最少的钱，办最多的事。并且在设计和建设的过程中，充分听取和吸收村民的意见，甚至是完全反对的意见。正是凭着真心真才真干，他们很快就融入村民的生产生活，得到了村民的理解和接纳，也得到了镇里和县里的充分认可和大力支持。不仅设计打造出了千年画廊、玉兰王院、仙绒美术馆、桂知苑等 40 多个共享艺术空间，改变了村容村貌，还培养出了许多村民艺术家，提升了村民的艺术素养和创造能力，打开了村民身边的艺术殿堂之门，使葛家村成为以融合设计开启艺术振兴乡村模式的发源地。从教授团队的理念和实践能够实现，并得到村里和上级的认可和支持，正是符合了村庄当前的发展实际、顺应了村民对美好生活的需求。

2. 艺术助推乡村振兴要艺术回归于生活

首先艺术能带来美，更能走进村民的心田，以艺术为支点，让村民发现美、创造美，以美为善、以善为美，从而促进乡村文化文明。文创、文旅等全面振兴，是个很好的创新，也是推动当前农村新一轮发展的良好途径。艺术具有启蒙的作用，它本身就存在于民间，而且老百姓本身就有许多艺术细胞，农村本来就有很深的艺术根基。在原来艺术就是这样，原来我也可以做，而且能做得更好这种全新的认识下，葛家村的村民参与的热情高涨，主动性创造性得到充分的发挥，潜在的艺术细胞被充分地激活，于是在他们手中，竹子、木头、鹅卵石，以及各种布料的边角料等，都可以变成竹帘、竹灯、凉亭、花园、布娃娃、玩偶等艺术。其次艺术不仅能够走进村民的心田，更能打开村民的心灵。现在村民物质生活条件好了，对精神文化生活有着更高的要求。物质的改变，村容村貌的改变，触发也促进了村民精神面貌的改变，在村庄面貌改变的同时，村民的精神世界也换了样子。邻里关系更融洽，和谐氛围更浓了。有的村民主动拆除与邻居家的院墙，使庭院景观相互贯通；有的邻里间摒弃十多年的前嫌，重归于好，互相取长补短，改造相邻的庭院。家家户户自己动手设计村庄、改造庭院、美化家庭，村民乱扔垃圾的现象也基本没有了。村里的凝聚力更强、向心力更足了。原本破破烂烂的角角落落，村里要改造成小公园，涉及的村民全部同意，拿出自家的宅基地，提供给村里使用。再次艺术不仅能打开村民的心灵，更能把美好的东西呈现出来。乡村振兴，很重要的一条是要激发村民的内生动力，唤醒村民的聪明才智。在两期项目的实施过程中，丛教授团队让艺术与乡村碰撞融合，点燃了村民的激情，激发了村民设计乡村、建设乡村的内生动力，使整个村庄迸发出前所未有的活力，唤醒了沉睡的自然资源和文化资本。这种内生动力一旦爆发，就像火山喷发一样，产生巨大的能量，家家户户、男女老少齐动员、齐上阵、齐干活，改造村主，美化家园，扮靓生活。这不仅提升了乡村的品位，也让班子精诚团结，干群关系和睦，群众获得感和幸福感骤升。

3. 艺术助推乡村振兴要发挥村民的主体作用

农村是农民的，村民才是实施乡村振兴的主体。艺术助推振兴要着力于播种子，致力于唤醒村民的艺术基因，激发起村民的内生动力，把农民群众的积极性、主动性、创造性充分调动起来。变“群众在边上看”为“群众主动干”。要努力破解以往干部干、群众看，政府大包大揽的现象，将艺术设计与农村生产、农民生活相融合，把艺术设计创造做到关系村民直接利益的项目中来，既让村民看得到、学得会、做得来,也让艺术成果留下来、用起来、维护好。要从小事情做起、具体事情做起、群众身边事情做起,让大家看到:有钱的村可以做,没有钱的村也可以做;有钱的村民可以做,没有钱的村民也可以做。正是这样齐心协力、踏踏实实的努力,才使得葛家村从来没有像现在这么被关注过,老百姓也从来没有像今天这么开心过。其实,艺术家进村并不是稀罕事,但过去主要的做法是给乡村做规划搞设计,并开展一些培训,村民参与度比较低,大多是被动型的。而丛教授团队走进葛家村,一开始就是让村民成为主角,变被动为主动,把艺术真正地植入村庄和村民之中,真正地使他们发挥作用,去追求艺术的美,去追求生活的浪漫。设计团队是点拨者,是启发人,通过设计和艺术,把乡村内在的美和文化挖掘出来,赋予其崭新的样式,体现村庄的特色,再呈现给村民、呈现给社会。这样,即便艺术家离开后,村民仍旧会有生生不息的创造力,村庄仍然会有延绵不断的生机和活力。

参考文献:

[1] 大佳何镇:融合“绿水青山就是金山银山”理念,探索艺术振兴乡村之路[EB/OL]. https://www.thepaper.cn/newsDetail_forward_8729944. 2020-8-14.

[2] 李正平. 创意点亮乡村艺术助推振兴宁海县葛家村“爆红”现象探析[J]. 宁波通讯,2019,(23):71-73.

第四章

民生幸福的和谐之城

一、宁波：十二次蝉联中国最具幸福感城市

（一）基本情况

2021年12月30日，中国幸福城市论坛在北京举行，宁波市获得最具幸福感城市（省会及计划单列市）第三名。这是宁波第12次入选中国最具幸福感城市。鄞州、余姚、慈溪3个区县（市）同时入选“中国最具幸福感城市”（县级市、城区）。

“中国最具幸福感城市”调查推选活动由新华社《瞭望东方周刊》、瞭望智库共同主办，是目前中国极具影响力和公信力的城市调查推选活动。调查推选活动以“百年红、幸福城”为主题，集中展现城市以人民为中心、推动高质量发展的成就。根据2019年推出的《基于大数据的城市幸福感指标体系》，对照就业指数、居民收入指数、生活品质指数、生态环境指数、城市吸引力指数、公共安全指数、教育指数、交通指数、医疗健康指数9个一级指标以及上百个二级细分指标进行推选。

经过大数据采集、问卷调查、材料申报、实地调研、专家评审等环节的严格遴选，成都、杭州、宁波、长沙、武汉、南京、青岛、贵阳、西宁、哈尔滨10座城市被推选为“2021中国最具幸福感城市”（省会及计划

图 4-1

单列市）。

瞭望周刊社党委书记、总编辑冯瑛冰在解读《2021 中国城市幸福感报告》中强调指出，“以席地而坐为抓手，宁波全面打造‘最干净城市’，让城市的每一个角落都整洁有序，用一针针‘绣花’功夫，绣出和谐宜居的‘城市画卷’”。

宁波市深入践行以人民为中心的发展思想，坚持“人民城市人民建、人民城市为人民”，努力把城市建美、把服务创优、把管理抓细，让工作生活在这里和来到这里的人们，有更充盈的幸福感、更实在的获得感。在宁波，创新创业者是幸福的。宁波为创新创业者搭好“大舞台”，当好“店小二”，基本建成“掌上办公之市”“掌上办事之市”“无证件（证明）办事之城”，人才净流入率连续居全国城市前列。在宁波，生活居住的人们是幸福的。宁波聚焦人民群众对美好生活的向往，持续办好民生实事，积极培育七张“浙里甬有”幸福民生品牌。在宁波，考察者、旅游者是幸福的。宁波拥江、揽湖、滨海，近年来推进“精品线路”“特色街区”“亮点工程”创建，着力打造出民生幸福的旅游线、生态线、致富线。

（二）亮点分析

1. 在宁波，创新创业者是幸福的

宁波作为中国营商环境标杆城市，积极推动产业数字化、产业基础高级化建设，为创新创业者搭好“大舞台”。致力于建设中国—中东欧国家经贸合作示范区、浙江自贸区宁波片区，加快打造全球新材料科创高地、全国工业互联网科创高地、全国关键核心基础件科创高地和长三角创新创业生态最优区，加快推进“246”万千亿级产业集群的培育和标志性产业链的打造，建成了市级以上众创空间 91 家、科技企业孵化器 32 家。

同时，宁波为创新创业者当好“店小二”。在数字化改革浪潮的推动下，宁波聚焦市场化、法治化、国际化营商环境，深入推进开放揽才、产业聚智，积极为创新创业者清障搭台，打造“宁波五优、人才无忧”服务品牌，做到政策优待、创业优助、权益优护、子女优学、安居优享，打消了创新创业者的后顾之忧，还为创新创业者开辟更加高效便捷的绿色通道，“掌上办公之市”“掌上办事之市”“无证件（证明）办事之城”已基本建成。据最新数据统计，宁波已拥有国家级制造业单项冠军 63 个、上市企业 126 家、市场主体 120 万户，平均每天新产生 270 多位创新创业者。

2. 在宁波，生活居住的人们是幸福的

为满足人们对美好生活的向往，宁波市积极推进民生工程建设项目，打造七张“浙里甬有”幸福民生品牌。其一，“甬有善育”。快节奏的生活及高强度的工作给年轻人带来沉重的压力。为缓解生育率低与年轻人压力大之间的矛盾,宁波让群众家门口的幼托机构更加普及普惠,同时完善公共场所的母婴室建设等。其二,“甬有优学”,宁波加强对每一所学校的管理,提升教育条件保障水平和教育公平,注重义务段学校课后服务100%全覆盖。其三,“甬有健康”,攻坚“医学高峰”、振兴“甬派中医”,给广大市民带来优质医疗服务,提供先进医疗器械,打造高水平医疗团队。推动全民健身蓬勃兴起,在东京奥运会上,宁波运动员获得5块金牌,居全国城市之首。其四,“甬有颐养”,宁波已连续14年将养老服务列入民生实事,接近160万老年人享受到了城市“适老化”的改造福利。其五,“甬有安居”,房价的断层式上涨已严重影响人们的生活幸福感,为落实房住不炒政策以及改善民生,宁波积极完善住房保障体系,严格调控房价,加强对老旧小区进行改造,据统计,宁波市人均住房面积居全国第四位。其六,“甬有保障”,宁波在各方面率先推出200多项保险创新项目,极大提高了社会保障水平。其七,“甬有温暖”,打响“尚德甬城·爱心宁波”品牌,涌现了111位“中国好人”、288位“浙江好人”。

3. 在宁波,考察者、旅游者是幸福的

宁波拥江、揽湖、滨海,拥有2个5A级景区、35个4A级景区,空气质量优良率96.1%,居全国城市前列。宁波推进“精品线路”“特色街区”“亮点工程”创建,着力打造民生幸福的旅游线、生态线、致富线。无论是“书藏古今”的书香味,还是临海荡来的海鲜味,或者是街边吹来的文明风,都给予外来旅客以幸福滋味。宁波拥有着1200年的建城史,文化积淀深厚、文脉悠久绵长,“浙江书展”、“书香宁波日”都成为广大读书爱好者的盛大节日,在一定程度上推动了宁波的精神文明建设。宁波已连续6次夺得全国文明城市,拥有215万志愿者、1.4万个志愿团队,时时处处闪耀着爱心与道德之光。同时,作为沿海城市,宁波的8300多平方公里海域,600多座岛屿,1600多公里海岸线,为旅客带来了大自然最新鲜的馈赠。

(三) 经验启示

习近平总书记指出,让人民生活幸福是"国之大者"。宁波市始终坚持以人民为中心,深入贯彻以人为本原则,坚持"人民城市人民建、人民城市为人民",努力创建美丽城市、打造优质服务、落实各方面管理,使人民群众真正提升幸福感、收获满足感、充盈获得感。

1. 坚持用新发展理念引领

新发展理念是管全局、管根本、管长远的导向,具有战略性、纲领性、引领性,是高水平建成全面小康社会的行动指南。宁波始终坚持用新发展理念统领高水平全面小康全局,学习贯彻习近平总书记在考察浙江、宁波的重要讲话精神,不断深化对新发展理念的理解,自觉将其发展融入国家的发展战略。深刻把握以国内大循环为主体的现实基础和内涵要求,深刻把握国内国际双循环相互促进的历史必然性和现实路径,找准宁波在全国构建新发展格局中的定位,加快锻造硬核力量,牢固树立"创新是引领发展的第一动力"思想,唱好"双城记"、当好模范生,推动现代化滨海大都市建设。

2. 坚持推动制造业高质量发展

习近平总书记多次强调制造业的重要作用与地位,要求着力打造国家重要先进制造业的高地。宁波是全国七大石化产业基地、四大家电生产基地、三大服装生产基地。始终树立长远眼光、保持战略定力,坚持以新发展理念引领制造业高质量发展,加快建设全球先进制造业基地,为"两手都要硬、两战都要赢"注入强劲动力,为"两个高水平"建设提供强大支撑。① 同时根据当下国内国际发展形势,积极应对风险挑战,把握发展机遇,加快先进制造业和现代服务业、工业化和信息化的融合,全面推进"246"万千亿级产业集群建设行动、

① 中国日报网. 以新发展理念引领高质量发展　宁波科元控股集团荣膺浙江省制造业两项大奖. https://zj.chinadaily.com.cn/a/202003/17/WS5e705fc2a3107b-b6b57a701e.html 2020-03-17/2022-01-24.

“225”外贸双万亿行动、“3433”服务业倍增发展行动和“4566”乡村产业振兴行动。保持全市工业经济平稳健康发展,实现宁波制造业的高质量发展走在全国前列。

3. 坚持以人民为中心的发展思想

以人民为中心是高水平全面建成小康社会的价值追求。一直以来,宁波始终推崇人本思想,树立以人民为中心的发展理念,无论在哪个领域的建设,都致力于推动城市的发展更加亲民、便民和惠民。树立“群众的事再小也是大事”的理念,把群众需求当考题,统筹推进幼有所育、学有所教、劳有所得、病有所医、老有所养、住有所居、弱有所扶,始终把群众欢不欢迎、满不满意、认不认可作为重要标尺来衡量,坚持民生实事共商、坚持文明城市共创、坚持和谐平安共治,画好共建共享同心圆,谱好惠民利民协奏曲,用实实在在的行动回应人民群众对美好生活的殷切期待,老百姓的获得感、幸福感、安全感与日俱增,这是宁波连续12年获评中国最具幸福感城市的“核心密码”。

4. 坚持科学谋划与统筹推进

按照到2025年、2035年“两阶段目标安排”,宁波立足新发展阶段,坚持“人民至上、全面全民、共建共享”理念,对标“生活富裕富足、精神自信自强、环境宜居宜业、社会和谐和睦、公共服务普及普惠”要求,[①]统筹推进各方面建设。深化城乡资源要素一体化配置体制改革,加快乡村振兴发展。大力开展精准扶贫,扎实推进东西部扶贫协作,加大资金支持、产业合作、消费扶贫和社会帮扶力度,创新城市特困群体帮扶机制,为城市贫困户提供全方位的援助。推进轨道交通、城市快速路建设和老旧小区改造、城中村建设,推行垃圾分类,深化

① 中国宁波网. 宁波高质量发展建设共同富裕先行市行动计划(2021—2025年). http://www.cnnb.com.cn/xinwen/system/2021/08/18/030280240.shtml. 2021-08-18/2022-01-24.

文明城市创建，教育公平、健康保障能力、社会治安水平等处在全国城市前列，群众幸福感稳步提升。

5. 坚持改革开放融入“一带一路”

宁波改革开放展现新活力。纵深推进“最多跑一次”改革，推进127项国家和省级重大改革试点，“跑零次”可办事项达99%，推出一系列宁波成果、宁波样板。据2019年度浙江省全面深化改革获得感评估报告，宁波市“最多跑一次”实现率95.0%、满意率97.8%，均居浙江省第一。[①] 宁波作为港口城市，坐拥年货物吞吐量超11亿吨的舟山港，积极打造“一带一路”枢纽，在人文、科研、产业经济等领域同各沿路国家相交密切，竭力为“一带一路”建设打造重要支撑点。同时，随着数字化改革的纵深推进，作为全国首个“一带一路”建设综合试验区，宁波科学谋划、统筹推进、系统实施，聚焦重点工程，积极推进数字口岸一体化建设，不断提升口岸开放和便利化水平。狠抓工程项目，自觉承担起为“一带一路”建设探路的重任。

参考文献：

[1] 宁波：争当浙江建设“重要窗口”的模范生[N]. 浙江日报. 2020-05-22.

[2] 宁波第12次荣膺“中国最具幸福感城市”[N]. 宁波日报. 2021-12-31.

[3] 中国日报网. 以新发展理念引领高质量发展　宁波科元控股集团荣膺浙江省制造业两项大奖[EB/OL]. https://zj.chinadaily.com.cn/a/202003/17/WS5e705fc2a3107bb6b57a701e.html 2020-03-17/2022-01-24.

[4] 中国宁波网. 宁波高质量发展建设共同富裕先行市行动计划(2021—2025年)[EB/OL]. http://www.cnnb.com.cn/xinwen/system/2021/08/18/030280240.shtml. 2021-08-18/2022-01-24.

[5] 澎湃新闻网. 宁波市政府工作报告(全文)[EB/OL]. https://www.thepaper.cn/newsDetail_forward_11471580. 2021-02-26/2022-01-28.

① 宁波：争当浙江建设“重要窗口”的模范生. 浙江：浙江日报，2020-05-22.

二、幼有优育:宁波跑出加速度

(一) 基本情况

2012年起,教育部在全国范围内组织开展全国学前教育宣传月活动,活动时间为每年的5月20日至6月20日。2021年,全国学前教育宣传月的主题是:砥砺十年,奠基未来。

办好学前教育,国家高度重视,有着坚强决心。早在2010年,《国家中长期教育改革和发展规划纲要(2010—2020年)》首次明确提出,要积极发展学前教育。之后十年,《国务院关于当前发展学前教育的若干意见》和《中共中央国务院关于学前教育深化改革规范发展的若干意见》两个"国字头"文件,以及连续三轮学前教育行动计划的相继发布,更是步步发力,推动着我国学前教育向着普及普惠安全优质发展,实现实质性跨越。

多年来,宁波始终坚持把学前教育摆在优先发展的重要位置,全方位实施学前教育行动计划,新(改、扩)建乡镇中心幼儿园,扩大学前教育资源总量;加大财政性经费投入总量和完善经费保障机制,改善学前教育的保障条件;提高教师工资待遇和加强在职培训,提升幼儿教师队伍整体素质;大力扶持和规范管理,提高学前教育资源标准化和优质化比例。现今,宁波已基本建成覆盖城乡、合理、公益普惠、优质均衡、监管完善的学前教育公共服务体系。

十年事业发展的数据,足以证明宁波对学前教育财政性经费持续投入力度之大。2011年,全大市财政性学前教育经费投入8.46亿元,2020年全大市投入32.52亿元。各区县(市)财政投入逐年提高,到2020年,各区县(市)财政性学前教育经费占财政性教育投入的比例均达到8%以上,70%的区县(市)达到了10%以上。自2011年,宁波市教育局制发《宁波市市级学前教育专项经费使用管理办法》以来，市级学前教育专项经费逐年稳步递增，由 2011 年的 3000 万增加到 1 个亿，主要用于公办幼儿园和普惠性民办幼儿园学位保障补助、普惠性幼儿园生均经费补助、幼儿园办学环境和等级提升奖补、非编教师收入及师训经费补助、幼儿园课程改革及教科研活动经费等。

十年前行，宁波学前教育从“幼有所育”迈向“幼有优育”，用砥砺奋进的精神，书写学前教育时代新答卷，展望未来，脚步铿锵，宁波仍将继续以“模范生”的姿态，向学前教育改革发展的下一个十年，再出发！

2021 年，《中共宁波市委　宁波市人民政府关于学前教育深化改革规范发展的实施意见》出台，在管理体制方面，做出具体部署，明确各区县(市)政府承担推动辖区内学前教育发展的主体责任和管理指导责任。

宁波大力扩展学前教育资源总量，加大学前教育基础建设的投入，将幼儿园新建、改建、扩建项目列入市政府民生实事项目，实实在在地将学前教育这桩“民生小事”摆在宁波教育发展的“头等大事”位置上。

图 4 - 2

(二)亮点分析

学前教育作为最重要的社会公共服务事业之一,直接关系到千家万户最直接、最现实的利益。未来五年,宁波市将逐步实施“甬有善育”行动,通过构建生育友好的政策体系,促进普惠托育服务发展,实施新一轮学前教育行动计划等措施,不断强化市民的获得感、幸福感和安全感。

1. 构建生育友好的政策体系

开放“三胎”政策以来,宁波市积极响应国家政策,立足于本市实际情形,大力推广实施一对夫妻可以生育三个子女政策。同时,积极深化生育政策和相关经济社会政策之间的配套衔接,努力降低普通家庭的生育、养育和教育成本,确保适龄婚育家庭能够生得出、生得起、生得好,构建新型生育友好城市。

主要从降成本、保权益、多给假三个方面入手,切实推动落实“三胎”政策。其一,降低育龄家庭的生育成本。随着“三胎”政策的实施,延续多年的社会抚养费,即人们口中的“超生费”已不合时宜。因此,宁波市率先放弃了社会抚养费的征收,清理和废止了相关处罚规定,同时,依照国家医保局的要求,明确将参保女职工生育三孩的费用逐步纳入到生育保险待遇支付范畴,给予未参保女性适当的经济补助,以降低其生育成本。其二,积极推动政策完善。努力加强生育妇女就业、工资待遇等方面的权利保障,推动将妇女职业维权纳入法律援助重点关注对象,探索开通生育妇女劳动争议仲裁绿色通道,为其提供法律援助。逐步建立母婴设施配套机制,在建筑面积 5000 平方米以上或日人流量超过 5000 人的公共场所全面推广设置母婴室,为母婴提供良好的社会环境,切实保障生育妇女和幼龄儿童的身体健康与合法权益。其三,延长产假,设立护理假。除了经济因素以外,耗费时间长、陪伴孩子时间少也是影响年轻人生育欲望的一个重要因素,因此,宁波市积极贯彻《浙江省人口与计划生育条例(第四次修订)》,在享受国家规定产假基础上,一孩延长产假六十天,总计158天,二孩、三孩延长产假九十天,总计188天;同时,男方也享有十五天的护理假,而且在子女三周岁内,夫妻双方每年各享受十天的育儿假。这无疑能够在生育阶段提高男性参与度,亦能给予妈妈更多的支持与帮助。

2. 促进普惠托育服务发展

为有效对接"三胎"政策的落地,促进学前教育的有序发展,中共中央、国务院在2021年7月20日联合发布了《关于优化生育政策促进人口长期均衡发展的决定》(以下简称《决定》),《决定》指出,我国将大力发展普惠托育服务,到2025年每千人口拥有3岁以下婴幼儿托位数将由目前的1.8个提高到4.5个。在宁波,随着托育服务不断深入推进,这一"民心工程"受到越来越多家长的交口称赞。宁波市共有各类机构托位24736个,千人托位数为2.63个,高于全国平均水平,但离2025年目标还相差较远。据市卫健委党委委员、副主任陈月芳介绍,为了进一步解决老百姓的托育问题,下一步宁波市将实施"十四五"公办托育服务能力建设项目和普惠托育服务专项行动,扩大预算内投资,支持社会力量发展社区托育服务设施和综合托育服务机构。鼓励有条件的用人单位在工作场所为职工提供托育服务,规范家庭托育服务健康发展,支持隔代照料、家庭互助等照护模式。完善托育行业职业技能标准和评价规范,实施从业人员能力提升专项计划。建立健全登记备案、信息公示和质量评估制度,完善综合监管,坚决守住安全和健康的底线。同时,加强各部门之间的统筹协调,在托育服务规划、投入、资源供给、管理、评价等方面逐步建立长效保障机制;采取公建民营、民办公助等形式大力发展普惠性婴幼儿照护服务,实施普惠性托育机构奖补政策;严格落实新建居住区、老城区和已建成居住区托位的配建标准;推进幼儿园托幼一体化发展。

今后五年,宁波市将继续依法切实加强妇女孕期健康保障,提高优生优育服务水平。不断降低家庭抚养成本,发展普惠托育服务体系。持续优化婴育托位供给,建立以家庭为基础、社区为依托、机构为补充的婴幼儿照护服务体系。

3. 实施新一轮学前教育行动计划

宁波始终坚持把学前教育摆在优先发展的重要位置,在发布的《关于学前教育深化改革规范发展的实施意见》(下面简称《意见》)中提出:在"十四五"期间要全方位实施学前教育行动计划,新(改、扩)建乡镇中心幼儿园,扩大学前教育资源总量;加大财政性经费投入总量,完善经费保障机制,改善学前教育的保障条件;提高教师工资待遇,加强在职培训,提升幼儿教师队伍整体素质;大力扶持和规范管理,提高学前教育资源标准化和优质化比例。

为了更好地推动学前教育事业发展,确保孩子们享受到优质的学前教育,《意见》中详细规划了宁波市2035年学前教育发展远景目标及实施路径:

第一步,到2022年,宁波将全面建成覆盖城乡、布局合理、公益普惠、优质均衡、监管完善的学前教育公共服务体系。全市幼儿园教师持证率达到100%,等级幼儿园比例达到98%以上,二级及以上幼儿园在园幼儿占比达到75%以上,全市公办幼儿园在园幼儿占比达到50%以上,公办幼儿园和普惠性民办幼儿园在园幼儿占比保持在90%左右。

第二步,到2025年,全市幼儿园教师持证率保持在100%,等级幼儿园比例达到99%以上,二级及以上幼儿园在园幼儿占比达到80%以上,公办幼儿园和普惠性民办幼儿园在园幼儿占比巩固在90%左右。力争实现普及普惠县全覆盖。

第三步,到2035年,宁波将全面建成更加公平、更有质量的学前教育公共服务体系。高质量普及普惠学前教育,区域学前教育优质均衡度进一步提高,将形成完善的学前教育管理体制、办园体制和政策保障体系,各类幼儿园健康优质持续发展,所有区县(市)创成全国学前教育普及普惠区县(市)。

“十四五”期间，宁波市将实施学前教育学位供给增量上万工程，五年内全市将增加学前教育学位4.1万个。同时，我市将实施幼儿园品牌课程创建工程，通过深化改革，打造一批特色幼儿园课程。

(三) 经验启示

《中国教育现代化2035》和《加快推进教育现代化实施方案(2018—2022年)》的出台，使普及有质量的学前教育上升为国家战略。宁波市一直以来都坚持以人民为中心的发展思想，致力于建设民生幸福城市，将实现幼有善育列为社会发展的重要目标。

1. 明确“幼有善育”核心意涵是做好学前教育工作的前提条件

“幼有善育”蕴含了两个文化内涵。一是蕴含传统文化，即亲善和谐、以善为美、与人为善的“善文化”。二是引领现代文明，弘扬“善文化”是弘扬时代人文精神、树立道德价值观、创新社会管理的需要，引领着现代文明的发展潮流。

教育是具有相对独立性的存在，但同时又与社会各系统进行互动，在互动中发展。教育的发展体现为对教育的规律性把握：从教育的外部规律而言，教育受到经济、社会、文化的影响与制约；从教育的内部规律来说，教育必须顺应学生身心发展的内在规律。这是做好学前教育工作的必然前提。“幼有善育”的本质是关注“人”。这就要求我们必须关注幼儿，提供合适的、高质量的保教服务；必定关注教师，要求从业者用熟练、擅长的专业技能做好本职工作；必然关注家长，幼儿的健全人格得益于家庭宽严有度的调教，这对家长的文化素养提出了新要求；必将关注社区，有法度的社区管理、有爱心的邻里关系、有足够的活动空间和文化生活，是幼儿成长必不可少的社会体验。宁波市坚持学校教育与社会教育并重，深化课程和教材改革，增加“善文化”的学习内容；同时，积极加强新型道德价值观宣传，为学前儿童营造良好的社会环境，促进孩子身心健康发展，让孩子系好人生的“第一粒扣子”,开启“幼有善育”的第一扇门。

2. 规范“幼有善育”工作是做好学前教育工作的必要保障

“没有规矩不成方圆”。要想做好学前教育工作,实现“幼有善育”,就必须适时制定政策、法规和规划纲要,通过立法来保障学前教育事业发展,这对学前教育事业的发展具有重要的战略性意义。

2001 年以来,国家陆续出台了一系列的文件,为学前教育奠定了良好的政策基础。学前教育被定义为学校教育制度的起始阶段,是国民教育体系的重要组成部分之一,也是重要的社会公益性事业。2017 年实施的《浙江省学前教育条例》在法规层面明确,学前教育要坚持公益性和普惠性作为发展的基本方向。为贯彻落实国家、省、市教育事业发展“十四五”规划,宁波市在上两轮发展学前教育三年行动计划实施的基础上,对学前教育管理体制、普惠性幼儿园建设、师资队伍建设和学前教育保教质量等方面进一步提出了明确的要求。学前教育的地位、财政投入、政府权责、幼儿教师的培训及权益保障、学前儿童权益司法保障等深层次、根本性的核心问题在相关幼儿教育法规中得到明确和完善,为宁波学前教育事业的未来发展提供了重要保障。

3. 加强“幼有善育”工作队伍建设是做好学前教育工作的不竭动力

“幼有善育”,要让专业的人去做专业的事。学前教育有自身的理论体系和管理规律,幼儿有独特的身心发展特点,家长有不同的育儿期待,要让资质完备、专业达标的本土干部和骨干教师积极担起“幼有善育”的使命,打造高素质的学前教育工作队伍。

教师是促进教育平等和教育公平的重要保障,是提高教育质量的关键因素,是一切重大教育变革的核心力量,而学前教育师资队伍是确保学前教育发展的重要力量。宁波的学前教育经过长期的发展,教师培训目的取向经历了从追求学历水平提升、教育科研能力培养到综合能力提升的变化;教师政策价值取向的变化经历了从“数量稳定”到“专业合格”再到“高素质发展”；教师政策的体系结构日益完善，政策实施规则越来越细化，政策涉及面越来越广，初步形成了以马克思主义为指导、在甬高校为人才依托、幼儿园为实践平台、家长为评价主体的学前教育发展格局，为宁波学前教育事业的持续向好发展提供了不竭动力。

参考文献：

[1] 腾讯网. 从“幼有所育”到“幼有优育”宁波跑出加速度[EB/OL]. https://new.qq.com/rain/a/20210521A01OEF00. 2021-05-21/2022-04-16.

[2] 宁波市人民政府网. 幼有善育　提升宁波人的幸福指数——解码“甬有善育”行动[EB/OL]. http://www.ningbo.gov.cn/art/2021/7/20/art_1229099763_59035616.html. 2021-07-20/2022-04-16.

[3] 穆光宗，林进龙. 论生育友好型社会——内生性低生育阶段的风险与治理[J]. 探索与争鸣，2021(07)：56-69+178.

[4] 庞丽娟. 发展普惠性婴幼儿托育教育服务体系[J]. 教育研究，2021，42(03)：16-19.

[5] 邓玉金. 推进“幼有善育”高质发展[J]. 教育家，2021(28)：69.

三、学有所教：解码镇海中学

（一）基本情况

在宁波有这样一所“牛校”被誉为神一样的存在，每年的高考成绩都让家长们津津乐道。从2014年起连续三年，囊括浙江省高考文理科状元，大学一本上线率几乎达到100%。在2018年《浙江省顶尖中学排行榜》中，镇海中学高居浙江省榜首，全国第5！是浙江省唯一一所进入全国排名前十的高中。2018年再获清华大学“优质生源中学”称誉，已经连续三年获此殊荣，2018年镇中有35名优秀毕业生成为清华一份子,据统计占到清华国内新生的1%。2019年高考成绩公布,镇中又是力压群雄,夺得全省各种第一,全省成绩前十位中,“镇中”占了七个席位。

东海之滨,海天雄镇,院士之乡,闪耀着一颗璀璨的教育明珠:宁波市镇海中学。宁波市镇海中学的办学渊源可追溯到唐宋时期的镇海学宫,1911年乡贤盛炳纬先生筹资创办镇海县中学堂,是为初级中学。其后数十年间,学校几易校名,几度改制。1956年,镇海县中和私立辛成中学合并,建立镇海县第一所完全中学,命名为浙江省镇海中学。1998年,学校剥离初中部,独立为普通高级中学。2008年,经省教育厅批准,教育部备案,在浙江省率先开设“剑桥国际高中课程实验班”。

学校占地120亩,建筑面积4万余平方米,环境幽雅,设施完备,校内分布着28处海防遗迹、人文历史景观,绿化覆盖率近50%。图书电教大楼、体艺馆、游泳馆、实验楼、400米塑胶田径场及数学、文科、外语、艺术等教学活动中心一应俱全,万兆网络覆盖全校,所有教室都配有多媒体网络教学系统,还开发应用了多套智能化、网络化的管理、教学和评价系统。①

学校现有33个教学班,其中含3个教育帮扶班和6个剑桥国际高中班,近1500名在校学生,148名在编教职工,12名外籍教师。同时学校还管理着镇海蛟川书院、镇海蛟川双语小学、宁波杭州湾分校(宁波科学中学)、镇海中学台州分校等四所学校。师资队伍整体实力强盛,本部有正高级教师2名、特级教师4名,各级各类名优骨干教师60余名,党员教师占全校教师总人数80%以上,“学生在,老师在”、“不搞有偿家教,不谋第二职业”是镇中教师特有的标识。

建校之初,首任校长曹位康先生确立的“启智、求敏、治文、博综”办学方向奠定了学校高品质发展的定位。改革开放以来,学校以“励

① 镇海区四所学校(园)获评浙江省首批现代化学校.潇湘晨报.2021-03-03.

志、进取、勤奋、健美”为校训，遵循教育规律，追求办学品质，勇立教育改革和发展的潮头，从一所县域中学发展成享有“浙江省最好的中学”这一美誉的名校。早在1960年学校就出席全国文教战线群英会，被授予“全国先进单位”称号。1978年被确定为省首批13所重点中学之一，1981年再次被定为浙江省首批办好的18所重点中学之一。进入21世纪后，学校以追求“教育自觉”的情怀，坚持“教育贵在成全”的思想，做到静心教书、潜心育人，先后获得全国中小学德育工作先进单位、全国模范职工之家、全国精神文明建设先进单位、全国文明单位、全国依法治校示范校、全国学校体育工作示范校、全国教育系统先进集体、全国文明校园、全国“五四”红旗团委、全国国防教育特色学校等一系列重大荣誉，率先成为北京大学“中学校长实名推荐”资质学校、清华大学“新百年领军计划”优质生源基地学校，可推荐人数均位列浙江省第一，连续多年入选“中国高中教育50强榜单”，被长江教育研究院列入“改革开放40年学校教改探索案例40个”典型案例名单。

图4-3

学校致力于建设高水平学术型高中，全面实施素质教育，切实转变育人模式，努力促进学生高水平差异发展。在新高考方案实施以来的四届学生中，有18名学生获全省前十名，37人获全省前二十名，平均每年有10％左右的毕业生被清北录取，有超过20％的毕业生被清北、复交四所高校录取，年均重点率达到98％，连续多年被清华大学、北京大学、中国科学院大学等多所顶尖名校授予“优质生源中学”“科教结合协同育人突出贡献奖”等荣誉称号和奖项。从2006年起，共获得9枚国际学科奥林匹克竞赛金牌。并且学生在各级各类能力素质比赛、测评中均有不俗表现。

如今，镇海中学正大步行进在“从优秀走向卓越”的新百年发展征程中，学校将秉持“梓材荫泽，追求卓越”的办学理念，努力保持并不断提升“浙江领先、全国著名、国际有名”的整体办学水平，为党和国家培养更多综合素质强、个性特长优、学业水平高、社会贡献大的优秀公民。①

（二）特色亮点

1. 教师的价值体现在学生的成长上

其实，这句话的前面还有一句“校长的价值体现在教师的发展上”，这两句话合在一起较为完整地呈现了镇海中学教师队伍建设和发展的一种使命逻辑。在我们看来，一种有凝聚力、能调动每一位教师积极性的工作氛围，远比金钱和物质更能赢得人心。当然，想方设法为教师提供好的工作条件、物质回报、社会尊严也是需要校长殚精竭虑、全力以赴的。

那么作为教师，当学校为他们创造了良好的工作环境、工作条件和文化氛围，他们的主要心思就应该放在如何增强教育教学能力，如

---

① 浙江省镇海中学. 教育与可持续发展智库. [2021－4－13]. http://www.biyidc.com/news_show.aspx?id=372.

何提高教育质量和效益，如何将他们所面对的一个个鲜活的个体关注好、教育好、培养好。学校领导、同行以及家长、社会公众对一位教师的评价，也必然是看他所教的学生文化素养好不好、素质全面不全面、个性突出不突出、身心健康不健康、发展后劲足不足，取得了哪些突出的育人成果和教学成果。这既是学校对教师的一种评价标准，更应是作为教师的个人价值的体现。

学生的成长可以说是学校对一个教师评价的最高标准和首要标准，镇中极力让全体教师的注意力、关注点都聚焦于学生的发展上，形成浓郁的育人氛围。如果一个教师教育教学投入不足，学生和家长不认可，即便他能唱会跳、能说会道、综合素质出众，或者文章写了一篇又一篇、课题做了一个又一个、专著出了一本又一本，也是很难认可和欣赏，不仅在学校的推优评先上不会考虑，而且还会对他加以提醒和诫勉。在日常的学校管理过程中，我们必须明确表达并贯彻这种价值导向。

2. 教师的职业生活丰富的宁静

选择了做教师，意味着包括言行举止、时间管理、社会交往、业余生活等在内的生活方式都要与教师这一职业的特定内涵、要求相匹配，都应自觉遵守"静心教书、潜心育人"的要求。

镇中将镇海中学教师的理想生活方式概括为"丰富的宁静"。"丰富"指向人的生命本质，主要是精神的充实与快乐，镇海中学教师的生活是简单的，但内心世界是丰富多彩的。"宁静"指向人的生命意义，主要是对目标的执着追求，做到自觉拒绝各种外界的诱惑，简单纯粹，对理想目标执着进取。教师应该是理想主义者，没有理想的教师难以成为优秀的教师。事实上，现在的镇海中学教师也确实是这样一群基于精神的充实与快乐的理想追求者。

在镇中，有两句所有教师都耳熟能详的话——"弹性坐班制"和"学生在，老师在"。初听之下两者自相矛盾，但实际上是有机统一在一起的，"它"已经成为我校教师管理的一项基本制度，也是教师基本生活方式的反映。

教师是一个创造性的职业,需要将教师个性化的教育智慧转化为高质量的教育水平、教育技艺,不能如工厂打卡上班一样,过分限定卡死教师的上班时间,应该为教师做好工作、提升个人文化素养以及打理个人生活等提供较为灵活弹性的时间空间。

但同时,教师工作也是一项良心工作,尤其是基础教育学校的教师更是如此,因为中小学生在学校学习、生活,随时随地会遇到各种困难和问题,需要得到老师的关心、指导、帮助等,所以教师应全情投入给予学生充足的陪伴。

这两句话既尊重了教师的自由,又保持了教师职业奉献性特点,使教师切切实实感受到学校管理者那种理性而不失温情的关怀,使他们在工作与生活、高尚与世俗之间找到了和谐的平衡点,并进一步促进了“学生在,老师在”、“普通老师在校,管理干部在场”的优良传统的提升。

3. 教师工作是“良心活”“同心活”“匠心活”

教师要把工作做好,必须充满爱心,肯付出,善协作,追求工作品质。教师个体成长如此,教师团队建设更需要将这几项要素有机糅合起来。

教育是“良心活”,如果一个教师没有对教育本真、教育本意的认识,是很难做好教育工作的。为此,在教师队伍建设中特别注重对教师职业意识的培养,通过各种活动、采取多项措施帮助教师树立正确的职业意识,其中爱与责任就是教师职业意识的核心。存在主义心理学家弗兰克尔说:“爱是直达另一个人内心深处的唯一途径。只有在深爱另一个人时,你才能完全了解另一个人的本质……只有通过爱,才能使你所爱的人实现它的全部潜能……”这句话当然不是仅仅针对师生关系来说的,但我觉得它应该成为每一名教育工作者的座右铭。

不可否认,当下学校教育和教师队伍建设中确实存在一些问题,追根究底，很大程度上是因为我们的爱出了问题，爱无力、爱无感、爱无能，爱的情感中掺进了太多的杂质。也许，当我们重新让自己的爱变得饱满、敏感、专注和纯粹，很多问题即可迎刃而解。

为此，在学校的教师队伍建设中，我们特别强调对一种称之为“教育自觉”境界的追求。

所谓自觉，简单来说就是不假思索就能以恒定的方式去做，是意识与行为、内隐与外显之间的有机统一，是个体一种不需要刻意思考便能自动作出合理有效反应的行为模式。具体到教育自觉，则是在遵循教育规律和人的身心发展规律及合乎教育实际基础上，以人的健康成长和为社会培养有用之才为目标的人生追求。在平时的学校管理中，要求教师不断修炼、提升自己的教育自觉。

“同心活”对应团队意识，这是我们在教师队伍建设中的另一个关键着力点。教师的团队意识实际上是教师所具有的学校大局观、整体育人观、协同工作观的反映。

具体到镇海中学教师身上，学校大局观是指镇中人应具有强烈的大局意识、集体观念、归属感、荣誉感，当教师的利益与学校、学生利益发生矛盾时，能首先服从于学校和学生的利益；整体育人观是指能认识到学生成长是一项系统工程，是所有教师、所有学科、所有学校资源共同影响的结果，所以能自觉地科学协调自己学科、自身岗位在育人系统中的量与质；协同工作观是指镇海中学教师能够互敬互爱互助少内耗，能够互相支援、互补长短、协作攻关、同甘共苦，注重整体的力量，集体的智慧。

“教书匠”是一个略带贬义色彩的称谓，但对于教师来说，匠心独具、工匠精神不仅不应过时，不应失却，而且在当下甚至是相当稀缺和宝贵的一种特质。

学校提出的品质意识是学校教师对自身素质水平和提供的教育服务质量的一种高标准、高品质要求的反映。我们学校教师对学校办学层次、家长社会的期望、自身工作要求有清醒的认识和明确的定位，所以普遍树立了以品质之师成就品质之生、铸就品质之校的信念。我们的教师自觉加强学习、研究和创新，不断提高自己的专业水平和综合素质，不断提升校园生活的品质，努力促进学生全面发展和高水平差异发展。

4. 教师应走“全面而富有个性”之路

课程改革、高考改革的一大宗旨是“促进学生共同基础上的差异发展”。这句话同样可以移用到教师的专业发展上，也就是说，教师的专业发展也要在重视共同要求、全面发展的基础上力求差异发展、个性化成长。从某种意义上说，离开了教师的高水平差异发展，学生的个性化成长也是不可能完全实现的。

高校招生制度改革及课程改革的深化对教师的工作职责和职业角色提出了更多更高的要求，教师的基本素养、工作内容与职责、好教师的标准等教师队伍建设和评价的核心关键点都正在或必将发生深刻变化，教师不仅要传授知识，更要启迪学生的智慧，点化学生的生命，这就要求教师不仅要继续扮演好传统意义上的“传道授业解惑”的教书育人角色，更要努力成为学习过程的组织者，学生生命和智力资源的激发者，学生个性化成长的指导者。

为此，学校根据教育改革的要求以及学校办学实际，对教师的工作职责和专业发展内容进行了重新规定，重点突出基本职业素养、教学能力与水平、育人工作与水平、个人专业发展水平、承担学校其他工作及表现等五个方面。这五个方面的内容和要求有些在以往虽有涉及，但其内涵和要求有了与时俱进的强化和深化。

学校在教师队伍建设中努力体现这种由于教育改革所带来的多维度特征。2011 年，学校研制出台了《镇海中学教师专业成长暨校本研训手册》，将其贯穿于教师一个学年的工作，覆盖了当下教师专业发展的基本领域，体现了教育改革对教师专业发展的最新要求。学校还实施了新的《镇海中学教研组考核细则》，将原来的考评指标分解得更为明晰具体，增加了不少新的评价内容，特别是设置了个性化发展的加分部分。

2015 年，学校还初步研制出《镇海中学教师评价体系》，共 5 项 A 级指标、17 项 B 级指标、89 项 C 级指标，对评价内容、标准、评价主体和方式等都作出了较为全面明确的规定，更多的“尺子”为教师指明了更多的专业发展方向和更多的发展可能性。

为了促进教师的个性发展，这些年学校深入开展了“我的教学(教育)主张”主题校本研修活动。我们通过阅读书籍、专题培训、教学观摩和研讨、主题征文评比及汇编、典型成果展示交流等丰富多样的活动和形式，唤醒教师的“主张”意识，促进教师深入思考课堂教学，帮助教师梳理明晰、总结提炼并展示交流各自的教学(教育)主张，自觉构建自己的教学体系，形成个性化的教学风格。

因为学校认为，作为教师必须意识到教学工作是一项带有鲜明教师个人化色彩的创造性活动，这一点在当前致力于实现学生个性差异发展的教育改革中具有重要意义。即便在现有的教学组织形式内，教师也能通过自己的个性化创造消解掉传统教学“去个性化”的弊端，而使课堂教学在当下的框架内也能增加深度和高度，生发出更高水平的丰富性、多样性和有效性。

5. 让共同价值观成为评价和发展教师的重要力量

学校已经进入了一个利益多元、文化多元、价值多元的时代。在学校管理和教师队伍建设中，必须高度重视正确的集体价值观的确立和运用。

学校的价值观是对包括办学理念、发展目标、价值追求、行为方式等在内的一种文化层面的规定，它实质上是学校组织中所有成员约定俗成的最高层次的行为标准与评判标尺。无论是他评还是自评，是否符合学校的价值观都应该作为重要的参考依据。

除了评价与规束功能外，价值观更重要的作用在于引导和涵育。通过价值观的确立、宣传和内化，教师逐渐从中汲取到促进自身专业发展乃至生涯发展的重要力量，并且在理念与行为上打上了所在学校的独特烙印，进而成为学校办学特色的一部分。从这个意义上说，在启动价值观评价时首先要确保学校倡导的价值观是科学的、正确的和适切的，只有价值观对了，我们的评价才更有力量、更有效果。

在深化课程改革和创建特色学校过程中，我们与时俱进更新和完善了学校价值观体系，通过征集、讨论、学习等活动，明确了“梓材荫泽，追求卓越”的办学理念，“保持并不断提升‘宁波领先、浙江一流、全国著名、国际有名’的整体办学水平”的办学目标，“综合素质强、个性特长优、学业水平高、社会贡献大的优秀公民”的培养目标，“尊重学生多元选择，促进高水平基础上差异发展”的课程建设要求。

还提出了“校长的价值体现在教师的发展上，教师的价值体现在学生的成长中”的行动口号，“不搞有偿家教，不从事第二职业”的工作要求，“我的学生请家教，是我的责任未尽到”的自律准则，倡导“选择了一种职业就是选择了一种生活方式”“充实＋快乐＋意义”的镇海中学教师幸福观，等等。

在这些价值观的引领下，学校教师普遍增强了工作的使命感、紧迫感，对自己的当下工作和长远发展有了更加明确的目标和更高的标准，并逐渐形成了一种宝贵的教育自觉。

价值观的执着与坚守是一股隐形却强大的文化力量，它渗透在学校办学和教师教育教学工作及教师专业发展的方方面面，自觉或不自觉地向教师反馈着基于这一标尺的评价信息。每一所学校都应凝练自己的共同价值观，在努力把具有共同价值观的教师凝聚在学校组织的同时，也应充分尊重那些不认同学校价值观的教师自由选择离开学校，而且还应该做到让极少数言行上与学校价值观有较大差距的教师淘汰出教师队伍，切实发挥价值观的筛选、考核、评价功能。①

---

① 吴国平.学校教师“整体强盛”的秘密.人民教育，2018.13—14：77—80.

参考文献：
[1] 镇海区四所学校(园)获评浙江省首批现代化学校[N]. 潇湘晨报. 2021-03-03.
[2] 浙江省镇海中学. 教育与可持续发展智库[EB/OL]. 2021-4-13. http://www.biyidc.com/news_show.aspx?id=372.
[3] 吴国平. 学校教师"整体强盛"的秘密[J]. 人民教育，2018.13-14:77-80.

四、劳有所得：工资集体协商的奥克斯集团

(一) 基本情况

工资集体协商指职工代表与企业代表依法就企业内部工资分配制度、工资分配形式、工资收入水平等事项进行平等协商，在协商一致的基础上，签订工资协议的行为。

奥克斯集团始创于1986年，产业涵盖家电、电力设备、医疗、地产、金融投资等领域，连续多年位列中国企业500强。2021年，集团营收720亿元，总资产647亿元，员工3万余名，拥有11大制造基地：宁波(3家)、南昌、天津、马鞍山、郑州、巴西、印尼、泰国、波兰，5大研发中心。奥克斯空调2018—2020年三年空调累计销量全球前三；智能电表、电力箱行业领先；投资及运营医疗机构35家。旗下拥有2家上市公司(三星医疗601567、奥克斯国际02080)，为国家认定企业技术中心、国家级技术创新示范企业、国家级知识产权示范企业和博士后工作站常设单位。持有奥克斯、三星两个享誉全球的知名品牌，品牌价值超410亿元。在发展企业的同时，奥克斯也积极履行社会责任，多年来，累计为精准扶贫、教育、赈灾、环保等公益事业捐款3.09亿元。面向新的时代，奥克斯秉承"创领智能生活，培养优秀人才"的企业使命，力争实现"千亿市值、千亿规模、百亿利润"战略目

标,立志成为世界著名企业。[①]

图 4-4

2020 年 9 月 10 日,2020 中国民营企业 500 强榜单发布,奥克斯集团有限公司名列第 97 位,中国大企业集团竞争力前 25 强、中国信息化标杆企业、国家重点火炬高新技术企业,并为国家工程技术中心和国家级博士后工作站的常设单位,在宁波、上海、深圳、南昌建立了四大研究院;拥有“三星”和“奥克斯”两项跨行业的中国驰名商标和 2 个中国名牌产品。奥克斯空调位居行业第三,销售遍布中东、欧洲、亚太、非洲、美洲等 100 多个国家和地区。集团坚持做大做强制造业的产业发展方向,目前已成为在全球电力计量设备和中国家电行业具有较高市场地位、通讯行业具有较强竞争力和广阔发展前景的大型企业集团。

宁波三星电气股份有限公司是集团发展的摇篮产业。旗下三星医疗电气(601567. SH)是智能配用电整体解决方案提供商,产品涵

① 奋进中的中国企业之奥克斯. 人民网,2019-8-29.

盖智能电表、变压器、箱式变电站、开关柜、充电桩等电力设备。在宁波、杭州建有研发制造基地，并拥有巴西、印尼两个海外研发制造基地，营销渠道和战略合作项目遍布 50 多个国家和地区。

宁波奥克斯空调有限公司是集团规模最大产业，目前在宁波、珠海、日本设有智能研发中心，拥有宁波（鄞州区、高新区）、南昌、天津、马鞍山五个产业基地，在建郑州、泰国基地。[①] 产品主要包括家用空调、商用空调、厨房电器、生活家电等。销售遍布中东、欧洲、亚太、非洲、美洲等 100 多个国家和地区。

集团下属公司有：

宁波奥克斯电气有限公司

宁波三星通讯设备有限公司

宁波奥克斯置业有限公司

宁波明州医院（现更名为浙江大学明州医院），于 2006 年正式开业，是一家综合性民营医院，由奥克斯投资创办。

宁波奥克斯进出口有限公司

宁波海诚电器有限公司

奥克斯融资租赁股份有限公司，产业总部位于上海，开展融资租赁等业务。

奥克斯集团 20 年来能够保持快速、健康、高效的发展，主要的动力源自奥克斯多年经营中总结积累起来的企业文化理念。奥克斯一贯坚持“以人为本、诚信立业”的企业宗旨，对企业文化理念的探索，始终抱着一种与时俱进、不断自我超越的精神，本着务实高效的原则进行创新和定位，最终形成了以经济价值规律为刚性平台，以有理服从原则为柔性理念，将严密性和开放性有机统一，并强调效率为中心的管理特色。集团董事长郑坚江将其提炼为三句话：“一切按经济价

① 宁波奥克斯电气股份有限公司——2022 年“3·15”产品和服务质量诚信承诺企业展示. 中国经济网，2022-09-08.

值规律办事，一切按有理服从原则办事，一切以提高效率为中心的企业风格。”这三句话同时更是奥克斯人经营思想、文化理念最核心的内涵。在顺利实施产业升级、资本运作、国际化三大战略的基础上，奥克斯集团终将发展成为全球制造业极具影响力的大型企业集团。发展企业的同时，奥克斯还十分重视企业党建工作，坚持创建发展强、党建强企业，先后荣获浙江省企业党建示范单位、浙江省双强百佳党组织等荣誉。

勇于担责、回报社会是奥克斯事业发展的追求。奥克斯积极助残助学助困，抗震救灾扶持困难群众，先后支持农业、教育、医疗、卫生等各项社会公益事业 7000 余万元，惠泽乡里的同时，也把成功的经验广为传播，帮助更多的企业和个人成长壮大。未来的奥克斯集团，将以“稳健、平和、诚信、可靠”为行动指南，依托智能化、全球化、卓越化的发展战略，积极寻找机遇，完成从国内品牌到国际品牌的飞跃。

宁波是我国改革开放和市场经济的先发地区，非公有制企业比重大，中小企业量大面广，外来务工人员集聚。目前全市有外来务工人员400万人，其中80后新生代外来务工人员占到70%以上。随着经济体制、社会结构、利益格局、思想观念的深刻调整变化，特别是劳动者维权意识的进一步增强，企业的劳动关系、环境关系、社会关系等领域或多或少存在着一些不协调、不稳定因素。创建和谐的劳动关系，是摆在宁波面前的一项长期战略任务和重大现实课题。

据介绍，早在2006年，宁波就在企业中开展了和谐劳动关系创建活动，当时创建的内容定位为从职工最关心的现实利益出发，建立企业工资集体协商制度。2007年在慈溪、鄞州开始了和谐企业创建试点。[①] 随着创建活动的深入，除了解决职工最关心的现实利益——薪酬，还要引导企业更多地承担起社会责任，致力于构建企业与职工的利益共同体、事业共同体和命运共同体。宁波市委、市政府在深刻思考之后得出共识："要让宁波经济保持又好又快发展，成功实现经济转型升级，必须引导企业走上以人为本、可持续发展的道路。[②]"宁波市政协副主席、市总工会主席、市和谐企业创建工作领导小组副组长胡建岳说："怎样算和谐企业？我们认为应该是体现科学发展、履行社会责任、劳动关系融洽、资源环境良好、富有人文精神。而这几个要素如何体现？我们必须建立一种评价体系。"2008年7月，市政府发展研究中心、市总工会、市和谐企业创建工作领导小组办公室联合制定出台《宁波市和谐企业（社会责任）评价指标体系》，涵盖企业发展、劳动关系、环境关系、社会关系、企业文化5大方面37项具体内容。翻开这份《指标体系》，记者发现劳动关系是重点的重点：将劳动合同签订、社会保险、工资收入、集体合同、劳动安全卫生、女职工劳动保护等职工群众最关心的民生问题，设置为最大权重。其次是

---

① 王海霞，田冬．宁波大力构建和谐劳动关系　取得良好局面与效果．浙江工人日报网，2011－03－14．

② 王海霞，田冬．宁波大力构建和谐劳动关系　取得良好局面与效果．浙江工人日报网，2011－03－14．

社会导向:企业凡出现违法使用童工、发生严重生产安全责任事故、严重环境污染事故、重大群体性事件等,取消和谐企业的评定资格。对企业有欠薪或克扣职工工资、没有开展工资集体协商的从严扣分,并实行“一票否决制”。再就是职工的话语权:明确职工满意度测评在85分以下的企业,不得申报市级和谐企业。与此同时,为推动和谐企业创建工作持续、深入发展,宁波市构建创建工作的长效机制,出台了《和谐企业创建成果运用实施办法》,提出和谐企业在评先评优、资金奖励费率优惠、年检审核、政治安排等4个方面的具体激励措施。明确未参加创建活动的企业及企业主要负责人,原则上不作为评先评优的对象;市级和谐企业作为授予企业荣誉称号的必要条件,作为相关部门对企业进行资质评定评审的重要依据,以及企业负责人政治安排和荣誉称号授予的基本条件。把和谐企业作为银行、工商、税务等资源评定的重要依据,作为工商联、劳动、组织部、文明办等部门授予企业或企业负责人各类先进荣誉时的必要条件和基本条件,并可优先享受信贷、技改、环保、土地等政策优惠和资金支持。这些都有效激发了企业积极参与和谐企业创建的内在动力,推动企业由“要我创”向“我要创”转变。

奥克斯集团每年投入1000万元用于员工上下班接送;花费近百万修建员工休闲活动中心;投资5000万元修建员工宿舍;投入1000万元用于开展技师带徒活动。不仅关爱员工的基本生活,更注重提高员工的劳动能力、素质,让职工终身受益。今年春节,集团组织了17个方向、近60辆大巴车送员工回家过年,春节后又包车接员工返厂。浓浓的人情味让越来越多的职工把这里当成了自己的家。节后,在企业普遍存在用工缺口的背景下,奥克斯却拥有超过90%的返厂率,迅速恢复了正常生产。

岗位薪点工资制,是指以管理岗位为主要实施对象,以薪点数为标准,根据企业经济效益情况,按企业结算工资总额确定薪点值,以岗位贡献为依据,以员工贡献大小为基础,确定岗位劳动报酬的一种弹性工资分配制度。岗位薪点工资制坚持以经济效益为中心，以市场为导向，以按劳分配为主体，突出岗位要素在薪酬分配中的作用，合理拉开收入差距，收入分配向关键岗位和重要岗位倾斜，坚持"一岗一薪、岗变薪变"原则，鼓励岗位人员的内部正常流动。

岗位薪点工资制坚持"以岗位为主确定薪点数、以绩效考核增减薪点数、以企业经济效益好坏核定工资总额、以结算工资总额确定薪点值"为原则，以点数为标准，以劳动岗位和个人技能为依据定点数，按员工个人的实际贡献确定系数，以单位经济效益获取的工资总额定点值，综合确定劳动报酬的一种弹性工资分配制度。

其主要效果表现如下：

(1) 体现了健全员工民主参与、民主监督、集体协商等利益制衡的企业自主分配形式，岗位薪点工资制的实行，从方案的制定、岗位的测评到岗点的兑现，自始至终在民主参与和民主监督之下操作，岗位要素测评由各层面的员工代表测评打分，方案的形成由员工代表审议通过，基层队的考核办法由员工讨论通过，班组长由差额选举产生，工效挂钩、劳动所得、工资兑现做到了班、小队、个人结果张榜公示，坚持做到公开、公平、公正。员工民主管理、民主参与的意识日益显现出来。

(2) 初步实现了企业内部劳动力流向由市场调节的机制

分配制度的改革顺应了集团减员增效大气候、大环境。岗位薪点工资制的实施拉大了分配空间。在激励机制的调节下人心流向生产一线。

(3) 员工的责任感增强了

能者上，庸者下，不努力工作就可能试岗甚至下岗，这对员工的触动很大，在其岗，负其责，尽其力，得其薪，这一观念得以逐渐深入人心。

(4) 员工的经济效益观念明显增强

由于产量、材料消耗等考核指标已层层分解到班组、小队，员工时时处处讲投入产出,关心单位的经济效益。为了节约成本,大家更是集思广益,以前员工心中基本没有成本的概念,认为成本多少跟自己没关系,岗点工资试行后,他们逐渐感到单位效益与自己的收入是成正比的,工作中他们自觉地做到勤俭节约,杜绝浪费。

(5) 员工学技术的热情空前高涨

岗点工资与技能挂钩,激发了员工学技术的热情。过去值班人员是带着小说、杂志上班,现在值班人员包里装的是专业技术书籍;过去是要求员工考取技术等级证书,现在是职工积极主动要求参加技能鉴定,提高自己的技能水平。

(6)“岗位分析与岗位评价”必须通过岗位分析完善岗位说明书,建立岗位评估标准,对岗位责任、岗位强度、岗位条件和岗位技术复杂程度等方面进行相应的评价,体现岗位劳动的区别,合理确定岗位类别和岗位档别,从而确定相应的岗位薪点数,并依变化情况适时调整,实现岗位动态管理。

宁波市政协副主席、市总工会主席胡建岳说:“3709 家受表彰的市、县(市)区(系统)、乡镇(街道)三级和谐企业全部签订工资集体协议,确保职工收入实现年均 7%的增长,员工平均满意度达 98%。”劳动关系日趋和谐,由此带来了宁波市社会更加和谐、企业发展强劲、职工更有干劲的良好局面。一方面企业依法用工的法律意识和以人为本的管理理念得到了强化,另一方面也增强了职工的归属感和认同感。另外,和谐劳动关系的创建还提升了转型发展能力和企业社会形象。

参考文献:

[1] 奋进中的中国企业之奥克斯. 人民网,2019-8-29.

[2] 奥克斯发起“守护温暖公益互动”捐赠百台空调送温暖. 中国新闻网,2020-11-27.

[3] 宁波奥克斯电气股份有限公司——2022 年“3·15”产品和服务质量诚信承

诺企业展示. 中国经济网,2022-09-08.
[4] 王海霞,田冬. 宁波大力构建和谐劳动关系 取得良好局面与效果. 浙江工人日报网,2011-03-14.
[5] 王海霞,田冬. 宁波大力构建和谐劳动关系 取得良好局面与效果. 浙江工人日报网,2011-03-14.

五、“甬”有健康:造福甬城百姓

(一) 基本情况

一个人,亲历一家百年老医院的涅槃;一家跨越三个世纪的医院,见证了宁波医疗卫生事业的沧桑巨变。

1982年,曹树立调入宁波市第二医院外科,就在如今位于西北街口的1号楼工作。这座古色古香的建筑落成于1930年,它不仅是宁波最早的住院大楼,更是当时市第二医院仅有的一幢住院大楼。对于外科医生曹树立来说,印象最深的还是当年的手术室。没有麻醉机、高频电刀和心电监护,麻醉师只有一个立式的落地血压计可用,一切只能依靠麻醉医生的技术和经验。

上世纪最后20年,宁波市第二医院迎来了发展的黄金期。1982年,泌尿科顾明祥医护团队成功完成市内首例同种异体肾移植手术。1985年,胸外科施行了市内第一例心脏直视手术。这一时期血液透析中心、肿瘤诊治中心、重症监护、临床实验室等相继成立,填补了当时市内空白,成为载入宁波医疗史的大事。同年宁波市政府决定组建宁波市妇女儿童医院。为了让医院快速运转,市卫生局决定,把市一院儿科和市二院妇产科成建制搬迁。到了九十年代,因为宁波几家大型医院都集中在海曙和江北,随着原江东区的居民逐渐增多,李惠利医院开始筹建。1993年宁波市第二医院骨科、胸外科等七个科室成建制调入李惠利医院,包括人员、设备等等,彻底结束了原江东区没有大医院的历史。1999 年,市二院位于西北街的新住院大楼也就是现在的医院 6 号楼投入使用,18 层楼、3.2 万平方米的住院大楼成为宁波当时最早的高层住院大楼。“搬到 6 号楼,住院条件和医疗条件有了翻天覆地的变化。当年这幢大楼是同行眼里的现代化住院楼标杆,连省里的大医院也来参观取经。”曹树立兴奋地讲道。筑巢引凤,新大楼启用后,市第二医院也开始向全国招募学科带头人。12 位医学专家的到来,带动了心脏搭桥手术、换瓣手术、骨科脊椎手术、膝关节置换等一批高精尖手术的开展。

进入 21 世纪,市第二医院不断发展壮大,医院的大楼从 1 号编到了 8 号,科室的设置也越来越细,向专科化发展。2010 年 7 号住院大楼启用,市第二医院的学科开始细分,曹树立认为,这是医院发展史上很重要的一步。

一串数字,记录了市第二医院改革开放 40 年来的成就:2017 年,全院门、急诊 159.9 万人次,出院 8.5 万人次,住院手术 4.05 万例。医院院士工作站先后与吴祖泽、李兰娟院士工作团队合作开展科研和临床实践,搭建院士远程会诊中心、同创浙东感染病精准诊断中心。2018 年,医院诊治的疑难病例数跻身全省前 10,肿瘤、骨科等多个病种的诊疗量名列前茅。

(二) 亮点分析

改革开放 40 多年来,中国方方面面都发生着深刻变化,这其中,医疗卫生领域尤为突出。而宁波市医疗卫生事业的发展变化可以说是中国医疗卫生事业发展的一个缩影。从“赤脚医生”到“业内专家”,从“乡村诊所”到“专业医院”,从看病难到建成“城市 10 分钟,农村 20 分钟”医疗服务圈,从看不了大病到拥有品牌学科,在见证宁波医疗卫生事业的飞速发展的同时一项项令人瞩目的成就汇聚成卫生健康事业整体的蝶变,书写着为人民实现健康梦而不懈奋斗的光辉历程。

图 4－5(注:来源于中国宁波网)

1. 系统整合:政府主导,统筹规划

宁波市开启新一轮医疗卫生体制深化改革,不断完善顶层设计,统筹推进“五医”(医疗、医药、医保、医防、医养)联动改革,科学合理地确定了各级各类医疗卫生机构的数量、规模、功能及配置标准,为构建整合型医疗卫生服务体系提供政策利好。截至 2019 年全市共设置社区卫生服务中心和乡镇卫生医院 150 家。每个街道或每 3—10 万人口拥有一家街道社区服务中心,每个乡镇都拥有一家乡镇卫生院,基本建成“城市 10 分钟,农村 20 分钟”医疗卫生健康服务圈。同时按照“控总量、调结构、保衔接”的改革路径,深化公立医院综合改革。坚持多措并举控费“控总量”。科学控制医疗费用不合理增长,加强药品(耗材)使用监管,2017 年,宁波市率先选择采购量较大的 40 种药品进行临床应用监控。创新实施药品耗材采购宁波规则“挤水分”,共完成 5 批次 1436 个产品的耗材集中采购,平均降幅 43.15%。完成 3 批次药品集中采购,平均降幅为 15%左右。另外,完善以服务数量、服务质量和群众满意度为主要内容的卫生服务绩效考核机制，并加强考核结果的应用，明显提升了基本卫生服务公平性和普及性。

2. 组织整合：加强医联体建设，健全分级诊疗体系

2014 年，宁波市出台了“开展区域医疗机构联合体试点工作的实施意见”，区域医联体以行政区划分为基础，以诊疗服务、技术指导、人员培训、转诊流程、健康信息等医疗业务的整合管理为纽带，以三级综合性医院为牵头单位，联合区域内的二级及以下医院、社区卫生服务中心共同组成。“双下沉、两提升”长效机制不断强化。在市级层面，以地校合作、托管等模式主动承接国家和省级优质资源下沉，包括上海仁济医院、浙江大学医学院、浙江大学附属第一医院等优质上级资源与宁波市相关医院建立深层次合作。县级及乡镇（街道）层面，深化城市医院与基层医疗机构分工协作、双向转诊服务，通过医联体、医共体、医院集团、托管、对口技术支援、医师多点执业等多种形式，探索建立优质医疗资源流动下沉的长效机制，实现人员、技术、资源的优势互补，构建“基层首诊、双向转诊、急慢分治、上下联动”的分级诊疗体系。

截至 2018 年 6 月，宁波市基本形成了以城市三级医院为核心的中心城区“1＋X”医联体模式、以县级医院为龙头的县域医联体模式、以宁波云医院为平台的远程医疗协助网模式、以专科合作为特色的专科服务联盟等多种医联体合作方式，实现了城市医院下沉区县、区县医院下沉乡镇/街道的全覆盖。在上级医院的帮助、支持下，基层医疗机构的服务能力有了大幅提高。宁波已建成星级“两门诊，一中心”433 个，94％的乡镇卫生院常态化开展夜间门诊急诊服务，37.5％的中心卫生院和中心镇所在卫生院住院并开展门诊小手术。山区、海岛等偏远地区，通过驻村医生、巡回医疗等形式实现医疗服务全覆盖，不断充实完善基层医疗卫生服务网点。越来越多的患者开始回归基层医疗机构看病，据统计，目前江北、鄞州、慈溪、余姚的基层就诊率超过 65％，其中慈溪市的基层就诊

率达到 74.1%。

3. 专业整合：加强卫生人才队伍建设，提升卫生服务水平

宁波市持续推进基层医疗机构"六门诊、两中心、两病房"等 10 大功能区块星级化建设，深化"1+X"慢性病医防整合平台建设，成立了 7 个慢性病防治临床指导中心。加快推进家庭医生签约服务进程，打通项目服务"最后一公里"，为签约居民提供精准化的基本医疗卫生服务。鼓励组合式签约，探索基层医疗机构与县级及以上医疗机构建立"1+X"的组合签约服务模式，鼓励居民或家庭自愿选择一所二级医院、一所三级医院，建立"1+1+1"的签约服务模式，力争每个家庭都能拥有 1 名签约服务的家庭医生。截至 2017 年，宁波市重点人群家庭医生签约服务费医保统筹资金支付额度从每人 50 元提高到 80 元，基层医疗机构慢性病常用药品配备种类从 133 种增加到 153 种，并建立了签约病人"长处方"制度，20%的三级医院专家门诊号源向签约家庭医生优先开放。目前，全市重点人群家庭医生签约服务覆盖率达 66.3%，基层医疗服务能力不断提升，基本实现了"小病在社区、大病到医院、康复回社区"。

宁波市积极实施"人才强卫"发展战略，制定了一系列急诊、儿科、康复等紧缺专业的人才培养方案，进一步健全分层分类的卫生计生人才培养制度，强化医学领军人才、优秀学科带头人、优秀中青年卫技人才等系列人才培养计划和高层次人才引进，为全面推进整合型医疗卫生服务体系建设提供了强有力人才保障。

4. 功能整合：加强智慧健康保障体系，提升共建共享支撑能力

宁波市坚持"一体两翼"的发展战略，以建设智慧健康云为主体，加快云医院建设和医疗健康大数据应用，继续深化区域人口健康信息平台建设，建成综合管理云、公众健康云、计生公卫云和区域医疗云，实现"云上医疗、数据强卫、智慧健康"的目标。截至 2017 年，全市智慧医疗覆盖率达到 79.8%，居民电子健康档案微信查阅人次每月 5 万人次以上，规范化居民电子健康档案建档率达到 86.66%，人

口健康信息化应用水平得到显著提升。同时，宁波市探索建设以"政府主导、O2O服务模式、区域化布局"为特色的宁波云医院，形成集院前、院中、院后于一体的全程互联网健康管理新模式，实现了市民"足不出户看云医"和"不出社区看名医"，现已成为我国"互联网＋医疗健康"的主流建设模式之一。

宁波市积极探索合并医共体内资源"同类项"，推进区域医疗资源共享平台建设，探索构建"基层检查、上级诊断"的协同服务模式，成立了全国首家独立的区域性临床病理诊断中心，向全市14家医疗机构提供临床病理诊断服务，实现优质病理资源的全城共享。同时，开展影像中心、检验中心、心电中心、消毒供应中心等区域共享平台建设，为群众提供集约化、同质化的优质医疗服务。截至2018年6月，宁波市建有影像会诊中心14个、医学检验中心7个、心电会诊中心10个、消毒供应中心9个，慢性病诊疗指导中心16个，实现了区县全覆盖。

(三) 经验启示

党的十九大报告指出，人民健康是民族昌盛和国家富强的重要标志，并明确提出实施"健康中国战略"。建立优质高效的整合型医疗卫生服务体系，是卫生健康事业高质量发展的必然要求。新时代党和人民对整合型医疗卫生服务体系的发展也提出了许多新要求。宁波医疗卫生事业的发展依然存在一定的复杂性和困难性，只有不断进行系统、规范的改革，协调推进公立医院改革、分级诊疗建设、支付方式变革等合作并进，才能真正意义上加快推动宁波建成高质量医疗服务体系。

1. 强化全方位全生命周期的整合型医疗卫生服务机制建设

整合型医疗卫生服务体系建设的内涵与外延非常广泛。尽管目前国内外都没有统一对整合型医疗服务体系的界定。它以人的健康需求为导向，整合资源、服务，为全人群提供连续、全方位和一体化的健康服务，需要全社会广泛参与。首先，建议立足大健康，将健康宁波融入改革各方面，进一步完善区域医疗卫生服务体系建设，以居民健康需求为导向，统筹社会、行业和个人，协调供给侧与需求侧同向发力，推进卫生健康多元治理和问责机制建设。其次，创新医疗服务模式，借助新一代信息技术，充分发挥宁波云医院在放大和下沉优质医疗资源、重构和创新医疗服务模式以及延伸健康医疗服务中的作用，探索“互联网＋”在药品配送、可穿戴设备、康复、养老、商业保险中的应用。最后，建立健全大医院与疾病预防控制机构、基层医疗机构之间互联互通机制，促进医疗卫生资源与要素的有效整合。强化由一线医疗机构协调进行的包括保健、预防、治疗、康复和临终关怀等内容的更加全面、完整的横向整合服务，实现医防结合，探索建设将医联体转化为健康联合体，实现由“以疾病为中心”向“以健康为中心”的模式转变。

2. 构建基于临床路径的整合型医疗卫生服务规范标准和工作流程

规范统一的服务标准与临床路径是实现“在恰当的时间提供正确服务”的关键措施。以建设移动医生工作站和基于临床路径的电子病历为抓手，统一疾病分类标准，不断开发并逐步推广适用于常见病、多发病的临床路径，制定完善基于临床路径的整合型医疗卫生服务链标准与操作流程规范，重点关注绩效成本效益，提高临床路径的实施效率和质量。调整优化机构内部科室布局，明确和细化医联体、医共体的功能定位及职责，优化外部流程，方便病人获得一站式服务。构建与凝练整合医疗文化，加强与整合医疗目标愿景相一致的组织文化建设，引导组织成员享有共同的专业文化和价值观。制定具有可操作性的纵向和横向整合型医疗卫生服务流程与规则，重点简化上转与下转程序，优化家庭医生签约服务流程，推行就医、转诊、用药、医保等差异化措施，提高签约居民基层就诊报销比例。加强医院和基层医疗机构对接，强化纵向联动，推进全科与专科医生“横向联动”，做实做细老年人、儿童、计生家庭及慢性病患者等重点人群个性化签约服务包。开展社区人群的健康风险分级，组建跨学科团队，做好健康风险分层管理，依据患者疾病风险进行分层管理，为患者制定个性化治疗方案，保障患者安全，保护医护人员的合法权益。

3. 强化绩效评价机制建设

以服务价值为导向，以维护健康的公益性为宗旨，以社会效益、服务提供、综合管理、可持续发展为指标，探索建立一套科学合理的整合型医疗卫生服务绩效评价指标体系。首先，坚持政府主导，以公益为导向，从改善人群健康水平、使医疗服务成本可负担等方面出发，转变职能、简政放权、综合系统、分类分级，激励约束、注重实效，强化医疗卫生机构绩效评价机制建设。其次，组建以社会组织为独立评价主体的第三方考评体系，突出评价主体的多元化，强调评价指标应体现医疗卫生机构公益性质、维护公众健康的要求，反映服务和管理过程，注重服务结果，突出目标管理和全面质量管理。以此来开展长期跟踪与动态分析，及时发现整合过程中存在的问题与障碍，使其成为卫生健康等行政部门监督管理医疗卫生服务的有效手段与方法。最后，强化绩效导向，根据绩效评价结果对医疗卫生机构进行奖惩，并与财政补助力度、医保基金支付、薪酬总体水平、医疗卫生机构等级评审等挂钩，进一步加强绩效结果在财政投入、医保支付中的应用，实现整合型医疗卫生服务体系建设的科学化、规范化、标准化。

参考文献：

［1］杨坚，张研，苗豫东，张亮. 英国健康服务整合进展及对中国的启示［J］. 中国医院管理，2017，37(04)：78－80.

［2］湖北省卫生健康委员会. 11 个综合已改试点省份多种形式医联体建设进展顺利［EB/OL］. https://wjw.hubei.gov.cn/bmdt/ywdt/tzgg/201910/

t20191030_154035. shtml. 2017－12－25/2022－04－16.
[3] 王虎峰. 我国医联体的功能定位与发展趋势——以罗湖医疗集团为例[J]. 卫生经济研究，2018(08)：3－6.
[4] 孙统达. 打造健康中国的宁波样本[J]. 宁波通讯，2018(17)：30.

六、"甬"有颐养：幸福民生品牌

(一) 基本情况

为了给农村老人提供更好的养老服务，浙江宁波进行了实践探索：开办老年食堂，让老人就近吃上干净卫生、便宜丰盛的饭菜；将闲置的建筑改造成养老服务中心，老人可享受健康食堂、慢病管理、康乐活动等各类服务；打造智慧养老服务平台，依托数据信息和先进的技术设备，防止意外发生，让老人老年生活更方便更安全。

作为国内老龄化程度较高的城市之一，根据第七次人口普查数据显示，宁波市 60 岁及以上人口为 1702566 人，占比 18.1%。农村居住人口为 2068679 人，占 22%。宁波市农村的老龄化比重也大大加快，在这样一个严峻的情况下，应该如何提升农村养老服务，满足农村养老需求？

"我们正积极构建覆盖城乡的社会养老服务体系，从居家养老、服务网络、智慧养老等多方面齐抓共管。"宁波市民政局副局长丁导民说。

要破题，必须有新思路。宁波创新地统筹建设区域性居家养老服务中心和老年护理日间照料中心，发展形成日间照料与集中供养、家院互融、综合养老等多形式多层次的农村居家养老服务模式，构建起便捷高效、多样可选、基本覆盖的 20 分钟农村"养老服务圈"。其中，以日间照料服务中心为平台，以提供助餐助医助养助乐服务为重点，形成全周期、品质化的养老服务供给链，集成化解决好老年人吃饭、就医、洗衣、照料等日常生活护理问题。引导社会多元主体参与，逐步形成“政府补助、村级支持、老人缴费、社会捐助、自我发展”的农村养老“自循环体系”，让农村养老广覆盖和可持续变得切实可行。坚持服务与安全并重，推动设施标准化建设、机构制度化管控、养老智慧化服务、保险专业化创新，建立起全环节的养老服务安全保障体系，让农村老人走出来、动起来、乐起来。

据统计，目前宁波建有养老日间照料中心 2238 家，覆盖所有行政村，服务农村老人 25 万人。建成 200 个村级老年公寓、4000 套安居房，入住老人 6000 余人。建有家院互融服务站(点)187 个，每年服务老人 100 万人次。老年助餐配送服务覆盖 2112 个行政村，老年食堂(助餐点)有 1353 个，每天约有 1.2 万名农村老人享受助餐服务。

图 4-6(注:来源于宁波市人民政府)

1. 开设老年食堂、方便居家养老(奉化的“孝膳堂”①)

中午到了饭点，奉化区西坞街道蒋家池头村的“孝膳堂”老年食堂又热闹起来，50 多位老人正在这里就餐。记者上前一瞅，菜品挺丰盛。

2017 年 7 月，蒋家池头村办起老年食堂，为村里 60 岁以上老年人提供午餐和晚餐。“每人每餐只需 4 元，90 岁以上老人每餐只需 3 元。”食堂负责人杨亚凤介绍，自己曾是村妇女主任，如今专职负责食堂工作，“开办 3 年多来，这里人气越来越旺，就餐人数增了一倍。”

为啥要办老年食堂？杨亚凤道出原委：“村里 60 周岁及以上老年人有 300 人左右，占村总人口四成。不仅如此，老人子女大多不在身边。过去，他们一日三餐总是将就，影响身体健康。”

在村两委的协调帮助下，村里组建起一支 45 人的志愿者队伍，专门负责老年食堂日常运营。每人每月轮值 1 天，如今队伍逐渐壮大，已有 75 人，村宣传栏上总能看到他们的事迹。为了保证食堂正常运营，村里想了不少办法，除了组建志愿者队伍，还专门开辟出一块约 2 亩的菜园，由志愿者负责打理，一年四季为食堂提供时令蔬菜。“自家园子种的菜不仅干净卫生，一年下来还能节省不少菜钱。”杨亚凤说。提及经费，她告诉记者，食堂采取的是“政府补一点、村里贴一点、社会捐一点、个人掏一点”的方法，确保可持续运营。“每年由上级民政部门补贴 7—10 万元，村委会补贴 10 余万元。”

这两年，“孝膳堂”的运作模式在奉化农村“遍地开花”，已在 31 个行政村试点运行，还计划在全区范围内推广。

① 宁波市人民政府网. 我市探索办好农村老年食堂　守护农村老人“舌尖上的幸福”. http://www.ningbo.gov.cn/art/2021/3/24/art_1229099768_59026835.html. 2021-03-24/2022-04-10.

2. 打造养老中心、提供多元服务①

前不久,位于宁海县黄坛镇榧坑村的一幢3层闲置教学楼经过改造,成了黄坛镇区域性养老服务中心。运营时间虽不长,已吸引来60多位老人。

“有床位能入托,这下吃饭、康复都不用愁了。”83岁的村民胡福女告诉记者,她患有高血压,儿女又不在身边,“听说村里建起养老服务中心,孩子便给我报了名。”

其实,胡福女的问题也是黄坛镇面临的养老难题。黄坛镇副镇长沈太炉告诉记者,榧坑村的年轻人大多外出打工,学生都到镇上去读书,榧坑村的双峰学校被闲置下来。村里有不少留守老人,镇政府合计,能否把闲置学校改建成区域性养老服务中心?榧坑村是黄坛镇双峰片区最大的行政村,若把养老中心建在这里,可以辐射周边11个村的近2000位老人。不仅盘活了闲置资源,还能缓解养老难题。

该项目由政府投资490万元进行改建,去年11月,该养老服务中心正式落成。中心聚焦颐养、活动、旅居三大服务,可为老年人提供健康食堂、慢病管理、康乐活动、上门探访等各类服务。眼下,宁波居家养老服务中心已实现乡镇(街道)全覆盖,老年助餐配送服务覆盖2871个村(社区)。与此同时,乡镇敬老院也在有序改造升级,计划建成12个乡镇的养老综合体。

3. 依托先进技术、发展智慧养老②

2021年12月26日上午7时,江北区智慧养老服务平台接到一则系统预警信息。信息来自慈城镇勤丰村凌巧生老人的“照护宝”,提示“长时间未发现老人活动信息,请立刻联系老人”。根据平台提

---

① 宁波市人民政府网. 宁海探索“公建民营”模式让更多老年人安享晚年. http://www.ningbo.gov.cn/art/2021/10/13/art_1229099768_59039126.html. 2021-10-13/2022-04-10.

② 浙江在线网. 江北:构建智慧养老综合体. http://nb.zjol.com.cn/csrd/xszc/201803/t20180328_6903695_ext.shtml. 2018-03-28/2022-04-16.

供的信息，平台工作人员徐茹静随即拨通了老人的电话。“好在只是虚惊一场。”徐茹静说，原来，凌巧生家中的“照护宝”红外线传感器电源插头脱落，传感器长时间未监测到活动信息，便自动向平台发送了预警。

“照护宝”是什么？早在 2017 年，江北区政府投资 20 余万元，为符合条件的 80 周岁及以上困难、独居、半失能、空巢老人家庭安装“照护宝”紧急呼叫设备，可以监测老人活动轨迹、煤气泄漏、烟雾等情况。设备通过移动网络，将数据传输到智慧养老服务平台。如今，这项服务已覆盖至江北区的所有村镇。快速灵敏的背后，是信息综合、智能服务、监管评估等多效合一的智慧养老服务平台。“平台集纳了街道(镇)分散统计的老年人信息，以及专业化养老服务机构信息和 31 项为老服务事项。”江北区民政局养老服务指导中心负责人汪申彦说。

不仅在江北区，目前宁波正加快推进全市域养老服务信息系统建设，并将纳入宁波“城市大脑”，为开展养老行业监管和养老公共服务提供技术支撑。“依托先进的物联网、5G、云计算等技术，5G 养老院也将在未来投入使用。”丁导民说。

(二) 亮点分析

为迅速贯彻民政部“9·26”全国基本养老服务体系建设电视电话会议精神，10 月 8 日，宁波市召开由市长主持的全市为老服务体系建设领导小组会议，启动宁波市基本养老服务体系建设，专题研究加快基本养老服务体系供给，回应甬城 160 余万老年人的“老有所养”期盼，确保更多老年人享受到共同富裕的民生福祉，积极打造“甬有颐养”幸福民生品牌，实现共同富裕道路上“一个都不能少”。

1. 突出规划引领，推进基本养老服务人人享有

为深入践行以人民为中心的发展思想，宁波市将“甬有颐养”列入高质量发展建设共同富裕先行市七大幸福民生品牌。为落实好宁

波养老服务体系建设“十四五”规划和养老服务提质提升三年行动计划,积极推动养老服务设施进入城市主城区、老年人集聚区。按照“机构跟着老人走”的目标,编制实施养老服务设施布局中长期规划(2021—2035年)。根据老年人口密度,增加中心城区嵌入式、多功能、综合性养老服务设施。坚持公办养老机构公益属性,确保每个区县(市)至少建有1家公办养老机构。严格落实居家养老服务设施配建标准,织密社区居家养老服务网络,实现“服务就在家门口”。到2025年,创建4A级乡镇(街道)居家养老服务中心60个以上,建成200个以上标准化老年食堂,每日享受助餐服务居家老年人5万人以上。城区所有养老机构、农村80%以上的养老机构通过开放场所、承接运营、上门服务等方式,为居家老年人提供生活照料、家务料理、精神慰藉等上门服务。

2. 突出基本保障,推动优质养老服务触手可及

聚焦老年人日常生活所需,既面向全市老年人,又优先保障经济困难、高龄、失能老年人等特殊困难老年人,发挥公办养老机构主体作用,将政府购买服务与满足老年人基本服务需求相结合,满足养老服务刚需。完善基本养老服务清单标准,探索实行“重阳分”制度。实施“线上监测+线下探访”相结合的独居、空巢、留守老年人巡访制度,周探访率达到100%。加强山区、海岛的基本养老服务保障,完善老年人意外伤害保险制度。完善高龄津贴制度,优化发放流程。完善老年优待制度,凡在宁波的老年人不分国籍、户籍享受同等待遇。探索老年福利政策逐步惠及常住老年人口。困难老年人家庭适老化改造实现愿改尽改、应补尽补,支持有需要的老年人家庭开展适老化改造。完成特困人员供养服务设施(敬老院)改造提升,有集中供养意愿的特困老年人100%实行集中供养,生活不能自理的特困老年人集中供养率达到95%。

3. 突出品质提升,加快健全养老服务标准体系

抓好养老服务的标准化、专业化、多样化、法治化建设,推进居家

养老服务中心(站)标准化、规范化运行,提升养老机构服务质量。到2025年,市、县两级公办养老机构均达到三星级以上标准,全市80%养老机构达到二星级标准,其中三星级以上50个、四星级以上10个。市、县公办养老机构设置认知症照护专区,床位占比不少于当地公办养老机构床位8%,每万户籍老年人口拥有养老机构认知障碍床位数20张。100张床位以上养老机构康复室全覆盖,三级中医医院设置康复科比例达到90%。深化长期护理保险试点,探索建立健全资金筹集、需求评估、待遇支付、服务供给、经办管理有机衔接的制度体系。推进医疗机构、养老机构和家庭有序转接、能力评估、专业服务和照护政策衔接配套的康养体系建设,市县、乡镇(街道)层面都建立康养联合体。发挥养老服务机构综合性政策保险作用,提升突发事件应急处置能力。开展养老护理员职业技能等级认定改革试点,巩固家庭养老基础性作用,通过政府购买服务等方式,免费培训家庭照护者30000人次,提供更多可选择的个性化服务。建立线上线下、部门联动的综合监管机制,依法打击无证无照从事养老服务行为。强化对养老事业的政策支持,加快养老事业平台建设,积极拓展旅居养老、文化养老、健康养老等新型养老服务[①]。

4. 突出数字赋能,实现数字养老服务精准高效

加快建成宁波市“甬易养”智慧养老服务平台,让老年人更多享受智能化养老服务,实现基本养老服务体系线上线下有机融合。强化养老服务数字化应用,将养老服务信息纳入宁波城市大脑,为服务精准对接和行业监管提供技术支撑。发展“互联网+养老服务”,支持企业研发生产可穿戴、便携式监测、居家养老监护等智能养老设备和适合老年人的产品。加强对老年人的数字产品操作技能培训,引

① 宁波市人民政府网.宁波市卫生健康委员会对市十五届人大六次会议第277号建议的答复. http://www.ningbo.gov.cn/art/2020/9/2/art_1229096049_3693061.html. 2020-09-02/2022-04-16.

导帮助老年人融入信息化社会，创新“子女网上下单、老人体验服务”等消费模式。围绕老年人出行、就医、消费、文娱、办事等高频事项和服务场景，开设老年人绿色通道。推广物联网和远程智能安防监控技术，降低老年人意外风险。

宁波将继续加快构建基本养老服务体系，提高基本养老服务供给水平，坚持目标导向、问题导向，不断均衡城乡服务差距，更加注重养老服务的基础性、公平性、渐进性和系统性，着力打造“甬有颐养”品牌的标志性成果，不断提升老年人对基本养老服务的获得感和满意度。

(三) 经验启示

宁波市委、市政府高度重视养老服务工作，不断创新养老服务理念，凝聚养老服务共识，基本形成了齐抓共管、合力推进的良好工作格局。市委、市政府将发展养老服务业列入了全市“3433”服务业倍增发展行动范畴，把发展养老服务事业放在与教育、医疗卫生同等重要的位置抓实抓好，连续13年将其列入市政府民生实事项目，纳入对区县(市)政府年度目标管理考核范围。

1. 三级联动完善养老基础设施网络

科学合理布局区县(市)、镇乡(街道)、社区三级养老服务设施，推进“十分钟养老服务圈”建设。在市级层面，结合宁波养老服务机构建设规划，建设多功能的养老服务机构，重点加强养护型和医养结合型养老机构建设，加快推进“养老小镇”等建设规划落地；在镇乡(街道)层面，大力推进区域性养老服务中心建设，着力打造“枢纽式养老服务综合体”，充分发挥区域照护服务管理、资源整合、信息平台等功能；在社区层面，将居家养老服务用房列入城市社区配套，支持老小区通过腾退、置换、租赁、回购等方式落实服务用房，鼓励利用布局调整后闲置的学校、办公服务设施等公共资源改造或建设居家养老服务设施。

2. 双轮驱动优化养老服务营商环境

充分释放政策效益，进一步落实市政府《关于进一步鼓励民间资本投资养老服务业的实施意见》，在用地用房、财政扶持、税费和价格优惠、人才队伍建设等方面确保投资者权益，健全民办养老机构和社区居家养老服务设施建设补助、非营利性民办养老服务机构运营补贴、养老机构建设用地保障等制度，吸引民间资本积极参与，推动养老服务社会化。撬动社会资本杠杆，整合财政可支配资金，全面激励社会资本参与，探索建立宁波养老服务产业引导基金，对养老服务项目进行融资支持。

3. 标准化助力养老服务质量升级

统一标准化工作机制，在服务项目上，形成养老服务项目指导目录；在服务内容上，制定设施设备配置标准，逐步完善操作流程；在服务技能上，加快制定从业人员基本要求、职业培训规范；在评估监测上，建立老年人需求评估标准和服务质量评估标准；在行业管理上，区分托底保障性养老机构、向社会开放的市场化养老机构、社区居家养老服务机构等不同性质，分类研究制定等级评定标准。进一步强化标准实施，力争使养老服务标准落实到行业管理和经营服务的各个环节，提高全行业实施标准的自觉性。鼓励标准升级，充分提炼养老服务工作的经验，鼓励将成熟的团体标准、企业标准上升为国家标准、行业标准、地方标准。

4. 信息化平台提升养老服务综合监管

加强行业信用建设，由行业主管部门将其归集的养老机构及从业人员信用记录纳入宁波市信用信息共享平台，通过信用宁波网站公示，建立信用奖惩联动机制、从业人员黑名单制度和养老服务业退出机制。建立养老服务监测平台，实现智慧养老实时监管，建立全市统一的智慧养老服务系统，包括“一库三平台”，即养老服务基础信息库，养老服务管理平台、公众平台和监管平台，促进养老服务高质量发展。

参考文献:

[1] 民生有温度　幸福有质感　聚焦宁波打造“浙里甬有”幸福民生品牌[J].宁波通讯,2022(02):10-11.
[2] 张昊.书写温暖人心的民生答卷[N].宁波日报,2022-01-21(001).
[3] 刘奕.从资源网络到数字图谱:社区养老服务平台的驱动模式研究[J].电子政务,2021(08):40-51.
[4] 金昱希,林闽钢.智慧化养老服务的革新路径与中国选择[J].兰州大学学报(社会科学版),2021,49(05):107-116.

七、甬有安居:全国宜居城市前10强

(一) 基本情况

宜居城市是指对城市适宜居住程度的综合评价。宜居城市其特征是:环境优美,社会安全,文明进步,生活舒适,经济和谐,美誉度高。宜居城市建设是城市发展到后工业化阶段的产物,是指宜居性比较强的城市,是具有良好的居住和空间环境、人文社会环境、生态与自然环境和清洁高效的生产环境的居住地。1996年联合国第二次人居大会提出了城市应当是适宜居住的人类居住地的概念。此概念一经提出就在国际社会形成了广泛共识,成为21世纪新的城市观。

2005年,在国务院批复的《北京城市总体规划》中首次出现“宜居城市”概念。中国城市竞争力研究会连续多年发布“中国十大宜居城市”排行榜。宜居城市是指那些社会文明度、经济富裕度、环境优美度、资源承载度、生活便宜度、公共安全度较高,城市综合宜居指数在80以上且没有否定条件的城市。城市综合宜居指数在60以上、80以下的城市,称为“较宜居城市”。城市综合宜居指数在60以下的

城市，称为“宜居预警城市”。从城市发展进程的历程看，城市发展经历了农业社会、工业社会、后工业社会、信息社会等几个阶段。在由低到高的进化过程中，随城市的拓展和经济的迅速增长，逐步出现了城市拥挤、交通堵塞、环境污染、空间紧张、生态质量下降等一系列伴随而生的城市问题。与此同时，人们对生活环境、生活质量、生存状态的要求也在不断发生变化，并且总体上需求越来越复杂、要求越来越高，这个必然的进化趋势导致人们越来越关心人居环境及自身的生存状态。①

发达国家对宜居城市建设是以早期的人居环境关注为标志的，1976 年，联合国召开了首届人居大会，提出“持续发展的方式提供住房、基础设施服务”，相继成立了联合国人居委员会(CHS)和联合国人类住区委员会(UNCHS)。1989 年开始创立全球最高规格的“联合国人居环境奖”。1996 年提出“人享有适当的住房”“市化进程中人类住区可持续发展”两个发展主题。相关的“联合国人居中心”“联合国人居委员会”“联合国人居环境奖”等机构使这些概念在实践中逐步展开。中国也在 2000 年在建设部主持下设立了“中国人居环境奖”。随着人居环境与住区问题的研究，人们关注的角度和问题的深度、广度都在不断发展，包括城市环境、资源、生态、安全等内容逐步进入研究领域。“宜居城市”的概念走入人们的视野。宜居城市建设与人居环境建设是一个互为因果的关系，由于人居环境问题是在面临城市居住拥挤、秩序混乱、质量下降等问题时提出的，因此，起初对人居环境的认识是比较具体而微观的，如关注居住区、邻里环境、居住建设项目等，而后，这个概念在学者们的关注下不断发展，具有了更为广泛而宏观的内容。

评判标准《GN 中国宜居城市评价指标体系》由包括生态环境健康指数、城市安全指数、生活便利指数、生活舒适指数、经济富裕指

① 宜居城市，让生活更美好. 荆楚网. 2015 - 12 - 23.

图 4-7

数、社会文明指数、城市美誉度指数在内的七项一级指标,四八项二级指标,七四项三级指标组成。

宜居城市包含哪些方面?

(1) 城市应该是经济持续繁荣的城市。因为城市是区域经济的组织、管理和协调中心,是经济要素的高密度聚集地,是各种非农产业活动的载体。城市只有拥有雄厚的经济基础、先进的产业结构和强大的发展潜力,才能为城市居民提供充足的就业机会和较高的收入,才能为宜居城市物质设施建设提供保证。

(2) 宜居城市应该是社会和谐稳定的城市。只有在政局稳定、治安良好、民族团结、各阶层融洽、社区亲和、城市城乡协调发展的城市,居民才能安居乐业,才能充分享受丰富多彩的现代城市生活,才能将城市视为自己物质的家园和精神的归宿。

(3) 宜居城市应该是文化丰富厚重的城市。城市的文化丰富厚重有如下含义:历史文化遗产丰富;文化设施齐备;文化活动频繁;城市文化氛围浓郁。只有具有文化丰厚度的城市，才能称之为思想、教育、科技、文化中心，才能充分发挥城市环境育人造人的职能，才能提高城市居民的整体素质。

（4）宜居城市应该是生活舒适便捷的城市。生活的舒适便捷主要反映在以下方面：居住舒适，要有配套设施齐备、符合健康要求的住房；交通便捷，公共交通网络发达；公共产品和公共服务如教育、医疗、卫生等质量良好，供给充足；生态健康，天蓝水碧，住区安静整洁，人均绿地多，生态平衡。

（5）宜居城市应该是景观优美宜人的城市。城市是一个人文景观与自然景观的复合体，景观的优美宜人是城市建设的基本要求。这既需要城市的人文景观与自然景观相互协调，又要求人文景观如道路、建筑、广场、小品、公园等的设计和建设具有人文尺度，体现人文关怀，从而起到陶冶居民心性的功效。

（6）宜居城市应该是具有公共安全的城市。公共安全度是指城市抵御自然灾害如地震、洪水、暴雨、瘟疫，防御和处理人为灾害如大暴乱、恐怖袭击、突发公共事件等，确保城市居民生命和财产安全的能力。公共安全度是宜居城市建设的前提条件，只有有了安全感，居民才能安居乐业。[①]

2019 年 6 月 24 日，中国社会科学院财经院创新工程重大成果《中国城市竞争力第 17 次报告》（简称报告）发布。报告构建了城市综合经济竞争力指数、宜居竞争力指数、可持续竞争力指数、宜商竞争力指数，对 2018 年中国两岸 4 地 293 个城市的综合经济竞争力和 288 个城市的宜居竞争力、可持续竞争力、宜商竞争力进行了研究。从排行榜来看，宁波上榜城市宜居竞争力前 10 强，可持续竞争力前 20 强。[②]

① 马玉萍. 宜居城市浅论. 山西建筑. 2011，37(10).

② 中国城市竞争力第 17 次报告发布. 中国日报网. 2019 - 06 - 24.

一个城市的经济发展水平将影响社会发展的方方面面,一个贫穷的城市一定不是一个宜居的城市,所以城市经济发展水平、城市富裕程度将是宜居城市建设的坚强后盾;同样的道理,一个人民生活没有保障的城市也不会是一个宜居城市,生活保障是作为宜居城市的必要条件。这说明宁波城市建设相对比较重视经济发展水平和市民生活保障程度的提高,经济富裕度评价和生活保障评价的高得分,为宁波宜居城市评价提供了强有力的支撑。然而经济富裕度和生活保障这两项指标并非宜居城市评价指标体系的重要指标,从准则层权重来看,两者权重最低。因此,宁波建设宜居城市除了依靠经济富裕度和生活保障的提高外,更要注意环境优美度、生活适宜度等高权重指标的提升。①

环境优美度评价和生活适宜度评价和人文魅力评价是一个宜居城市的决定性指标,宁波在其中的环境优美度评价和生活适宜度评价得分很高,说明了宜居程度高,因为作为宜居城市,首先要满足的就是城市环境优美和生活的适宜。在自然环境方面,宁波拥有众多文化古迹,除了闻名两岸三地的溪口镇外,西靠四明山,东临东海,独特的地理位置赋予了宁波独特的自然风光,此外自然风光还有松兰山、九峰山、九龙湖、五龙潭、南溪温泉、野鹤湫旅游风景区、浙东大峡谷等也是宁波有名的生态旅游景点。在人文方面,宁波有世界文化遗产、世界文化景观、全国重点文物保护单位、国家历史文化名城、国家非物质文化遗产并且保护较好;也有省级历史文化名城、省级重点文物保护单位并且保护较好。同时,宁波名列第二批国家历史文化名城,拥有天一阁、庆安会馆等全国重点文物保护单位。

宁波全力建设现代化滨海大都市,打造“东方滨海时尚之都”,从规划引领、平台建设、品牌推广等方面,就优化空间布局、推进港产城

① 黄向勇.沿江滨海城市宜居城市评价——以宁波市为例.青岛:青岛出版社,2013:233—241.

文融合、提升城市形象品质、增强城市极核功能等建言献策，描摹心中的滨海时尚，期盼“枕山滨海、拥江揽湖”的都市魅力充分彰显。

首先，要全面提升城市综合竞争力和辐射集聚力。树立区域观，从全球视野、全国站位、区域担当、双城联动的角度谋划宁波的城市地位，要稳固在宁波都市圈的核心地位，唱好与杭州的“双城记”，整体融入上海都市圈，不断提升宁波在港口贸易、先进制造等职能方面的控制力和牵引力。树立整体观，实现从县域经济到都市经济的转型升级，推进行政区功能化，加强市级统筹，强化整体协同。树立系统观，推进港产城文功能布局系统优化，实现“功能布局一盘棋，空间规划一张图”；以全域国土空间综合整治为抓手，推动资源重组、功能重塑、空间重构、产业重整、环境重生，构建布局合理的生产生活生态空间。

其次，要积极提升城市形象魅力和文化吸引力。宁波拥有深厚的历史文化底蕴、宜居宜业的生活环境、开放包容的社会氛围，要进一步提升城市空间场所的精神文化内涵，凸显滨海时尚特征，点亮城市文化地标；要彰显大都市生态格局，以“连山-串城-通海”生态廊道为骨架，以翠屏山-东钱湖-象山港构建都市绿心，打造全域美丽的生态大花园；要保护并利用好历史文化名城名镇名村，同时精心打造三江文化长廊、翠屏山文旅融合区、北纬 30°最美海岸线等一批标志性文化空间，彰显港城文化独特魅力，塑造城市文化品牌，推动城市文化软实力提升。①

宜居城市是一个由自然物质环境和社会人文环境构成的复杂系统。其自然物质环境包括自然环境、人工环境和设施环境三个子系统，其社会人文环境包括社会环境、经济环境和文化环境三个子系统。各子系统有机结合、协调发展，共同创造出健康、优美、和谐的城

① 奋力提升“东方滨海时尚之都”美誉度——代表委员热议滨海时尚. 宁波日报网. 2022-04-11.

市人居环境，构成宜居城市系统。宜居城市的自然物质环境主要包括城市自然环境、城市人工环境、城市设施环境三个子系统。其中城市自然环境主要包括美丽的河流、湖泊，大公园，一般树丛，富有魅力的景观，洁净的空气，非常适宜的气温条件等；城市人工环境主要包括杰出的建筑物，清晰的城市平面，宽广的林荫道系统，美丽的广场，艺术的街道，喷泉群等；城市设施环境包括城市基础设施和城市公共设施，主要包括便捷的交通，完善的公共卫生和医疗设施，众多的高等院校，杰出的博物馆，重要的历史遗迹，多种图书馆及美好的音乐厅，琳琅满目的商店橱窗，街道的艺术，满足多种内容游憩要求的大游乐场，多样化的邻里环境等。宜居城市的社会人文环境主要包括城市社会环境、城市经济环境和城市文化环境三个子系统。其中城市社会环境主要包括和谐的社会交往环境，完善的社会保障网络，牢固的公共安全防线，亲和的社区邻里关系，良好的城市治安环境等；城市经济环境主要包括充足的就业职位，较高的收入水平，雄厚的财政实力，巨大的发展潜力等；城市的文化环境主要包括完善的文化设施（如博物馆、音乐厅、图书馆、体育馆、科技馆、歌剧院等），浓郁的文化氛围，充足的教育资源（包括大专院校、中小学、职业技术学校、继续教育机构等），及丰富多彩的文化活动（如艺术节、运动会、各种展览等）。

宜居城市的自然物质环境为人们提供了舒适、方便、有序的物质生活的基础，而社会人文环境则为居民提供了充分的就业机会、浓郁的文化艺术氛围，以及良好的公共安全环境等。当然，城市自然物质环境和社会人文环境的界限不是绝对的，两者相互融合，构成一个有机的整体。城市自然物质环境是宜居城市建设的基础，城市社会人文环境是宜居城市发展的深化。城市社会人文环境的营造需要以城市自然物质环境为载体，而城市自然物质环境的设计则需要体现城市的社会人文内容。

参考文献：

[1] 宜居城市，让生活更美好[N]. 荆楚网. 2015-12-23.

[2] 马玉萍. 宜居城市浅论[J]. 山西建筑. 2011,37(10).

[3] 中国城市竞争力第17次报告发布[N]. 中国日报网. 2019-06-24.

[4] 黄向勇. 沿江滨海城市宜居城市评价——以宁波市为例[C]. 青岛：青岛出版社，2013：233-241.

[5] 奋力提升“东方滨海时尚之都”美誉度——代表委员热议滨海时尚[N]. 宁波日报网. 2022-04-11.

八、困有所助：护民生暖热心

（一）基本情况

“您家里今年情况怎么样？几次住院有没有申请到临时救助？”近日，由宁波市纪委监委驻市民政局纪检监察组负责人带队的督查组，入户走访困难群众，开展随机抽查，了解其享受社会救助情况。当听说一名困难群众今年住院数次，却因不了解政策而没有申请临时救助的情况后，他在督查本上写下：个别村对困难群众动态情况的掌握还不够到位。

“社会救助是民生保障的托底举措，事关万千群众切身利益。涉及政策项目多、资金量大、廉洁风险高，监督不可缺位。”市纪委监委相关负责人介绍，今年以来，宁波全市各级纪检监察机关紧盯脱贫攻坚目标，紧盯低收入农户扶持增收、保障救助等情况，开展专项监督检查，督促相关职能部门压实主体责任、监管责任，坚决打赢脱贫攻坚战。

驻市农业农村局纪检监察组通过实地调研、座谈了解、查阅资料等方式，运用审计成果，开展调研摸排，完成了《农业农村领域财政扶持资金管理廉政风险防控的调研报告》，就发现部分项目与资金管理内控机制存在漏洞等，提出13条整改意见，督促市农业农村局及时完成问题整改,并举一反三,修订完善 10 项专项资金管理规定和办法,促进帮扶资金使用管理更加规范。

“胡师傅,这几个月的物价临时补贴发到卡里了吗?每个月有多少啊?”最近,在鄞州区咸祥镇咸三村一位特困户家中,除了定期来访的民政局小袁科长,还跟来了一位“生面孔”。

这位“生面孔”,是鄞州区一名纪检干部。前不久,鄞州区纪委监委会同区民政局成立联合监督组,对全区 21 个镇(街道)低保家庭和低保边缘家庭开展抽样入户核查。目前,已一线监督走访困难群众 2245 户,发现并督促整改问题 160 条次,下发整改通知书 14 份,下发监察建议书 3 份。

奉化区纪委监委推行“日访、周汇总、月小结”工作模式,对走访排查中发现的问题进行精准研判、分类甄别,督促各乡镇(街道)、职能部门对照问题清单,实行销号式管理,不放过“问题不查清、整改不到位、责任人不处理、长效机制不建立”四类重点问题。目前,已督促相关单位整改救助审核审批不够细致、低保救助标准不够明确等问题 20 余个。

宁波全市上下齐发力,社会救助领域督查持续深入推进,成效明显。以民政系统为例,驻市民政局纪检监察组会同市县两级民政部门组成督查组赴 5 个区县(市),通过交叉检查、突击督查和线上抽查等方式,有效整治“关系保”“人情保”问题,助力清退低保 2289 户 3276 人,核实后新增 1608 户 2526 人。

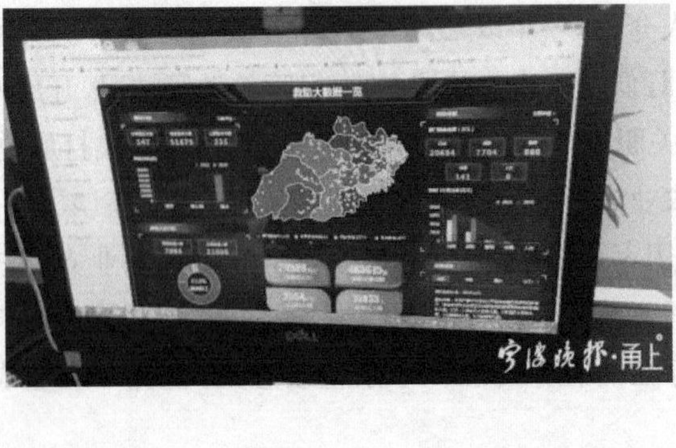

图 4-8(注:图片均来源于宁波晚报·甬上)

(二)亮点分析

社会救助事关困难群众的衣食冷暖,是保障基本民生、促进社会公平、维护社会稳定的兜底性、基础性制度安排。宁波市民政局不断创新工作方法,将救助政策精准送到符合条件的救助对象手中,让那些因病、因残或因能力陷入贫困、窘迫生活境地的家庭也能重新"站起来"。

1. 大数据自动识别、预判,实现从"被动等"到"主动找"困难群众

王宏(化名)一家四口住在海曙区石碶街道石碶社区,2019 年年底,他因脑溢血导致肢体一级残疾,生活无法自理,家中还有 2 个孩子需要抚养,妻子只能偶尔打零工贴补家用。

海曙区民政局工作人员在救助系统中比对数据时发现王宏一家的困难情况,帮助他申请了低保,并给予临时救助,2020 年各类救助金合计约 8.2 万元。

"打个比方,治病、教育等刚性支出达到一定额度,我们的救助系统通过大数据比对能及时发现疑似困难家庭,工作人员会同步上门宣传救助政策,经本人同意并授权核查其家庭经济状况。如果符合救助条件,就能及时纳入到相应的救助保障范畴内。"市民政局社会

救助和社会福利处相关负责人介绍，通过救助服务联合体开展社会救助，可以将救助政策精准送到符合条件的对象手中。

在这套"大救助系统"蓝图里，将会实现救助一件事的多部门联办。一旦民政部门认定困难群众的救助身份，就能同步享受到住房、教育、医疗、人社等套餐化的救助服务，从而实现"零跑腿"，享受到诸多救助保障。

2. "线上线下"工作模式，关注、走访更多潜在救助对象

南门街道尹江岸社区的曹可凡（化名）收入较低且不稳定，住在政府配租的公租房内，家中还有年事已高的母亲需要照顾，他家一直是社区关注的重点对象。今年社工在探访时了解到曹可凡罹患胃癌，无法继续工作，需要长期休养。街道救助帮办立即上门代申请重病单列户低保，11 月 1 日开始可以正式领取。同时通过救助服务联合体为曹可凡一家提供每周一次的保洁服务。

为确保困难群众应救尽救，不落一人。宁波市民政局利用"线上线下"组合工作模式，依托大救助信息系统，加强与乡村振兴等相关部门的信息比对，利用"网格化管理、组团式服务"工作体系，开展困难群众摸排行动，对暂时不符合救助条件但存在一定困难的潜在救助对象，均建立了工作台账，予以重点关注、长期跟踪。自开展"解忧暖心传党恩"活动以来，市民政部门已走访慰问低保、特困人员等特殊困难群众 19.13 万人次，资助资金约 6506.8 万元。

3. 提高多项保障标准，向困难群众发放资金

从市民政局获悉，今年前三季度向困难群众发放各类救助资金 7 亿元。其中，低保金约 4.214 亿元、特困供养金 6200.4 万元、元旦春节一次性节日生活补助金 1.052 亿元、临时救助资金约 4814.4 万元、困难群众临时价格补贴 856.71 万元。为减轻新冠疫情对困难群众基本生活的冲击，2021 年春节宁波市政府额外向困难群众发放一次性节日临时生活补助金 5353.37 万元。

对标宁波共同富裕先行市建设"路线图"，民政部门积极做好兜

底线、补短板文章，率先完成困难救助“同城同标”工程。实现元旦春节一次性节日生活补助金全市统一，将奉化、宁海、象山三地的低保家庭由每户0—800元不等调整为全市统一的每户1500元，共增发财政资金近1000万元；实现低保标准和特困人员救助供养标准全市统一。

宁波稳步提升社会救助保障标准，多项标准均为全省第一。自4月1日起，宁波市机构孤儿每月基本生活标准统一调整为2580元，散居孤儿和困境儿童每月基本生活标准为2064元，均位居全省第一。自7月1日起，月最低生活保障标准全市统一调整为人均1005元，调标后在全省标准统一地市中宁波市标准位居第一。特困供养人员月基本生活费标准统一调整为1709元，调标后标准位居全省第一。

（三）经验启示

1. 各级政府应明确救助职责

市本级和县（市）区政府应在国家、省的相关法律、法规指导下，制定相应政策法规，提供人才、法律、信息保障，建立规范科学的社会救助体系，营造全社会慈善济人的文化理念和基础。各级政府在实施救助前首先要明确社会救助要坚持与经济社会发展相适应的原则和社会优先、兼顾效率的原则，明晰政府在社会救助中的责任边界。①明确社会救助应根据《宁波市社会救助家庭经济状况认定办法》，会同公安、民政、银行等部门，对受助家庭（个人）的户籍、住地等情况进行汇总、建档，调查社会救助信息，为大数据条件下做好社会救助工作打好基础。准备充足、稳定的社会救助资金，对社会组织无力完成的任务承担“兜底”保障，对“支出型贫困”家庭和个人，进行临时救助。

① 张万发．论社会救助中的政府责任及其边界．河北：河北大学，2015.

2. 建立分级救助体系，实施分类救助

运用居民家庭经济状况信息平台，对困难群众细分为救急型、救助型、长效型、帮扶型、脱困型等不同群体；对不同收入状况、不同困难家庭，建立县（市）区、街道（乡镇）、农村（社区）三级救助体系，增强救助针对性；对贫困家庭的收支情况进行系统梳理，解决“支出型贫困家庭”问题；把提高职业技能，保障就业机会，作为对有劳动能力贫困人员的救助内容；对高龄老人、单身母亲等特殊群体实施单独救助。加大农村救助资源投入，宁波市农村地广人多、情况复杂，台风、洪涝等自然灾害多。因此，要加大对农村人口多、区域面积大的县（市）区的救助力度。形成政府救助和社会力量参与相结合的社会救助体系，保障受助者在城乡低保、特困人员供养、受灾人员救助、医疗救助、教育救助、住房救助、就业救助和临时救助方面的切实需求。完善受助者在基本生活问题、专门问题、突发问题和个性化突出问题方面的救助体系。①

3. 利用互联网，实施精准救助

在“宽带中国”战略指引下，宁波积极试行“互联网＋扶贫”“制度＋技术”的社会救助新模式，推动社会救助由粗放管理向精准救助转化。一是解决“扶持谁”的问题。运用大数据技术和公安部门的人口、户籍信息，获取贫困人口的姓名、身份证号、银行账户等基本信息，采集贫困线±5—10％的家庭（人口）数据，建立贫困群体数据库，根据贫困人口数量、贫困程度、区域分布等情况，做到因户（人）施救，精准扶贫。二是解决“怎么扶”的问题。各级扶贫机构充分发挥电信运营商、社会团体和志愿者队伍，运用互联网实施信息扶贫。各级帮扶机构和个人通过网络银行支付、微信支付等电子平台，将扶贫资金直接拨付到贫困家庭（个人）的银行账户，使扶贫资金真正发到贫困

---

① 林闽钢.论我国社会救助立法的定位、框架和重点.辽宁：社会科学辑刊，2019，(04)：90—95.

者的手里。“健全与完善申请救助家庭经济状况的核对机制，形成信息覆盖区域‘横向到边、纵向到底’的整合治理格局，搭建共建共治共享信息平台。”[①]整合社会救助与精准治贫，走精准救助道路。

4. 多渠道筹措社会救助资金

政府作为实施社会救助的主体，需要承担首要责任，解决社会救助问题，资金筹措的重要性不言而喻。政府应主动优化财政支出结构，建立科学的社会救助资金分级分担机制，逐步建立并完善财政横向转移支付制度。[②] 多渠道筹措社会救助资金，一是广开社会渠道，开展“积德行善、回报社会”活动，有条件的县区要建立专项救助基金，开展各种形式的慈善筹资、社会捐赠活动。二是动员海内外“宁波帮”人士，为家乡的新型社会救助体系建设出力、出钱(物)、出智谋。发动机关、企事业单位做好新型社会救助体系建设中的资金(财、物)捐赠和帮扶工作。三是大力发展福利彩票事业，加大社会福利彩票发行宣传力度，增加发行站点，透明资金流向；设立“爱心超市”，建立个人和单位捐赠登记卡，要在公共媒体上定期或不定期地公布那些社会救助、钱物捐赠工作做得突出的个人和集体，并对他们给予一定的物质和精神奖励，调动社会各方积极参与宁波社会救助体系建设。

5. 强化法制理念，完善救助法规

进一步促进宁波市社会救助工作的法律、法规建设。制订受助家庭和人员的进退机制；特殊群体的紧急救助法规；根据农村(革命老区、沿海县区)社会救助工作的特点进行立法。为实现依法救助、依法保障、依法进退，实现社会保障和救助工作依法动态管理提供法律保障。要出台相应的法律法规，运用经济和行政手段，帮助困难群众提高自我救助能力。一是通过政府救助、社会互助、家族扶助、街

---

① 匡亚林. 论精准治贫与社会救助的整合治理. 湖北：华中科技大学学报(社会科学版)，2018,32(01)：117—124.

② 赖志杰，傅联英. 我国新型社会救助体系构建原则与途径探析. 湖北：社会保障研究，2009,(06)：64—68.

区帮助、亲友资助、本人自助;二是通过对实行慈善的企业和个人的税收减免,提高慈善企业施善积极性;三是通过对保障对象的就业指导、法律救援、技能培训等途径,使有条件实现自助的贫困家庭和个人提高自我生存能力,早日脱贫。①

参考文献:

[1] 中央纪委国家监委网. 宁波紧盯脱贫攻坚目标 深化社会救助工作专项监督[EB/OL]. https://www.ccdi.gov.cn/yaowen/202009/t20200914_225507.html. 2020-09-21/2022-04-16.

[2] 宁波文明网. 浙江宁波:数字赋能社会救助[EB/OL]. http://nb.wenming.cn/wmjj/202111/t20211102_7397346.shtml. 2021-11-02/2022-04-16.

[3] 张万发. 论社会救助中的政府责任及其边界[D]. 河北大学,2015.

[4] 林闽钢. 论我国社会救助立法的定位、框架和重点[J]. 社会科学辑刊,2019(04):90-95.

[5] 匡亚林. 论精准治贫与社会救助的整合治理[J]. 华中科技大学学报(社会科学版),2018,32(01):117-124.

[6] 赖志杰,傅联英. 我国新型社会救助体系构建原则与途径探析[J]. 社会保障研究,2009,(06):64-68.

[7] 王仕龙. 新型社会救助:宁波的实践与思考[J]. 宁波大学学报(人文科学版),2017,30(03):122-127.

九、“鄞州解法”:365 社区治理工作规程

(一) 基本情况

8 月 30 日,2020 全国创新社会治理典型案例颁奖暨经验分享活

① 王仕龙. 新型社会救助:宁波的实践与思考. 浙江:宁波大学学报(人文科学版),2017,30(03):122—127.

动在吉林省敦化市举行，鄞州入选全国创新社会治理最佳案例。[①]

作为“365社区服务工作法”发源地，宁波市鄞州区坚持以党建为核心，以划船社区“365社区服务工作法”为基础，以“最好的服务就是最好的治理”为理念，创新升级“365社区治理工作规程”，全面提升社区治理的精细化水平和组织化程度。2019年，浙大社会治理研究院宁波中心落户鄞州，目前正在积极创建全国乡村治理体系建设试点县和浙江省社区治理和服务创新实验区。

作为宁波都市核心区，鄞州区既有始建于上世纪70、80年代基础建设落后的老小区，又有大量高档商品住宅小区，还有相当一部分安置小区，共计460个，三者占比为16.1%、65%和18.3%，居民结构复杂，治理形态十分丰富，治理方式具有相当的挑战性。一直以来，鄞州区高度重视社区建设和社区治理工作，2002年起就率先推动居民区改为社区工作，2012年以来深入推进社区减负提效、优化环境；2017年以来，深入探索党建引领社区治理的路子，社区治理进入了高质量发展的新阶段。在此过程中，形成了划船社区“365社区服务工作法”。鄞州区认真贯彻落实“推进国家治理体系和治理能力现代化”要求，创新升级“365社区治理工作规程”，实化三大治理主体、细化六大治理任务、强化五大治理机制，形成了社区治理的“鄞州解法”。

“365社区治理工作规程”，是推动国家治理体系和治理能力现代化在基层贯彻落实的重要实践，也是市域治理在社区层面的重要创新。

1. 社区治理体系更加健全完善，有力破解了“融不进、合不来”的难题

通过推行365社区治理工作规程，进一步明确社区党组织在基

① 浙江新闻网. 厉害了！鄞州创新社会治理典型案例获评全国最佳. https://zj.zjol.com.cn/red_boat.html?id=100842284. 2020-07-06/2022-04-16.

层治理中的领导核心地位，理清了党员、社工和志愿者在社区治理中的主体作用与治理职责，从根本上实现了对社区各类组织由粗放式松散管理向规范化精细管理的转变，党的领导力和组织力也明显增强。如百丈(划船)党建综合示范区集结不同领域22个单位，覆盖人群超过6万人。

2. 社区治理模式更加丰富多样，有力破解了“力量单一、活力不足”的难题

通过大力推广365社区治理工作规程，在新建小区、成熟社区、老旧小区和安置小区等方面的社区治理，探索形成了具有鄞州特色的治理经验和模式。如新建的和丰社区成立了由小区业委会、物业、民警、律师、行政执法、市场监管等单位联合组成的“红管家”社区共治委员会，成为党建引领物业和业委会治理的有益尝试；老旧的丹凤社区探索“丹心共治”治理模式，把一个近30年的老屋社区建设成为宜居新家园；拆迁安置的九曲社区推行“九曲九功”特色党建工作法，促进新居民和旧村民、人文情感和市民社会的有机融合。

3. 社区治理流程更加规范有序，有力破解了“谁来治、治什么、怎么治”的难题

365社区治理工作规程整合、理清了《社区服务中心服务规范》《社区包片联户工作规范》和《社区专职工作者职业能力评价体系》等一系列操作标准，科学归纳了社区日常提供的党建、协商、平安、文化、便民等六大服务内涵，并完善了组织共管、民情共办、队伍共建、资源共享和网格共治的五大治理机制，涵盖了社区工作的各个方面，成为社区工作者能够熟练掌握和运用的工作规程。

4. 社区治理能力和服务水平明显提升，有力破解了服务“最后一公里”的难题

365社区治理工作规程坚持以人为根本，着力解决群众关注的大事小事和难事，让居民好办事、矛盾就地化解。全区161个社区都建立了“一站式”服务大厅，构建了以社区公共、便民惠民、公益志愿、

矛盾化解等为主要内容的社区服务体系，基本形成了 15 分钟生活服务圈。截至 2019 年底，全区持有全国社会工作者职业水平证书的社区工作者比例高达 73%，社区工作者的辛勤付出，使居民归属感、安全感、幸福感和满意度显著提升。2019 年，鄞州区首次入选“中国最具幸福感城市”，荣获“最具幸福感城市”全域治理优秀案例，并以历史上最好成绩勇夺浙江省平安金鼎。

图 4－9(注：图片均来源于鄞响客户端)

(二) 亮点分析

宁波市鄞州区坚持党建引领,探索形成“365”社区服务工作法,按照县域治理现代化的要求,为社区居民提供优质服务,坚持最好的服务就是最好治理的理念,创建形成了“365”社区工作规程。

1. “三联”:建强激活治理队伍和主体

鄞州区坚持党员带头、社工配合、志愿者带动,将社区居民组织起来,充分激发治理活力。

一是党员联动治。社区治理关键在于党员同志,鄞州区掌握社区的全部党员队伍,通过界定治理岗位和职责,让联动治理成为全体党员同志的自觉行动与共识。对治理岗位进行分类,根据在册党员的居住区域担当所在楼道的宣传员、卫生员、安全员、调解员,同时,鼓励在任党员实行本职敬业岗和为民奉献岗,让党员同志成为社区治理中的骨干队伍。网格治理中联系好居民,针对社区治理的薄弱地方,把全体党员汇总组建一个网格党支部,每名党员至少与5户居民联系,带头做好各项事务,把治理网格做优做强。

二是社工联勤治。作为专业的社会工作者,社工就是社区治理的主力和重要参与者。鄞州区着力健全社工职责和服务联动机制,以确保社区治理工作顺利进行。2002年率先实施社区社工专职化,每名社工负责一条业务条线、包联一个网格、联系250户左右居民户,并制定一份详细全面的工作规范,让每位社工细致了解各自的职责并贯彻落实。便民事务统一在一个窗口处理,源头解决群众事务,在社区服务大厅广设“首席服务官”、“首席社工”,全面推行服务事项一体化办理,同时实施首问责任制、工作AB岗制等制度,实现社区即便岗位只有一人,也要为前来办事的居民及时给予办理,满足居民诉求,提高居民满意度。

三是志愿联盟治。作为志愿服务比较多的区域,志愿服务已成为鄞州区一道亮丽的风景线。目前全区共有志愿者20.3万人,占常住人口18%,组建志愿服务组织两千多家,培育了红蚂蚁、“阳光8

号”、楼小二等300余支品牌团队，志愿团队日益壮大。在每年3月“志愿服务月”、3月5日“学雷锋日”、12月5日“国际志愿者日”以及每月8号“阳光服务日”等重要时间节点，以夜市、集市等为载体，积极开展志愿服务。同时，制定出台志愿服务星级管理、志愿者礼遇举措，让志愿服务成为社区治理的常态，有效实现志愿者联合服务和协同治理。

2.“五机制”：构建起社区治理共同体

一是健全组织齐抓共管机制。健全党组织领导与多元主体参与机制，坚持党组织统筹规划、居委会执行、居监会监督、居民广泛参与，大力度推行社区“大党委”、兼职委员制，通过定期召开联席会议、共建理事会等，实现各项事务的共同商议。如潜龙社区固定每月10日为“小巷公议日”，3年来先后商讨环境卫生整治、征地拆迁等大小议题60余个。推行联述联评制度，每年年底安排社区的群团组织、业委会、社会组织等向社区党组织、居民代表述职、接受评议。鄞州海创社区从2017年开始率先探索社会组织述职制度，考评结果与第二年项目资金挂钩。

二是民情闭环共解机制。坚持把民情民意作为第一目标，建立健全民情“收集-分析-处置-反馈-评议”全链条处置机制，把群众的事高效且高质量办好。比如在划船社区，社工每天早晚与各类群体和居民交谈、访问，对征集的问题及时进行讨论分析，并根据其轻重缓急，分交社工办理以及多方协调解决，确保全部解决；办理结束后，还运用动态、专项、跟踪、上门、网络五种形式进行反馈，并邀请服务对象、居民代表等进行评议打分，结果与评先评优、奖金等挂钩。例如，史家社区每年底都举办一场特别的考试——居民考社工，让群众面对面举牌给社工“脸色”看。

三是队伍双向共建机制。坚持下抓一级，深入开展“三进三访”“五夜六送”等服务基层活动，推动人财物下放到各个社区，让社区更有能力和资源服务群众。推行“包街走社”制度，安排区级部门结对包联一个镇(街道)、161个社区，同步安排21个对村、社结对，实现党建、文化以及志愿服务的联动共建。推行“双向挂职”制度，先后两个批次选派32名机关干部到社区全脱产任“第一书记”，推动解决各类问题400多个，同步安排40名新任社工到区职能部门、街道挂职锻炼。推行“群众考干部”制度，安排161个社区对近300名镇(街道)班子成员、联社干部和“第一书记”考评打分；每年安排4场、每次20个村社同场竞技比拼，进一步形成抓牢基层、奋楫勇进的氛围。

四是资源联动共享机制。鄞州区坚持“三社联动”，不断扩大社区工作范围。健全社区各个部门的平台，成立区、街道(镇)、社区三级社会组织服务中心190个，每年投入公益创投资金两百多万元。健全社会组织培育制度，成立区社会组织创新园、实验园，共累积孵化培育社区社会组织30多家。如2017年孵化培植的鄞州“银巢养老”服务中心，带动3万多名老人参与“以老养老”志愿服务，荣获第四届中国青年志愿服务公益创业赛金奖。健全社会工作保障制度，吸引600名社会工作专业人才在鄞州创业、引入近70个社会工作机构入驻社区。如和丰社区引入“益丰巢”，孵化培育38家社会组织、公益团队和公益带头人42人，打造“家门口的公益小城”。

五是两网融合共治机制。推动基层党建网和社会治理网“两网融合”，促使群众的所有事务都在网格中解决。首先，加强组织融合。社区推行一个网格配备一个党支部，先后建立网格党支部或党小组近1300个，统筹调配或吸收4000名党员担任骨干网格员。其次，加强力量融合。全面实行“1名网格长(专职网格员)＋1名网格指导员＋N个兼职网格员”的网格管理模式，同步整合河长、路长、楼长、铺长等队伍，推动各方队伍深入到网格中，不断增强网格的力量。最后，加强服务融合。开展团体式服务，联合解决好物业管理、停车难、出租方管理、环境卫生整治等难题，实现小事不出网格、大事不出社区。在2020年抗疫期间，网格员累计排摸重点人员135686人次、收集群众突出诉求 10411 件、处置问题隐患 2000 余条，为防控工作作出了突出贡献。

(三) 经验启示

社区情况复杂，在进行社区治理时要分清轻重缓急。鄞州区坚持“最好的服务就是最好的治理”理念，将治理任务落实到服务群众的每一个环节中。通过延伸治理内涵，细化治理任务，不断总结治理经验，探索形成了“六服务”工作模式。

1. 推行区域化党建服务强政治

社区治理，党组织是先锋。鄞州区以提升组织力为重心，不断加强社区治理的堡垒建设。首先，社区组织联动共建。推广建设党小组、党支部、党总支，积极建设党建综合示范区和区域性党建联盟，不断强化党组织体系建设。其次，实现各阵地开放共享。构建社区党群服务中心，同步推动浙江省首家政治生活馆、宁波市第一农村支部陈列馆等红色基地开放，积极促进社区群众党性知识的学习。最后，党建标识全部标亮。深入推行党建的“亮显工程”，整个社区统一亮标识和形象，让社区群众切实感受到党组织和党员就在身边。

2. 推行常态化协商服务强自治

社区事务关系千万家，只有社区居民加强了解、合作与协商，才能减少纷争、达成共识，提高社区自治效率。鄞州区主要采用以下三种协商方法：一是居民群众主动反映。针对居民反映的私事小事，主动邀请业委会、物业公司等相关人员参与讨论和商议，通过社区搭建平台进行民事民商。二是代表委员协商。针对群众反映普遍且社区无法解决的事项，定期邀请政协委员或人大代表进社区开展小微协商。三是专家学者论证。对于一些关系重大且专业性强的事项，决策前召开意见征询会、听证会，邀请专家学者参与论证，按照居民代表会议流程进行协商。

3. 推行源头化平安服务强法治

鄞州区坚持把根源治理作为社区平安服务的重要任务,通过矛盾联调、安全联防、平安联创等措施,以平安服务化解矛盾。首先,实现矛盾联调"前端解"。高标准建成区、街(镇)两级社会矛盾纠纷调处化解中心,高规格打造"老潘警调中心",全面推行"互联网+警调衔接"模式,实现95%以上的110警情纠纷就地化解,这一做法得到司法部充分肯定。其次,做到安全联防"全程控"。创新流动人口量化积分管理、出租房旅馆式管理等群防群控工作模式,连续5年没有出现较大的生产安全事故。最后,推进平安联建"全员创"。成功创建26个国家级、省级民主法治社区,全区刑事案件发案数、信访总量等呈直线下跌,群众安全感满意度逐年提升,根本上实现了平安服务,同时又加强了法治管理。

4. 推行多元化文化服务强德治

社区文化是社区建设的"根"与"魂"。鄞州区率先开始建设社区文化家园,通过立家规、传家训、扬家风,举办睦邻文化节、开展邻里串门、打造特色文化墙等活动,营造浓郁的社区人文气息氛围,充分发挥了德治教化的作用。同时,尤为注重挖掘传统文化,建设了特色家风家训墙和特色文化长廊,提升了社区的文化底蕴,在多元文化的建设中潜移默化地影响社区居民,提高其文化素养。

5. 推行智慧化信息服务强智治

智慧化是未来社区的发展方向。鄞州区在社区服务中注重让各区域信息数据共享,让群众得到智慧服务。首先,打造"一库一线一系统"智慧服务平台。即建立服务需求信息库,开通"书记一点通"服务热线,建设服务需求收集处置智能系统。其次,建设智慧安防小区。加强全社区治安单位物防建设,安装多个高清探头,实现公共区域大数据视频全覆盖、无死角。最后,运用线上互联互动平台。通过社区论坛、微博、微信等新型媒介,实现数据实时汇集和运用。推行智慧服务,可以提升社区居民的幸福感,实现社区的有效治理。

6. 推行优质化民生服务强善治

提供优质民生服务是社区治理最基本也是最根本的任务。鄞州区主动响应社区居民对美好生活的向往，积极构建了一套针对于社区治理的优质民生服务保障体系。同时，大力提高便民服务的质量和效率。开展社区"最多跑一次"服务，编制《民生事务一本通》，涵盖了从出生到退休各个方面的办事指南，确保居民在办理事情时，实现一次申报、一次受理、一次解决。另外，兜好民生服务底线。提供慈善、养老等多样化服务，实现社区未成年救助保护中心，残疾人保障服务中心全覆盖。

社会治理现代化建设，不仅体现在敢于突破和创新，更体现在可以复制和推广。鄞州创新升级365社区治理工作规程，探索基层治理的新标准范式，为社区治理提供了切实可行的方法与行动指南。鄞州区也将不断完善社会治理工作的规程内涵，特别是推动工作内容项目化、服务规范化、程序标准化，不断提高其应用的实践性和指导性，使社区治理体制更加完善、治理能力明显增强、服务功能有效强化、居民生活质量明显提高，进一步推进社区治理体系和治理能力现代化，引领社区治理取得满意成绩，成为展示浙江"重要窗口"最靓丽的景观。

参考文献：

[1] 浙江省宁波市鄞州区百丈街道划船社区工作法[J]. 社会与公益，2019(01)：28-31.

[2] 突出党建引领　建设和谐家园[J]. 四川党的建设，2019(17)：74.

[3] 何绍辉. 党建引领与城市社区治理质量提升[J]. 思想战线，2021，47(06)：58-66.

[4] 侯静，高艺源. 宁波市划船社区实行"三联""六服务""五机制"[J]. 中国民政，2020(02)：48.

[5] 宋辰熙. 以基层党建夯实城市社区治理之基[J]. 人民论坛，2019(21)：84-

85.
[6] 李斌,王杰.政党整合社区:从生活共同体到治理共同体的社区建设进路[J].广西社会科学,2022(02):121-129.
[7] 张艳,曹海林.社区治理共同体建设的内在机理及其实践路径[J].中州学刊,2021(11):64-69.

第五章

生态宜居的富美之城

一、垃圾分类的“宁波试点”

（一）基本情况

垃圾分类是对垃圾收集处置传统方式的改革，是对垃圾进行有效处置的一种科学管理方法。面对日益增长的垃圾产量和环境状况恶化的局面，如何通过垃圾分类管理，最大限度地实现垃圾资源利用，减少垃圾处置量，改善生存环境质量，是当前世界各国共同关注的迫切问题之一。

宁波，这个拥有近千万常住人口的沿海港口城市，每天产生的生活垃圾量已达 1.2 万吨，破解“垃圾围城”迫在眉睫。作为全国首批 46 个垃圾分类试点城市之一、国内首个利用世界银行贷款进行生活垃圾分类的城市，宁波自 2013 年启动生活垃圾分类工作以来，目前中心城区生活垃圾分类已基本实现全覆盖，市民知晓率从 35.7％提高至 93.7％，基本形成分类投放、分类收集、分类运输、分类处置与循环利用的设施体系以及政府主导、企业运作、全民参与的“宁波模式”。

2021 年 8 月，住建部对全国 46 个重点城市第二季度垃圾分类工作进行了通报，宁波连续两季度分类成效位列全国前三，保持了自 2018 年以来的佳绩。据统计，2021 年上半年，宁波市城乡生活垃圾总量增长率－4.5%，实现持续负增长；1至7月，城乡收运可回收物共39.74万吨，因进入再生资源回收体系而减少的二氧化碳排放量约7.9万吨。通过推广低价值可回收物智能回收模式，截至2021年11月中旬，建成“搭把手”回收站点2100多个，全面覆盖宁波中心城区，实现垃圾减量超23万吨。

“市民不仅是垃圾分类的受益人，也是垃圾分类的践行者，垃圾分类是一个全体市民观念改变、意识树立、习惯养成的漫长过程。”随着全市垃圾分类工作不断推进，垃圾分类已成为如今居民日常生活的“新时尚”。“搭把手”回收已在全市建成7个区域分拣中心，注册用户达85万余户，服务覆盖居民200多万人。此外，在原先“搭把手”智能回收站点基础上，加快投入全品类生活垃圾分类智能回收箱投放和迭代升级。全品类智能垃圾回收箱已经在宁波市8个区12个点位进行试点运行，采用AI识别等技术，实现“一户一身份”精准绑定，溯源率可达100%。

图5-1　搭把手智慧数字管理平台

https://new.qq.com/omn/20210824/20210824A0CJHW00.html)

垃圾分类工作有别于一般的民生工程，有其特殊性。市民不仅是垃圾分类的受益人，也是垃圾分类的践行者，想要做好这项工作，重在坚持、难在坚持、贵在坚持。当下，一项项新成就、新举措推动绿色低碳事业行稳致远。

（二）特色亮点

1. 汇集“红色动能”，强化精准宣传

为全面提高源头分类质量，宁波通过电视广播播报、微信推送、短信提醒、悬挂横幅、广场宣传等“线上＋线下”相结合的方式，广泛宣传垃圾分类知识。积极发挥基层党组织、党员的先锋模范作用，以机关党支部与村社党支部结对、社区党支部与农村党支部、企业党支部、学校党支部联动的形式，依托“三会一课”“知行学堂”“结对下乡”及“上门入户访民情办实事”活动等契机，开展“敲门”行动，点对点、面对面宣传垃圾分类知识，解决居民在垃圾分类方面的困惑、问题。以网格为单位，落实“红袖章”，蹲值垃圾桶旁，手把手、心贴心指导居民精准分类，准确投放。开设“先锋讲堂”“弄堂故事”“埠头课堂”，发动广大党员、干部、先锋力量送课进村到社入企，传播垃圾精准分类理念。借鉴“红领之家”“百灵鸟”等社会组织的成功经验，培育各类社会组织、创设社会项目，调动多元社会力量，助力垃圾分类精准宣传。

2. 聚焦“问题清零”，强化整改落实

在“区级督查、第三方抽查、单位自查”的基础上，发动各机关党员干部下沉到一线，排查、发现、梳理垃圾分类推进工作中存在的问题，形成问题“清单”。建立倒逼落实机制，定期盘点晾晒整改情况，确保工作落实、整改及时、问题清零、质效提升。如区分类办工作人员下沉到一线，分组对各小区、商业综合体、大型超市、菜场、学校等重点区域垃圾分类工作进行督查。及时汇总问题后，通过“生活垃圾分类检查信息平台”，实时进行派发，要求相关单位限期整改。各单位整改到位后,通过该平台反馈,整改时间、整改情况一目了然。北仑新碶街道结合垃圾分类督查岗,加强对辖区内各小区垃圾分类推进情况巡查的密度和广度,确保每个垃圾投放点都“走到位”、每个卫生死角都“查到底”。

3. 打造“三种模式”,强化靶向发力

综合分析居住小区的类型,分类施策,靶向发力,确保垃圾分类工作落地、落实。在物业小区,打造“物业为主、居民参与、执法跟进”的“物业+”模式,物业服务企业作为管理责任人,负责辖区的垃圾分类引导、管理、收集等工作,督促居民垃圾分类投放。在半开放小区,打造“社区为主、党员引领、多方参与”的“支部+”模式,由社区党组织牵头,发挥社区党员干部、志愿服务先锋的模范带头和示范引领作用,开展“入户指导”“桶边督导”“邻里帮带”等活动,持续深入推进垃圾分类工作。在无物业管理小区,打造“社区牵头、环卫和执法配合,志愿服务引导”的“1+2+N”模式,社区牵头做好垃圾分类基础设施建设和改造工作,环卫收运单位合理规划垃圾收运时间,增加垃圾收运频次。执法部门优化勤务机制,加强早晚高峰期间对无物业管理小区垃圾分类督导和巡查。网格员、督导员、志愿者加强对无物业管理片区居民分类投放行为的宣传、引导和督导,加快推进居民分类习惯养成。

(三) 经验启示

1. 主动引导群众参与,让“独角戏”变成“大合唱”

垃圾分类推行进程中,不少社区党员发挥先锋模范作用,自觉践行,并带动周边群众积极参与,建立长效的“社区自治”分类模式。

来自江北区甬江街道的茅永贵老先生,今年 85 岁了,老人仅用了 3 个月,就让楼道 44 户邻里从不知道什么是生活垃圾分类,到 100%生活垃圾分类,获得了宁波市主要领导的大力点赞。茅永贵老人总结了三条经验:一是要熟悉邻居,多次上门宣传后,一些邻居碍于情面，不得不进行垃圾分类，慢慢地就养成垃圾分类的习惯。二是对抱有侥幸心理躲避检查的邻居，告诉他们现在有桶边督导，垃圾入桶后会有人检查，每家的塑料袋上印有二维码，扫一扫就能知道哪一户没做到位。三是对一些不理解的居民，想方设法让他们理解垃圾分类的意义，让垃圾实现资源再利用，减少垃圾处置量，改善自己生活环境的同时也对子孙后代有利。无独有偶，红房子小区是镇海区招宝山街道最早推行垃圾分类的小区之一。小区居民垃圾分类投放正确率已达90%以上，这背后离不开垃圾分类桶边督导志愿者的努力。这支队伍主要由居民党员及楼组长组成，他们利用楼道小黑板、宣传窗、社区微信公众号等渠道宣传垃圾分类，还上门发放倡议书、垃圾分类宣传册和环保帆布袋等。

在北仑区新碶街道玉兰社区里仁花园创建垃圾分类提质示范小区后，200天时间，这里的居民垃圾精准分类率达到85%以上，靠的是做群众工作这个传家宝，靠的是社区党委这个火车头。社区组建了由党员、楼组长、居民骨干和物业人员组成的志愿者队伍，加强示范引导和督促源头分类，通过里仁为美志愿服务团来开展里仁花园垃圾分类提质工作。同时玉兰社区党委给支持工作的在职党员、居民、在校学生所在单位寄表扬信；设置垃圾分类“红黑榜”等。在鄞州区东钱湖镇东湖观邸别墅小区，社区党支部充分发动党员的先锋模范作用，不但要求小区党员带头在微信群自晒垃圾分类情况，还要求开展多种形式的分类宣传、入户指导，引导居民积极参与生活垃圾分类，该小区居民垃圾分类正确率在90%以上。

2. 多网融合严格监管，不断完善收运体系

居民把生活垃圾分好类，清运人员却混收混运，这个问题一度成为宁波居民关注最多的问题之一。宁波从对居民生活垃圾投放设施进行系统化改造入手，已累计新建改造小区垃圾房860余个，小区垃圾投放点近万个。通过采购500余辆分类运输车，开设分类运输专线32条，实现厨余、餐厨、其他、有害、可回收、园林、大件、装修等八

类收运网络的多网融合。现在，宁波的分类垃圾收集车车身标识严格统一，收集点公交式布局，一天两次的定时定点人性化流水作业，车载视频全程记录、车载 GPS 实时定位，实现整个收运过程数字化规范管理。宁波国家高新区（新材料科技城）成为率先实现全区分类垃圾清运“公交化”的区域之一，已设置 6 条“环卫公交”线路，投入 15 辆分类垃圾收集车，惠及一条商业街，涵盖高新区全部居住小区，日清运分类垃圾达到了 150 吨。

自 2018 年后，“搭把手”智能回收站（柜）走进宁波很多小区。该项目由宁波供销集团公司联合宁波富邦集团公司负责实施，通过提供“人工＋智能”“固定＋流动”“定时＋预约”智能回收服务，有效破解了各类传统废品回收模式的困境。站在“搭把手”智能回收柜前，只要用手机扫一扫，就可以投放各类可回收垃圾。智能回收柜已覆盖宁波 750 多个小区，共 1175 个点位，平均每天收到的可回收物生活垃圾达 200 吨，推动了“垃圾分类＋资源回收”的融合。

对于大件垃圾、园林垃圾和装修垃圾的处理，江北区已走在宁波市前列。该区城管部门牵线，已有 40 个社区的物业和该区的建筑垃圾及大件垃圾资源化利用示范基地签约，可预约基地的运营企业浙江星益环保科技有限公司上门回收这些垃圾，它们经过分拣、破碎等环节，被制成可代替煤炭的生物质能源颗粒等，最终被应用到冶炼、铸造、农业、渔业等领域。

大榭开发区，通过吸引优质社会资本，将垃圾分类、收集、运输、处置、保洁全过程中的所有环节都交由第三方公司统筹全盘推进，实属创新。推行“智能环卫一体化”PPP 项目，该项目在环卫保洁环节，引入先进的智能化设备，包括扫路机、栏杆清扫机以及无人驾驶车辆，实行“晚上机扫＋白天巡检”的 24 小时保洁模式；在垃圾运输环节，引入新能源车辆，实行“公交式”作业模式，定时定点上门收集，实现垃圾运输不落地；后台还将通过智能环卫控制中心对全区保洁工作进行实时监控，进一步提升岛内环卫保洁的常态化、优质化、高效化。

3. 依法管理政策保障，健全分类长效机制

宁波每天的垃圾处置量约有 1.2 万吨，生活垃圾分类是破解“垃圾围城”的必然之路。2019 年 10 月 1 日，随着《宁波市生活垃圾分类条例》（以下简称《条例》）的实施，宁波的生活垃圾分类由倡导、引导为主进入了强制时代。

《条例》对个人和单位如没做好垃圾分类有了相当严格规定，“个人或单位未分类投放生活垃圾且拒不改正的，个人处二十元以上二百元以下罚款，情节严重的处二百元以上五百元以下罚款；单位处五百元以上五千元以下罚款。未及时处理大件垃圾、装修垃圾、绿化垃圾或者装修垃圾未先装袋、捆绑的且拒不改正的，对个人处五百元以上五千元以下罚款，对单位处一千元以上一万元以下罚款。”《条例》将生活垃圾分成了厨余垃圾、可回收物、有害垃圾、其他垃圾四大类。单位和个人应该履行生活垃圾源头分类、分类投放的义务，减少使用或者不使用一次性用品。根据《条例》生活垃圾分类投放施行管理责任区以及管理责任人制度。比如实行物业管理的居住小区，物业服务企业或者履行物业服务的单位（组织）为管理责任人；机关、团体、部队、学校以及其他企事业单位，本单位为管理责任人。

为了进一步做好垃圾分类，宁波将加快制定激励政策，持续推进基于成果激励机制，鼓励探索“红黑榜”“绿色账户”“环保档案”等激励制度；制定奖惩政策，积极推行“不分类不收运”的倒逼机制；制定收费政策，出台生活垃圾处理收费制度，建立跨区域处理补偿机制，全面促进源头减量，提升分类质量。

参考文献：

[1] 魏光华，陈君燕. 宁波北仑：垃圾分类为建设文明典范城市增色[N]. 中国建设报，2021-10-01.

[2] 张艺琼，范奕齐，张路. 垃圾分类看“宁波模式”[N]. 人民日报海外版，2019-12-31.

二、东钱湖:山水相依的城市会客厅

(一)基本情况

东钱湖,又称钱湖、万金湖,是地质运动时期遗留下来的海迹湖泊,开凿至今已有1200多年的历史,是首批国家级旅游度假区、省级风景名胜区。东钱湖由谷子湖、梅湖和外湖三部分组成,环湖周长45公里,面积22平方公里,是浙江最大的淡水湖泊。东钱湖自然风光优越,素有"西湖风光、太湖气魄"的美誉。环山72溪汇聚一湖,形成山水相依、山重水复、山青水碧的绝美自然景观,犹如一颗璀璨明珠镶嵌在东海之滨。2001年,宁波市委市政府作出加快东钱湖开发建设的重大决策,建立东钱湖旅游度假区,将包括鄞州区东钱湖镇、千年古刹天童寺、阿育王寺和天童森林公园等在内的约230平方公里确定为东钱湖旅游度假区规划范围。2003年,市委市政府又把东钱湖开发建设列入新世纪宁波"江、湖、港、桥"战略和以生态资源及旅游设施建设为主要内容的"百亿工程"之一。2019年,宁波市委市政府作出将宁波国际会议中心项目选址定于东钱湖畔的重大决策,作为华东地区重要的国际会议中心广纳宾客。东钱湖旅游度假区管委会紧密围绕"建设现代化海滨大都市"的使命任务,以建设"城市之湖、生态之湖、文化之湖、休闲之湖"国家重点生态型旅游度假区和华东地区重要的国际会议中心为目标,大力实施"创智钱湖"发展战略,把"精特亮"创建工程作为实现全域美丽、全民共富载体,着手进行规划设计、基础建设、环境整治、旅游开发、招商引资等等各项工作,向着打造国内一流生态型文化型旅游度假区、国际知名的湖泊休闲新城的方向努力。在城市格局演变过程中,东钱湖区域由原来的中心城区外围组团,逐渐向高质量城市化地区与优质山水文化密切接触的活力区域转变,其独特功能对提升宁波城市品质作用巨大。东钱湖遵循尊重自然、传承历史、绿色低碳发展理念进行城湖联动，正在力争从“宁波后花园”转变为“宁波城市会客厅”。

图 5－2 东钱湖湖景(http://city.cri.cn/20210917/28d3b6fe-7d09-5c0c-ecff-4bd599306f8e.html)

(二) 特色亮点

1. 加强生态系统保护力度，打造“湖光山色”的生态之美

21 世纪初，东钱湖的生态环境曾因追求经济上的发展而遭到一定程度破坏。当时的东钱湖是一个大渔村，湖面渔网密布，沿湖工厂居民杂处，生活污水和工业废水直排，导致水生态系统遭到严重破坏。2001 年 8 月，东钱湖旅游度假区管委会一经成立，就按照“一区三基地”(国家级旅游度假区，长三角著名休闲基地、华东地区重要国际会议基地、国际性高端总部经济基地)总体建设目标对东钱湖的生态保护和治理进行重点规划，着力在“生态型、文化型”上下功夫，坚

持“生态立区”“文化兴区”,积极开展湖区退渔、湖边植树、污水治理、疏浚淤泥等生态系统修复工作。管委会专门引进中科院水生所,建立国家重点实验室,实施湖泊清淤、林相改造、湿地公园、五水共治等大型生态工程。国家重点实验室永久入驻,这在全国众多湖泊治理中还是首例。自2001年以来,东钱湖已累计投入100多亿元,围绕水生态的改善,开展了实施疏浚、养殖退渔、截污纳管、流域治理、强塘固防,拆除沿湖坟墓、村落、厂矿,修复生态,水质得到逆转,从原来的总体四类、局部五类提高到总体三类、局部二类;植树绿化,涵养生态,总体森林覆盖率达60%,空气质量持续好转,在生态建设上取得重大成果。2013年,东钱湖列入国家级生态湖泊保护试点地区,2015年获评首批国家级旅游度假区,2016年成功获评国家级水利风景区,被称为“城市型湖泊治理的典型”。中科院院士、中科院水生生物研究所所长赵进东评价:“在经济发达地区,近郊型的城市湖泊,水质得以明显改善,难能可贵!”

2. 厚植钱湖历史文化底蕴,打造“宋韵古风”的文化之美

东钱湖不仅有独树一帜的自然风光,同时也积淀了几千年的吴越历史文脉,形成了商儒结合、官佛相容的独特文化底蕴。东钱湖拥有非常多的历史遗迹,具有较高的历史与艺术鉴赏价值。据不完全统计,景区内现存文物古迹11处,其中国家级重点文保单位2处(南宋墓道石刻群、庙沟后石牌坊)。东钱湖十分重视对历史文化的传承,东方财智、南宋宰相、西施范蠡、王安石治水、宗教禅修、美食与茶六大文化并重,宗教、青瓷、龙舟等文化积淀深厚,吸引众多文化和传媒学者到东钱湖采风创作。东钱湖深入开展钱湖文化研究,积极讲好东钱湖故事,将东钱湖文化进行项目化包装、产业化开发扩大东钱湖文化影响力。东钱湖加大对文物的保护,对岳王庙、忠应庙等重要文物保护单位进行修缮,并修建了越窑青瓷展示馆,为宁波古代“海上丝绸之路”研究提供了重要参考价值。为保护古村风貌,对东钱湖的历史文化名村陶公、韩岭、殷湾等进行专门的保护与开发,在

保留古村落历史风貌的同时也赋予了新的活力。同时东钱湖地区积极举办以“遗产保护、钱湖实践”为主题的东钱湖文物宣传月活动，在推动市民和游客在体验东钱湖湖光山色的同时，增进对东钱湖深刻文化底蕴的了解，充分认识依法保护东钱湖文化遗产的重要性。

3. 强化数字赋能区域治理，打造“数字景区”的乡村之美

东钱湖景区牢牢抓住智慧建设和城市治理现代化的发展机遇，运用数字技术推出多项个性化服务。东钱湖于2019年提出了“创智钱湖”的发展新思路，拉开新一轮开发建设的序幕，不断推动东钱湖数字化建设，着力构建“数字景区”。在景区内，积极推进景区设施及旅游服务智慧化建设，不断提升游客智能化游览体验。南宋时刻公园引进“有声导览”科技产品，为游客提供景区有声化参观模式；在小普陀游客服务中心引进夜游灯光场景、电动观光车、建设单车户外驿站等智能化设施深化游客游览体验；在韩岭特色街区引进喜马拉雅·旅生活馆、青年旅舍等组团项目打造文化、休闲、民宿、零售、非遗配套等于一体的业态特色街区；在钱湖秘境，东钱湖以江南传统砖窑作坊遗存修缮利用为切入点，对沿路老旧砖窑、猪圈等建筑进行改造提升，引入服务中心、窑主题陈列馆、主题小餐厅、咖啡厅、手作工坊、书房等休闲业态，统筹推进环境整治、产业导入、艺术赋能等工作。在打造景区内部的智慧建设同时，东钱湖在线上推出“智行东钱湖”APP，开通了智慧导览、智慧骑行和东钱湖数字步道三个模块，全面实现“一只手机游东钱湖”，进一步满足了游客多样化需求，为游客带来便捷又丰富的文化体验。在景区宣传方面，东钱湖以韩岭为试点，与网络科技公司合作，顺应了当前数字化传播趋势，通过借助当前最流行的互联网传播介质——短视频，应用性价比最高的传播手段——分享裂变，形成“智慧文旅＋抖音＋拼多多”结合的新型模式，使得景区在实现线下游览的同时，将周边吃住行的优质资源进行变现，实现文旅全域共建、全域共融、全域共享的发展模式，为全国旅游

产业数字化传播运营提供样本。

(三)经验启示

1. 强化统筹领导,提高管理规划能力和效率

集中统一、权威高效的决策管理机构对地区的规划发展具有全局性作用。2001 年 8 月,根据浙江省专题会议精神,宁波市对东钱湖管理体制进行大刀阔斧的改革,作出加快东钱湖地区开发建设的重大决策。在东钱湖镇基础之上设立了东钱湖旅游度假区,并由管委会作为市政府派出机构,被赋予了相关的市级经济管理权限和相当于县级的社会行政管理职能,对包括天童寺、阿育王寺在内的 230 平方公里区域进行统筹规划,集中力量进行保护生态和开发建设。管委会成立后依据东钱湖的特殊的地理位置及独特的自然景观和人文资源优势,根据以人为本原则和现代本土理念,对东钱湖地区进行科学整合布局、集中统一管理,投入大量财力精力进行生态治理修复和基础设施建设,为东钱湖的发展格局夯实了牢固基础。管委会以“精特亮”创建工作为主体,全面推进生产生活方式绿色转型。秉持“在保护中开发,在开发中保护”的原则,进一步提升旅游休闲生态环境,优化城市综合功能品质,搭建优势产业招商平台,推进乡村振兴共同富裕[①],推动实现东钱湖地区全域美丽、全民富裕,为宁波当好浙江建设“重要窗口”模范生贡献力量。

2. 强化顶层设计,精准定位打造特色品牌

地区的定位规划对地区发展具有高瞻远瞩的引导作用。2005 年 5 月 18 日,时任浙江省委书记的习近平同志在考察东钱湖时强调:要将东钱湖建设为“生态型、文化型的旅游度假区”,这为东钱湖的未来发展奠定基调。2008 年,宁波市进一步对东钱湖的未来发展进行规划,明确了东钱湖“一区三基地”的目标定位(国家级的旅游度

---

① http://www.dqlake.gov.cn/art/2022/1/20/art_1229136931_58925400.html.

假区，长三角著名的休闲基地、华东地区重要的国际会议基地、国际性的高端总部经济基地)，依托东钱湖得天独厚的资源禀赋、深厚的文化底蕴，充分利用湖景、山景、河景，建设首脑峰会级别的国际高端会议场馆。建设宁波国际会议中心是提升宁波在长三角城市群战略地位和向世界级城市迈进的重要举措。宁波市第十三次党代会指出，要高起点、高水平地谋划东钱湖的发展，将其建设成宁波都市新亮点。《宁波 2049 城市发展战略》进一步对东钱湖发展定位为“生态优先的世界级文化湖区”。高起点高水平高标准的规划定位对东钱湖发展发挥着指导性、引领性作用，不断推动东钱湖地区的高质量发展。而今，东钱湖正向着打造国内一流生态型文化型旅游度假区、国际知名的湖泊休闲新城的方向努力，响应“江湖海”大格局，力争从“宁波后花园”转变为“宁波城市客厅”，成为重要的城市功能平台。

3. 强化数字化建设，实现智慧城市和生态城市的有效融合

数字化、智慧化、智能化是推动地区现代化治理的必要技术支撑。数字赋能促使地区焕发生机，不断推出新业态、新产品，尤其是在旅游业方面，当数字经济和旅游产品和服务进行有效结合能够推动旅游业发展质量升级。东钱湖在 2019 年时就提出“创智钱湖”的发展新思路，东钱湖在景区内引进智能产品和设施深化游客游览体验；建立智慧旅游服务体系，提升智慧管理服务品质；开发一批旅游 app 提供线上服务，实现线上线下的旅游一体化；帮助引导东钱湖当地制造业的数字化、网络化、智能化升级，提升当地“智”能制造水平……东钱湖实施了多项举措致力于落实数字化景区、数字化治理、数字化产业建设，推动实现智慧景区、智慧治理、智慧产业的转型升级。

三、海野生大黄鱼丰收:海洋生态修复见成效

(一) 基本情况

2022年1月,舟山渔船一网捕获近5000斤野生大黄鱼并最终以957万元成交的喜讯刷爆网络,浙江海洋大学党委书记、东海野生大黄鱼资源修复工程首席专家严小军表示,在冬季采捕到吨级规模的大黄鱼,初步可以判定:大黄鱼自然资源群体有明显恢复迹象,这一海区可能已成为一个越冬场。[1]此新闻引发大量关注的背后原因不仅是渔民大丰收的喜悦,更重要的是反映了一代东南沿海人民关于回忆中野生大黄鱼的美好情怀,以及大丰收所体现出的海洋生态修复已卓有成效。

大黄鱼是石首鱼科、黄鱼属鱼类,主要栖息于沿岸及近海砂泥底质水域。因其肌肉收缩撞击体内鱼鳔会产生“呱”的声音,大量大黄鱼聚集时会产生极其巨大的响声,又被称为黄呱鱼、黄瓜鱼。同时,大黄鱼能够分泌色素,在黑夜中身体由鱼类常见的银灰色转变为耀眼的金黄色,使得它又获得了黄金龙等别名。值得一提的是,野生大黄鱼和小黄鱼并非同一物种。随着野生大黄鱼价格不断攀升,小黄鱼因其外形相似、口感相近却又价格低廉,往往成为野生大黄鱼的替代之选。

对于老宁波人来说,野生大黄鱼不仅仅是一道珍贵的海味。宁波人喜食大黄鱼的传统由来已久,野生大黄鱼味道鲜美,传统的食用方法以清蒸为主,肉质紧实,颜色雪白、形似蒜瓣,或者将野生大黄鱼晒干制作成黄鱼鲞,这种制作工艺让大黄鱼方便保存,且味道更加鲜美,是一道当地传统美味,鱼身闪耀的金色象征着尊贵和珍奇,夜间捕捞到的金色大黄鱼与日间捕捞到的银灰色大黄鱼价格能够差几倍之多。

短短四十年前，野生大黄鱼还是浙沪一带的一种常见鱼类，位列中国四大海产之首，每到收获季节，大黄鱼成群结队的游向浅海繁殖，发出震耳欲聋的呱呱声，身上的夺目色彩在月光反射下汇聚成一片金色的巨浪。在当时，野生大黄鱼是一种常见廉价鱼类，常常出现来不及食用而作为牲畜饲料和肥料的情况，与如今市场上野生大黄鱼一鱼难求，市场价动辄几千甚至上万的现状形成强烈反差。

浙江渔民自古以来常用海钓法和听鱼法，即有经验的听鱼师傅趴在甲板上根据声音辨别黄鱼群的方向然后带着渔网追赶下网，进行野生大黄鱼的捕捞作业。到了五十年代，随着捕捞量不断扩大，大黄鱼的数量开始减少，供不应求自然使得价格水涨船高，为了提高产量，一种来自福建的捕鱼方法——敲罟法流传开来，其原理是用竹竿、木棒探入海中相互敲击，制造声波与大黄鱼脑中的耳石共振引发大黄鱼的强直反应，野生大黄鱼被“震晕”后自然地浮上水面，此时再收网捕捞，能轻易地将产量提高数倍，然而，此种方法的缺点在于，声波会不分长幼地将海域中的野生黄鱼全部“震晕、震死”，尽管提高了产量，实则是一种破坏生态平衡、赶尽杀绝的捕鱼方法。1974 年是野生大黄鱼捕捞最后的辉煌，南至广东，北至吉林，甚至包括韩国和日本合计几千艘机帆船来到中国东海野生大黄鱼越冬场进行捕捞作业，当年累计收获超过二十万吨，竭泽而渔带来了毁灭性的效果，次年起，野生大黄鱼的捕获量断崖式下跌，1974 年浙江野生大黄鱼产量 16 万余吨，1975 年 2 万余吨，1976 年仅 33 吨，到了八十年代，东海已鲜有渔汛了。

到了九十年代和二十一世纪，东海近海的野生大黄鱼已经彻底变成了珍奇海味，但是东南沿海人民几千年来食用大黄鱼的传统和情怀仍没有改变，供不应求带来的高价和高价推动的过度捕捞形成了恶性循环，野生大黄鱼的市场价格被越炒越高，从一种常见家常菜摇身一变成了极其稀有的奢侈品，甚至卖出过 15000 元一斤的高价。如今，大黄鱼被《世界自然保护联盟濒危物种红色名录》列为极危物种,比我国国宝大熊猫还高两个等级,为了守护这道东海珍馐,为了保护海洋生态,野生大黄鱼的保护刻不容缓。

图 5-3 宁波渔民一网捞起 2450 多公斤野生大黄鱼
(https://baijiahao.baidu.com/s?id=1722084105468539806&wfr=spider&for=pc)

(二) 特色亮点

1. 野生大黄鱼的保护

野生大黄鱼产量到达高峰是因为敲罟法的广泛传播，但这并不是大黄鱼灭绝的根本原因。广东、福建一带使用敲罟法捕鱼的历史自明朝始，尽管该法相比传统撒网捕鱼法成本低、效率高，但因为中国古代传统渔船渔具工作效率相对较低，沿海渔业从业人员少，经济水平低下，能够消费、食用海产的人口比例较小等多方面原因，几千年来并没有导致鱼类濒危灭绝的惨剧。然而，到了二十世纪五十、六十年代后，东海渔民捕鱼技术不断迭代，由传统的人力渔船发展为机械动力的大型现代渔船，搭配绵延数海里长的围网作业最高能够一网捕获十万吨野生大黄鱼。

面对野生大黄鱼不断攀升的价格，靠海而生的当地渔民难免抵不住诱惑，开始采用赶尽杀绝的方法，并吸引了东南沿海多个省份来到东海大黄鱼越冬区进行合围，将野生大黄鱼不管老幼一并捕获，尤其是1974年的过度捕捞，直接打断了野生大黄鱼种群的繁殖，直接导致了次年起野生大黄鱼数量锐减的惨剧。

因此，东海野生大黄鱼的悲剧，究其根本就是人类的过度捕捞和缺乏环境保护意识。如果大黄鱼的保护还不引起高度重视，它将永远地消失于海洋与餐桌。

2. 大黄鱼的科学养殖

1985年，“大黄鱼之父”刘家富创立了“大黄鱼人工育苗初试”项目。他带着从当时仅剩的野生大黄鱼自然产卵地采集到的亲本资源于福建研究基地中培育了首批人工养殖大黄鱼。经过不断的技术突破和迭代，终于在2000年完成了完整的大黄鱼养殖技术研发。一时间引发了福建省的大黄鱼养殖热潮，并向外省辐射，如今，浙江的南麂岛、大陈岛、大目洋、岱衢洋都是全国闻名的大型大黄鱼养殖基地。这样，极大地带动了当地渔民创收，使得大黄鱼这道浙江老一辈记忆中的美味，以亲民的价格重回百姓的餐桌。

然而，人工繁育的大黄鱼与野生大黄鱼有着明显的种群差异。五六十年代常见十几斤的野生大黄鱼，而人工繁育的大黄鱼至多仅有几斤重。大黄鱼的寿命可达30年，野生大黄鱼每年冬季都会从宁波、舟山出发，游向温暖的海域过冬，次年春季返回宁波附近海域产卵，在数年的往复中锻炼出较大的体型和野性。人工养殖的大黄鱼被安置在近海渔场中，活动范围相对狭小，无法往返越冬，在体型和运动能力上明显逊于野生大黄鱼。考虑到经济效益，养殖大黄鱼从鱼苗起，经过五个月左右的养殖即可达到售卖标准，此时大黄鱼体重仅一斤左右，养殖大黄鱼不但体型相较于野生大黄鱼明显偏小，口感也较为松软，不如野生大黄鱼那样紧实美味。

采用工厂化养殖模式养殖大黄鱼，从肉质营养结构和风味上虽然不及野生大黄鱼，但通过投喂科学的人工配合饲料，营造适合大黄鱼生长的生态环境可以生产出肉质、营养结构和风味优于传统网箱养殖的大黄鱼。我们可以通过研究更加科学合理的饲料配方和生态环境使养殖的大黄鱼在肉质上更接近野生大黄鱼。[2]

3. 大黄鱼的种群复苏

尽管大黄鱼的人工繁育已经初见成效，但野生大黄鱼的复苏依然任重道远。除了在人工渔场中养殖，浙江、福建为首的大黄鱼养殖地区每年会向东海投放数十亿鱼苗。然而令人惋惜的是，从1985年“大黄鱼之父”的努力开始，在过去的三十余年中，野生大黄鱼的种群数量仍然没有明显恢复。相关研究显示父母本亲缘关系越相近，生产后代数量越少，即，繁殖成功率与亲本相似度呈负相关性。[3]因此，受限于野生大黄鱼现存数量之稀少，通过人工育种的方式恢复大黄鱼种群数量的努力也困难重重。

海洋保护研究院也常常叹息，团队刚放生的大黄鱼，转头就被渔民捕捞上岸了。近几年来几乎年年有渔民一网捕捞到千斤野生大黄鱼，给关注大黄鱼复苏的人们打了一剂强心针，但海洋专家也表达出了如此大量的捕获是否会重蹈1974年对野生大黄鱼赶尽杀绝的覆辙。

野生大黄鱼每年春季来到宁波外海产卵，形成铺天盖地的渔汛，这一抹金黄陪伴了宁波人千年之久。三十年的保护还不足以完成大黄鱼的种群复苏，但是，随着相关保护政策的不断健全、人们保护意识不断提高、培育技术不断发展，野生大黄鱼重回百姓餐桌指日可待。

（三）经验启示

1. 优越的生态条件

从客观地理条件来看，我国的主要港口绝大部分位于东部沿海，其中大部分航线范围与东海经济鱼类的栖息地重合或相邻。宁波舟山港是中国超大型巨轮进出最多的港口，是世界上少有的深水良港。从渔业资源分布来看，宁波舟山一带的近海海域是我国东海的主要渔业资源分布地区，鱼群分布集中，栖息地靠近人类聚居区，适合渔业养殖和捕捞作业。但是海运产生的海洋垃圾和噪音污染破坏了鱼类栖息地，大量捕捞危害了鱼类种群。随着东海海洋生态的修复，给野生大黄鱼的繁殖提供更加优越的生态条件。

2. 严格的休渔期保护渔业资源的可持续发展

根据经济鱼类不同的繁殖周期设定了不同的休渔标准，例如每年的4月至9月是梭子蟹禁渔期，每年的4月至7月是带鱼禁渔期，每年的4月至8月是产卵场保护区禁渔期。每年的开渔日，逐渐演变成沿海渔民的重要节日，开渔后的第一网鱼会吸引来自全国各地的食客共享喜悦。

3. 建制立规，推进海洋生态建设

宁波市制定了《宁波市海洋生态环境治理修复若干规定》推进海洋生态文明建设。这一规定，由政府主导，兼顾渔业经济利益和海洋生态保护。在清理海域污染物、改善海域水质、开展生态养殖、碳汇渔业等十三个方面对相关部门提出了明确的要求。目前,针对野生大黄鱼这一具体品种暂没有相关立法,专家们呼吁实行限额制、配额制捕捞。宁波至舟山一带是我国重要的货运港口,同时也是我国渔业资源最丰富和集中的区域之一,如何兼顾经济效益的同时加强生态文明建设是恒久的课题。

参考文献:

[1] 王俊禄,许舜达,黄筱.“一网千万渔获”之喜,引来“围捕越冬场”之忧刚有所恢复的东海野生大黄鱼,别又被捕“黄”了[N].新华每日电讯,2022-01-28(012).

[2] 阮成旭,袁重桂,陶翠丽,陈强,林文相,李昊.不同养殖模式对大黄鱼肉质的影响[J].水产科学,2017,36(05):623-627.

[3] 常玉梅,徐万土,池炳杰,高国强,韩启霞,何薇,孙效文,梁利群.养殖大黄鱼一个繁育群体亲本亲缘关系剖析[J].动物学研究,2009,30(06):620-626.

四、四明山-天明山等生态屏障区:生物多样性保护

(一) 基本情况

四明山位于浙江省东部余姚市,有着得天独厚的地理优势。独特的地理位置和生态环境造就了气势壮观的龙虎山,怪石灵秀的兔耳岭,四明山也因此有了“第二庐山”的称号。四明山因林深茂密,青山碧水,生物多样,环境优越等优势,又被冠以天然“氧吧”之称。天明山位于浙江省东部宁海县,与四明山不同的是,它以幽、野、秀为特色造就出独特森林美景,加之此处孕育出的优质温泉,成就了天明山南溪温泉。足见,四明山-天明山以特有的环境和地理位置,为保护浙东生物多样性开辟出了独特的生态屏障区。

2007年，余姚市围绕老区全面小康建设和社会主义新农村建设目标，坚持生态立区，将余姚老区建设成为余姚乃至宁波的生态屏障和高效生态经济示范区。规划风景旅游用地时，坚持保护生态环境，建立良性的旅游用地生态系统。2008年《余姚沿海防护林体系工程总体规划》中指出，构筑林种、树种配置合理、结构稳定、功能完善的沿海绿色生态屏障，创建"余姚生态市"。宁波市人大代表余姚中心组开展专题视察时，孙钜昌指出，四明山区是宁波、余姚两地的生态屏障。[①]《余姚市土地利用总体规划》(2006—2020年)中指出："依据生态市建设要求，保障基础生态用地需求，优化生态空间布局，推广环境友好型土地利用模式，构筑社会经济发展的绿色生态屏障。"[②]在推进生态文明建设，打造宜居美丽家园过程中，四明山强化生态屏障建设。随着生态建设的日益发展和完善，四明山区域建设积极践行"两山"理论，推进生态城市建设，依托现有特色优势资源，加强区域协同，共治共保，打造浙东生态屏障和南部美丽经济廊道。[③] 在抓好生态文明建设的过程中，"组织开展生物多样性保护，建立生物多样性保护协同推进机制，监督野生动植物保护和湿地生态环境保护工作。"[④]

四明山-天明山一带栖息着一批国家重点保护动植物，白颈长尾雉[⑤]，

---

① 余姚市人民政府——宁波市人大代表余姚中心组开展专题视察. http://www.yy.gov.cn/art/2013/5/22/art_1229137396_49110386.html. 2013-05-22.

② 余姚市人民政府——余姚市土地利用总体规划(2006—2020年). http://www.yy.gov.cn/art/2015/9/25/art_1229137379_633353.html. 2015-09-25.

③ 余姚市人民政府——2019年上半年工作总结和下半年工作思路. http://www.yy.gov.cn/art/2019/6/26/art_1229137379_637301.html. 2019-06-26.

④ 余姚市人民政府——宁波市生态环境局余姚分局2020年工作总结及2021年工作计划. http://www.yy.gov.cn/art/2021/3/10/art_1229137379_3710560.html. 2021-03-10.

⑤ 白颈长尾雉俗称横纹背鸡，是中国特有鸟类，数量极为稀少，其对生存环境要求极高，常以阔叶林、混交林为最适栖息地，性情胆怯而机警，擅长飞行与奔走，因此日常难以见到。四明山区域为白颈长尾雉提供了良好的生存环境。

分别被《世界自然保护联盟》和《中国濒危动物红皮书》列为近危和易危物种。保护生物多样性对于维护好当地自然生态系统至关重要。四明山-天明山生态屏障区建设，旨在保护好生物多样性，这与《中国的生物多样性保护》白皮书中关于构建生物多样性保护和治理新格局相适应，做到“在社会发展中优先考虑生物多样性保护，以生态本底和自然禀赋为基础，科学配置自然和人工保护修复措施，对重要生态系统、生物物种及遗传资源实施有效保护，保障生态安全和生物安全。”①四明山-天明山以构建国家公园为主体的自然保护地体系，形成生物多样性保护的天然生态屏障，创设四明山与天明山联动生态保护区，有效保护了浙东丰富而独特的生物及自然生态系统。

图 5-4　白颈长尾雉

(http://news.cnnb.com.cn/system/2021/11/29/030308551.shtml)

① 中华人民共和国中央人民政府——中国的生物多样性保护. http://www.gov.cn/zhengce/2021-10/08/content_5641289.htm. 2021-10-08.

(二) 特色亮点

1. 推进生态系统治理和修复

生态系统的修复与保护具有复杂性和系统性，实现四明山生态环境整体恢复、全面好转、功能稳定，这是一个长期的过程。[1]人的命脉在田，田的命脉在水，水的命脉在山，山的命脉在土，土的命脉在树，生生不息，循环不已。生物的命脉在于整个生态系统，保护好生态安全对于维护生物多样性尤为重要。保护生物多样性，首要做好山水林田湖草整体保护、系统修复和综合治理，让绿色成为浙江发展最动人的色彩，形成人与自然生命共同体。余姚市梁弄镇，以四明山作为区域生态核心实施乡村全域土地综合整治与生态修复工程，使遭到破坏的生态系统从基本稳定逐步达到结构优化和功能完善，从而实现生物多样性保护和提升森林质量的双赢目标，这既是生态文明建设的重要表现，又是人与自然生命共同体的彰显。

2. 推动国家森林公园建设

四明山-天明山等生态屏障，有其独特的自然生态环境，为保护物种、维护生物多样性留足生存空间。依据这一优势，宁波市与余姚市互通联动，建立数量众多、类型丰富、功能多样的各级各类自然保护地。截至目前，宁波市级、镇级生态建设的保护区设置涵盖自然保护区、森林公园、湿地公园等，多方面对物种开展保护。除此之外，余姚市已经建立了四明湖省级湿地公园和四明山省级地质公园。整体上看，宁波市建设有国家级湿地自然保护区 3 个、省级湿地自然保护区 1 个、县级湿地自然保护区 3 个，湿地自然保护小区 15 个。这些保护区为更好地建设四明山-天明山生态屏障提供了有力的政策支持。

3. 打造多样生物管护机制

习近平在联合国生物多样性峰会上强调："加快国家生物多样性保护立法步伐，划定生态保护红线，建立国家公园体系，实施生物多样性保护重大工程，提高社会参与和公众意识。”[2]划定并严管生态环境空间，是维护生物多样性的基础。2003 年以来，四明山区域先后开展了环境功能区划、生态保护红线、“三线一单”等环境空间区划的划定和实施。生态保护红线的一个重要功能是加强生物资源的保护，将人类干扰程度降到最低。2017 年以来，生态环境、自然资源、农业农村等部门联合开展“绿盾”自然保护地强化监督工作，监督范围从国家级自然保护区扩展为全部自然保护地，有力地保障自然保护地内野生动植物种群的保持和恢复。

4. 共建绿色和谐美丽家园

如今，保护生物多样性已经成为全社会参与的事业，人们认识生物多样性保护的意愿、参与生物多样性保护的意识不断增强。为更好地打造四明山-天明山生态屏障区，宁波-余姚围绕 5・22 国际生物多样性日开展主题活动，并与“生物多样性日”重要节日实现联动，以“走进自然、贴近生物多样性”为主题，开展了形式多样的系列宣传活动，倡导构建人与自然命运共同体，呼吁社会各界积极参与生物多样性保护活动，携手共建绿色和谐的美丽家园。除此之外，加强生态公益林建设，既要倡导和呼吁，更要在具体活动中积极践行。只要人人参与，携手共建，生态平衡生物链持续循环，为打造好美丽中国提供浙江样板。

（三）经验启示

1. 建章立制，做好顶层设计

建立生物多样性保护委员会和生物多样性保护联席会议工作制度，健全生物多样性保护和监管制度。在生物多样性保护上做好顶层设计，用政策法规确保重要生态系统，为全面保护生物物种提供法律政策保障。同时，鼓励企业和社会组织自愿制定生物多样性保护行动计划，并将其纳入行业发展规划，在建章立制上下功夫，在具体实施上落实行动，引导全社会民众共同参与保护生物多样性。全面考虑生态屏障的结构建设和功能维护，统筹安排确定重点突破口与重点工程，确保建设的系统性和功能的持续性，为动植物的生存和延续提供优质的发展条件。

2. 强化宣传，提高保护意识

充分利用信息化时代带来的便利，借助传统媒体和新媒体平台，加大生态建设的科普宣传，大力开展生态保护成果展示，进而提高公众对保护生物多样性的认识。打造综合性体验科普馆，吸引广大社会民众的关注，鼓励他们能够积极参与生物多样性保护活动中来，并在日常生活中重视环境保护，从小事做起，从行动出发。要鼓励和引导社会各界充分利用“世界地球日”“国际生物多样性日”等关于保护环境和生物多样性的重要节日，开设“森林课堂”“春秋蝴蝶节”“萤火虫节”等创意文旅活动，进一步推动生态建设和保护宣传。通过宣传活动，能够提升民众的保护生态意识，引导民众将保护生物多样性内化于心、外化于形。

3. 专题研究，推动共同参与

坚持政府主导，引导全社会积极参与。奋力打造各级政府、各高校与科研机构、社会团队、各企业以及社会民众等“五大合力”引擎，推动共同参与生物多样性保护，致力于构建美丽宁波。同时，加强与各省市的生物多样性保护地的经验交流。例如与浙江丽水、云南普洱等地加强沟通，为共同构建美丽中国出谋划策。此外，生态屏障建设是一项复杂的系统工程，涉及面广、投资大、建设周期长，必须加强整体规划、统筹布局。[3]积极建立生物多样性联盟协议，加强与国家林业协会、浙江农林大学等高效、科研机构的合作，制定生物多样性相关人才的联动培养方案进行培养，统筹对乡土情怀的产业带头人、技术创业团队、青年人才的政策扶持，系统性致力于完善四明山-天明山生态屏障区建设，更好地为生物多样性提供整体性保护。

4. 综合施策，全域联动推进

四明山区域生态修复虽已取得阶段性进展，但仍任重道远。生态系统的恢复与重建是一项长期复杂系统工程,尤其是保护和发展的矛盾均衡,仍需不断积极探索实践。[3]生态需要高度重视生态修复,防止出现山体石漠化,水土流失等现象。同时,要提升森林质量,推广一些珍贵树种种植,比如香樟、银杏、红豆杉等。在经济生态方面,提高森林彩化、美化、镇规划水平,推广高效生态循环农业生产模式,提高农业生态的自我恢复能力。在生态治理方面,认真贯彻“五水共治”战略决策,推进河道水体循环流通和生态修复。在维护生态平衡方面,科学地栽植食源蜜源植物、建立保育区和配置巢箱等方式,为林间小动物提供生存空间。加大野生动物保护,疫源疫病检测等执法检查力度,健全自然保护地生态保护制度。

参考文献:

[1] 许义平. 关于四明山生态修复与保护的几点看法[J]. 宁波通讯,2016,(15):62-63.

[2] 习近平. 在联合国生物多样性峰会上的讲话[N]. 北京:人民日报,2020-09-30(3).

[3] 宁波市政府发展研究中心生态文明建设系列研究课题组,阎勤,沈小贤. 重大生态屏障建设与功能提升[J]. 宁波经济(三江论坛),2014,(01):15-19.

[4] 陈亚丹,陈丹. 保护“浙东绿肺”建设生态花园——宁波市四明山区域生态修复的做法与成效[J]. 浙江国土资源,2019,(05):21-22.

五、杭州湾国家级湿地公园:鸟类天堂

(一) 基本情况

杭州湾国家湿地公园,北纬 30°19′01″,东经 121°09′32″。位于我国东部沿海,处于浙江省宁波市杭州湾新区的西北部,占地总面积

63.8 km²。杭州湾湿地属于河流与海洋的交汇区域，海洋和大陆相互作用最强烈的地带，是众多候鸟栖息的场所，也是多种生殖洄游鱼类每年产卵以及幼鱼生活的地方。杭州湾新区的气候属于北亚热带季风气候，冬季盛行西北风和北风，夏季则盛行东风和东南风，四季分明，年平均气温达到 15.7～15.9℃，降雨量充足，年平均可达 1272.8 mm，年平均日照时间 2038 h，无霜期 244 d。杭州湾潮汐属不规则半日潮，土壤类型自海边由外向内有 3 种土，分别依次是盐土、潮土和水稻土，含可溶性盐类，呈中性至微碱性。

杭州湾湿地以浅海水域和淤泥质海滩为主，还有岩石海岸、潮间盐水沼泽等。杭州湾国家湿地公园区域属于中国八大盐碱湿地之一的庵东滩涂，庵东滩涂已被列入中国重要湿地名录。杭州湾国家湿地公园中的湿地类型几乎包含杭州湾所有的自然湿地类型，如浅海水域、潮间淤泥质海滩、潮间盐沼、草本沼泽和森林沼泽，还包括人工湿地类型，如水产养殖场，城市人工景观水面和娱乐水面。公园区域湿地主要是围垦土地、堤外滩涂、离岸沙洲及其相连的滩涂海域这几部分组成。潮间盐沼多由盐生植物组成，常见为海三棱藨草、碱蓬茅草、盐地碱蓬、獐茅杂草等，植物盖度高于 30%。潮间淤泥质海滩的植物盖度低于 30%，底质以淤泥为主。湿地公园包括自然滩涂和围垦湿地。自然滩涂区域拥有典型的自然生物群落演替序列，依次为光滩、海三棱藨草和芦苇生长区。由于外来种互花米草的入侵，在海三棱藨草和芦苇生长区之间出现了互花米草镶嵌群落。

湿地公园有“长廊曼回”“溪影花语”“天鹅戏晖”“乌篷樵风”“碧沙宿鹭”“蒹葭秋雪”“麋鹿悠游”“镜花水月”“林光罨画”“巢林鹬归”十大特色景点。湿地公园分为五个功能区域，分别是湿地教育中心和展示区、鹭鸟繁殖地及林湿地区域、涉禽和游禽活动区、水禽栖息地区域、处理湿地区域五个功能分区。围垦湿地区主要由草本沼泽、水产养殖塘、芦苇水塘及有林湿地等景观构成。湿地公园的中心区域是将围垦土地通过引入外围河道水体和一系列生态恢复技术改造而成的淡水湿地，为陆生、水生植物创造合适的生长环境，同时供鸟类在外滩涨潮时栖息，并借助良好的环境条件建立生态科普教育研究中心，开展休闲生态旅游。根据公园导览图 2.1 所示，湿地公园中生态保护区 3、4 不向游客开放，生态保护区 1、2 也会根据候鸟越冬时间适时关闭。生态保护区主要分为两部分:堤外滩涂和离岸沙洲的潮间滩涂海域。通过设立管理条例和措施来减少人类活动对滨海河口湿地生态系统的破坏，例如取消养殖鱼塘，禁止附近居民进行渔捞围猎等……全面保护和恢复潮汐湿地植被，避免对沙洲生物的干扰，促进生物多样性。

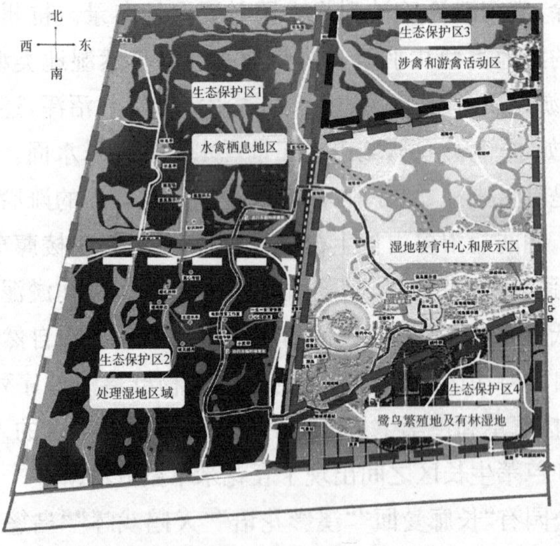

图 5-5　湿地公园分区示意图

丰富的植物多样性和底栖生物吸引了 303 种鸟类的栖息和停留，包括 IUCN 红色名录极危物种勺嘴鹬、青头潜鸭和白鹤 3 种，濒危(EN)物种大杓鹬、大滨鹬、黑脸琵鹭、东方白鹳和中华秋沙鸭 5 种，易危(VU)物种白头鹤、白枕鹤、黑嘴鸥等 10 种;还有被列入国家重点保护野生动物名录的卷羽鹈鹕、白琵鹭和白尾海雕等，固有“鸟类天堂”的美誉。2005 年，杭州湾湿地获得全球环境基金（GEF）和世界银行“东亚海洋大生态系统污染”消减投资基金 400 万美元专项资助，建成集湿地恢复、湿地研究和环境教育于一体的湿地生态保护和旅游区；2011 年 12 月杭州湾湿地公园被评为国家级湿地公园试点单位；2013 年 5 月国内首家以候鸟为主题的杭州湾湿地博物馆正式对外开放；2017 年通过国家林草局验收，正式批准为杭州湾国家湿地公园。杭州湾湿地植被有阔叶林湿地植被型组、草丛湿地植被型组 2 个植被型组，6 个群系。浮游植物 192 种，隶属 7 门 76 属。杭州湾南岸有潮间带大型底栖动物 121 种，以甲壳动物和软体动物占绝对优势；滩涂生境主要类群为软体动物、甲壳类及多毛类；围垦区湿地主要类群为软体动物、甲壳类的钩虾及水生昆虫，尤以摇纹幼虫为主要优势种。杭州湾水域鱼类资源丰富，有 9 目 64 属 78 种，分为洄游性鱼类、海水鱼类及河口性鱼类 3 种类型，其中河口性鱼类在数量和种类上占优势。杭州湾湿地位于东亚——澳大利西亚水鸟迁徙通道，是世界濒危物种黑嘴鸥、黑脸琵鹭和卷羽鹈鹕的重要越冬地与迁徙停碧沙宿鹭候鸟博物馆杭州湾湿地全景宁波杭州湾国家湿地公园歇地之一，是我国东部大陆海岸冬季水鸟最富集的地区之一。自 2005 年起至今，记录鸟类 21 目 62 科 303 种，其中候鸟有 173 种，占鸟类总数的 57.10%，记录繁殖鸟（夏候鸟和留鸟）76 种，占鸟类总数的 25.08%。列入国家重点保护野生动物名录的鸟类有 36 种，列入 IUCN 红色名录的受威胁鸟类共有 31 种。

（二）特色亮点

1. 候鸟天堂

“秋天的时候，候鸟南迁，湿地的上空会出现整屏的鸟，非常壮观，跟二战片里的轰炸机似的，叽叽喳喳而过。”宁波杭州湾新区湿地管理中心的工作人员如此描述，湿地管理中心根据候鸟习性划出近

80%的已开发区域作为生态保育区，每年秋冬季节封闭时间长达4至5个月，这期间，为保护候鸟不对外开放。湿地在开放期间，每天控制接待量不超过2000人。2005年，杭州湾湿地获得了全球环境基金和世界银行500万美元的专项资助，用于打造国际候鸟湿地，保护候鸟南迁。宁波杭州湾新区湿地管理中心主任岑柏峰介绍，2010年6月，湿地项目投资1.4亿元、占地5000亩的一期正式对外开放。经过几年的保护性开发，杭州湾湿地现吸引的鸟类已达220种，每年有上百种、几十万只候鸟途经杭州湾国家湿地公园。据观测，其中有13种鸟类列入国家重点保护野生动物名录，列入世界自然保护联盟IUCN中国受威胁鸟类名录的鸟类9种。岑柏峰说，在湿地国际、全球环境中心组成的联合专家协助下，杭州湾湿地建成中国独有的水鸟高潮停歇地，成为世界上迁徙最远的鸻鹬类鸟栖息的湿地公园。每年的保育期间，湿地公园累计招引水鸟总数均超过5000只，种类超过40种。而作为东亚海洋消减陆源污染示范基地，每天大约有4万吨被上游城镇污染的河水通过水泵从杭州湾湿地外围河道抽到这里，“每年仅电费都要几十万元人民币。”工作人员说，污水通过湿地内种植的香蒲、芦苇、再力花以及藻类等湿地水生植物，并设置碎石坝减缓水流来净化水质。有检测数据显示，通过湿地内多种植物根部的吸附净化，从该片工程湿地流出的水中，总氮和总磷的去除率分别是32%和79%，水质净化效果明显。

2. 国字号牌匾注解“生态立区”发展路径

先进的绿色发展理念，贯穿于新区开发建设的每一个细节之中。多年的坚持，不仅为新区带来了众多国内外知名企业的大项目，集聚了一大批海内外顶尖人才和新居民，也为新区赢得了一块块闪闪发光的“金字招牌”：2011年，杭州湾湿地升格为国家级湿地公园；2012年，新城板块观塘湖区入选国家低碳城镇试点；2013年，新区列入首批国家级光伏发电示范园区。“利用厂房顶部空闲面积安装光伏设备，不仅能享受电费优惠，还可以在用电高峰期得到优先供电保障。”

作为示范区内首个投用的分布式光伏发电项目，发电规模已经达到40兆瓦，规模居全市首位。这一规模将扩大至150兆瓦，在全国首批18个园区中并列第三。据一名施工方负责人估算，项目全部投用后，年均发电量可达1.51亿千瓦时，节约标准煤超过6300吨。低碳环保的理念，在未来的新区，不止于生产，更在于生活的每一个细节。新城板块观塘湖区，2012年入选国家低碳城镇试点，“低碳城区的创建工作，大多数停留在政府和企业层面。未来，低碳生产、低碳生活将成为每一个新区人的共同选择，融入到衣食住行每一个生活环节当中。”负责此项工作的一名负责人说。据她介绍，在最近一次的全国评审会上，杭州湾新区的低碳建设得到了与会专家一致好评，得分名列前茅。

（三）经验启示

1. 节日感知湿地之美

作为国际观鸟胜地的杭州湾湿地公园，观鸟节定于每年候鸟迁徙的季节，让大家感受湿地的魅力，体验大自然的奇观，更好地传播生态理念。通过举办观鸟节，构筑一个交流、合作的平台，让更多的海内外游客走进宁波，感受宁波，寻觅宁波之美。

借助全球环境基金（GEF）和世界银行等国际组织，依托宁波及慈溪丰富的文化底蕴，积极申办高规格的文化节，展示湿地文化保护成果，唤起更多的人关注湿地。届时，杭州湾湿地所独具的海洋文化、移民文化、青瓷文化等，极具魅力的自然人文景观和地方风味特色美食，必将深深地吸引各地游客，并邀请他们参与微博互动，共同发现杭州湾湿地之美，共享“海上宁波”建设的商机。

借助国际湿地文化节、国际观鸟节等，一方面吸引旅游者，提升人气，另一方面借此良机，举行相关主题的高峰论坛，集聚国内外知名专家学者的智慧和经验，为湿地保护、开发献计献策，提升杭州湾湿地的知名度与影响力。

2. 国际文化交流平台

积极开展与国内外知名湿地的互动与香港湿地公园、台湾高雄洲仔湿地公园、英国伦敦湿地公园、美国亨特利湿地公园等知名度较高的湿地公园建立密切的联系,结成姊妹湿地,学习借鉴其成功经验,共同开展湿地旅游开发、湿地旅游体验、湿地旅游可持续发展等方面的相关研究。

打造国际知名赛事。拥有独特的自然环境和文化禀赋的杭州湾湿地可以借此优势打造具有一定规模的自行车比赛,可以将赛事与当地的自然资源、社会资源、文化资源高度融合,逐渐将其培育成国际知名赛事,从而将杭州湾区域打造成以大型体育赛事闻名的滨海运动休闲之城。

3. 旅游和文化的有机融合

借助影视剧提升知名度。借鉴韩剧的热播带动韩国旅游的成功经验,力促湿地美景吸引更多名导、名演员拍摄电影、电视剧等,宣传湿地,提升湿地知名度,带动湿地旅游。2012 年陈凯歌导演的都市时尚片《搜索》已开始在各大影院公映,杭州湾湿地公园作为拍摄取景地之一,其旖旎风光必将给全国观众留下深刻的印象,借此影片的播放必将带动更多游客前往。

打造“湿地之夜”大型实景文艺演出。杭州湾湿地开展文化旅游,一定要彰显锐意进取,开拓创新的文化气息,把这个从滩涂起步的生态旅游区打造成休闲生活的创想家,优质生活的提供者,务必要积极吸取当地优秀的文化元素,表达正确的价值导向,用文化去提升普通百姓的生活品质。可以策划创作一台以大海为背景,滩湾岛礁为舞台,渔船为道具,渔民为演员,以赞颂这里千年来人与海洋和谐相处的大型文艺节目。杭州湾湿地休闲旅游的规划与开发须结合当地的民俗并加以转化,开发成游客乐于接受并积极参与的体验活动,并在当地农民的参与下,营造一种原生态氛围。

4. 开发网游，提升影响力

文化旅游要实现旅游、文化与科技的完美结合，方能有竞争力。针对年轻朋友可开发游戏软件，实现在网游中进行动物探秘，借助多种创新科普体验装置的开发使用，将湿地景区及相关故事编入游戏，针对景区的实景、历史故事和人物分别设置游戏中不同的场景和关卡，旅游者通过到该场景游览，与人物交流，掌握其故事并过关，从而获得积分，当其实地游览时可以给予一定程度的优惠。

参考文献：

[1] 原一荃，王繁．杭州湾南岸围垦区土壤有机碳空间分布特征及其影响因素[J]．浙江农业科学，2016，(2)：284－287.
[2] 李文发．湿地的类型[J]．大庆社会科学，2008，(1)：51－55.
[3] 宁潇，胡咪咪，邵学新等．杭州湾南岸滨海湿地生态服务功能价值评估[J]．生态科学，2017，(4)：166－175.
[4] 黄生林．滨海盐碱地景观绿化植物研究[D]．杭州：浙江大学，2013.
[5] 袁红薇，邱明亮．宁波杭州湾湿地：鸟类的“天堂”[J]．文化交流，2012，(7)：63－66.
[6] 魏成．杭州湾湿地中心设计浅析[R]．重庆：中国勘察设计协会，2010.
[7] 胡国军．浙江省湿地生态系统服务功能与保护的探讨[R]．中国生态学学会，2009.
[8] 成水平，吴振斌，况琪军．人工湿地植物研究[J]．湖泊科学，2002，(2)：179－184.
[9] 龚子同，张甘霖，杨飞．南海诸岛的土壤及其生态系统特征[J]．生态环境学报，2013，22(2)：183－188.
[10] 李飞云．杭州湾人工湿地成候鸟天堂　引水鸟总数超 5000 只[J]．浙江林业，2014(S1)：62.
[11] 与水共生　与鸟共鸣[J]．宁波通讯，2015(04)：66－70.
[12] 苏勇军 2011．积极发展宁波海洋文化产业[N]．宁波日报，2011－4－5(7).

第六章

党建争强的锋领之城

一、浙东红村:横坎头村展新颜

(一) 基本情况

横坎头村位于宁波市余姚梁弄镇南首,上有百丈岗水库,下有四明湖。这里是浙东四明山抗日根据地的指挥中心——曾是全国19块抗日根据地之一。相传,这里的溪流汹涌无情,常常泛滥成灾,于是先祖们砌了一座横贯南北的堤坎,形成了一处水潭,既防止了水灾的发生,又让村民多了一个洗东西的地方,故名横坎头村。横坎头村内至今保留中共浙东区委、浙东行政公署等旧址,有“浙东红村”的美誉。在过去很长时间里,有着红色传统的横坎头村“山大石头多,出门就上坡”,村庄一般,是名副其实的贫困村。2003年村民人均收入不足2700元,整个村庄负债累累,没有集体经济。[①] 2003年春节前夕,时任浙江省委书记的习近平来到横坎头村调研考察,看到满是衰败的景象,提出要充分发挥当地优势,提高自身造血功能,改善村庄面貌,把横坎头村梁弄镇建设成全国革命老区全面奔小康样板镇的期望。

---

① 坎头村的红色文化强村路:中国100个乡村振兴样板村纪实(第10期)2020-06-06.

不久后，横坎头村充分利用“浙东红村”的独特优势，发展特色产业，挖掘村内的红色旅游资源，以发展红色旅游产业推动绿色旅游产业发展，“红”“绿”产业协调发展。村民的钱袋子鼓起来了，村容村貌发生翻天覆地的变化。2018 年 2 月，全村党员给习近平总书记写了一封信，汇报横坎头村的发展变化情况，分享发展成果。根据习近平总书记在回信中提出的要求：“办好农村的事实现乡村振兴，基层党组织必须坚强，党员队伍必须过硬”。横坎头村制定了 2019—2022 年的目标：实现全年全村集体经济收入过千万，农民人均净收入超过 4 万，成为革命老区乡村振兴样本村。2021 年横坎头村被授予“浙江省先进基层党组织”“全国先进基层党组织”称号，“2021 年全国示范性老年友好型社区”。2022 年，入选 2 浙江省省 3A 级景区村庄名单。现在的横坎头村村庄美丽、产业兴旺、村民富裕。

图 6-1　横坎头村

(二)特色亮点

1. 利用红色资源带动村民致富

横坎头村是浙东抗日根据地的中心所在地，21世纪初，还是一个交通闭塞、房屋破旧，村民收入比较低的经济薄弱村。这些年来，村党组织立足本地优势，传承红色基因，深挖红色资源，发展红色旅游业。村党委围绕打造全国乡村振兴样板村这一目标，带领乡亲们艰苦奋斗，充分挖掘红色资源和革命传统文化，奋力传承“红色基因”，带动村民致富，朝着“小康村”“样板村”大踏步前进。

党员带头全面修缮浙东抗日根据地旧址。浙东区党委旧址设在几幢粉墙黑瓦、红廊飞檐的老房子里，里面陈列着600多件珍贵文物和历史照片，翔实地反映了浙东抗日根据地从创建到巩固发展的全过程。如何让居住在旧址中的55户居民搬离世代居住的房屋成了首当其冲的问题。这时候，党员陈茂正站出来，因其父子三人均是党员，以身作则带头签下搬迁协议，并动员大家。村民看到党员带头舍小家为大家，也纷纷搬离了旧址。搬迁之后，横坎头村先后完成中共浙东区党委旧址、浙东行政公署、浙东抗日军政干校、浙东银行、浙东报社等革命旧址的修缮工作，各个景区修葺一新。村里已成功创建国家4A级旅游景区，客流量不断上升，每年旅游人次过百。红色旅游越来越火，随之带动了村内农家乐的发展。

家乡的发展吸引着年轻人集体返乡，通过本土创业为村民提供就业岗位。一家家土菜馆建成了，具有文化价值的农旅项目搞起来了。“80后”黄金军创办的“大糕”体验店，一炮打响“红色大糕”的品牌，在制作时印上“不忘初心、牢记使命”的字样，引起大量游客的兴趣。在体验的过程中传承文化。横坎头村的农家乐与别处的不同，店内的装修、菜品等均营造了浓厚的红色文化氛围，有着浓厚的红色元素[①]。

---

① 余姚横坎头村党组织接力奋进带领村民奔向共同富裕——四明花开别样红.浙江日报.2021-04-08.

90后大学生党员黄徐洁回乡后开的一家农家饭店，通过红色主题墙绘、行军壶等元素营造浓郁的红色文化氛围。村中心沿着梁让大溪一侧，形成了一条"红村小街"，一批抗日文化特色店铺坐落于此，门庭若市。在党员的带领下，横坎头村"红色文化"金名片越擦越亮，发展的路子越走越宽。

2. 加大红色文化宣传力度，为红色旅游赋能

横坎头村不仅有着高质量的自然资源，更拥有得天独厚的红色资源。这些红色资源如同不可磨灭的红色印记，伴随着一代代人，已经深深刻入村民的血脉基因。发展红色旅游是党中央的重要决策，也是各级政府推进社会主义先进文化发展和特色经济发展的重要内容。得天独厚的地理环境和资源优势使得红色旅游成为横坎头村发展的重要契机。宁波市贯彻党中央的指示，先后投入3亿多元用于配套建设，市文化广电新闻旅游局等部门共同编制了《四明山红色旅游实施规划》《余姚横坎头红色旅游二期开发总体规划》等规划文件，旨在推动红色旅游产业发展并扶持核心区块专项规划的项目建设。

2005年，革命旧址精心修缮，改造提升后相继对游客开放，截至2017年，文化旅游地已接待近64万人次来自国内外的游客。浙东革命根据地纪念馆分六个单元，将1941年至1945年发生的大事件一一呈现于游客眼前，展厅中特别模拟了枪炮声，愈发让人有身临其境之感。闭上双眼，仿佛回到那个战火纷飞的年代，同先辈们一同冲锋陷阵、所向披靡。浙东抗日根据地遗址群不仅在外观上最大程度地还原了当年的红色建筑，还配备了独属于上世纪四五十年代的老物品。当年流通的抗币、游击队队员盖过的棉被、缴获的日军武器、农民协会使用的文件袋……一件件或破旧或泛黄的珍贵实体记忆伴随着扑面而来的年代感，引得游客流连忘返。"震撼"，是绝大多数游览者在参观完抗日根据地遗址群后的直观感受。尽管战争早已离我们远去，但先辈们宝贵的精神将亘古不变，流芳百世，代代相传。

3. 打造“联六包六”机制,发挥党员带头作用

曾经的横坎头村“晴天一身灰,雨天一身泥”,村民收入仅靠一年两季稻,村集体经济负债45万元。六个自然村“并村不并心”,有点儿能耐的村民都外出务工了。在这样的情况下,横坎头村党支部班子几经商议推出了“锋领过坎”工作法,要求党员先锋引领、党群连心、排除万难、爬坡过坎。横坎头村党委以自然村为基本网格,建立6个“前哨支部”,支部书记均由联系自然村的党员村干部担任。不管大事小情,哪怕只涉及一户群众,党员干部都要到群众家里面对面听取他们的意见。

通过建立“联六包六”的党员服务机制,每个党员联系和包服务六户村民,党员对联系户做好收集群众意见反馈、矛盾纠纷化解、重大事项传达等六项工作,要求每位党员每月走访联系户不少于一次,并做好联系记录。拉近党员与群众之间的距离,发挥党建在产业发展、村庄治理、民生服务等领域的示范引领作用。

种植樱桃时,村民不看好,就由村党员干部带头来种,头两年,大家心中并没有底,但等到第三年樱桃结果,来采摘的游客络绎不绝,村民们的心安定了。党支部抓住机遇,推动樱桃种植规模化,推出补贴政策。党员种植户更是亲自当起了村民身边的专家,发挥专业优势,引种新的樱桃品种,弥补了村里樱桃的采摘空挡。在党员的带领下,二十户合作社成员平均每年每户增收数万元。

15年前的横坎头村和浙江省大量农村一样,基础设施建设与社会发展滞后,人居环境相对较差。由于仅有一条翻越高地岭的盘山公路S213省道联通横坎头村与外界决定了村民游客的进出不太方便。2003年,浙江省委、省政府作出实施“千村示范、万村整治”工程的决策,依托“三改一拆”“五水共治”、小城镇环境综合整治等大力推动人居环境改善、基础设施、公共服务建设,横坎头村从中受益良多,2003年下半年,宁波市委、市政府为加快老区脱贫致富奔小康,投资2000多万元建设了余梁公路,让横坎头村村民出行更加便捷同时与

外界联系更加紧密，如今村中拥有公交线路、开车到余姚城区也仅需40分钟左右。①

横坎头村努力打造“科学规划布局美、村容整治环境美、创业增收生活美、乡风文明素质美”的美丽乡村。党员以身作则先在自家庭院种植观赏性绿色植物改造庭院，然后再去传授经验，帮助百姓。坚持绿色发展，统筹高质量发展与高水平保护。如今走在横坎头村如同置身于大花园，村内古树繁多，果园和公园错落其间，清澈的大溪水日夜滋养着这片红色的土地。

（三）经验启示

1. 党员干部带头，发挥好基层党组织战斗堡垒作用

横坎头村从一个落后的小村落一举成为老区中的领头雁绝非运气。在这个过程中，党建引领发挥了举足轻重的作用。基层党组织与党员干部携手同行，汇成基层工作的宝贵经验。多年来，横坎头村将红色视作基因，党建便成保障，时刻谨记习近平总书记的要求，真正做到发挥党组织战斗堡垒作用和党员先锋模范作用，成功塑造坚强的基层党组织，顺利组建过硬的党员队伍。

横坎头村在建设过程中，基层党员干部带头搬离抗日根基地旧址并鼓动其他村民迁出；为了美丽乡村建设率先学习庭院布置美化并将经验介绍给老百姓；冒着风险尝试种植樱桃、农旅结合等经营方式，等模式成熟后再带动全村人民一起致富。如此种种，可见党员的先锋模范作用和带头作用。在横坎头村党委书记张志灿看来，红色是基因，党建是保障。

党的基层组织，是党凝聚和团结广大群众的桥梁和纽带，是党的全部工作和战斗力的组织基础。为发挥好基层党组织战斗堡垒作

① 谢霞. 老区振兴“三部曲”宁波余姚市梁弄镇横坎头村15年发展之路. 宁波通讯；2018，(07)：19—21.

用，横坎头村党委认真按照“为民、务实、清廉”的要求，不断加强党委班子自身建设，坚持“三会一课”制度，提高履职尽责、服务群众能力。横坎头村在“小板凳工作法”基础上，建立了“三议制度”，通过党员商议、班子评议、代表决议的形式决策重点事项，有效提高了民主决策化水平。2021年，横坎头村被授予“浙江省先进基层党组织”称号。

2. 继承和发扬优秀传统文化，赢得乡村振兴发展机遇

习近平总书记在党的十八大报告中指出：“优秀传统文化是一个国家、一个民族传承和发展的根本，如果丢掉了，就割断了精神命脉。”只有高度重视中华优秀传统文化的传承发展，才能从推动中华民族现代化进程的角度创新发展优秀传统文化。

横坎头村的变化和成就，是在“红船”精神、老区精神激励下老百姓苦干实干、创业创新的成果。老区建设，必须充分发挥红色资源及其价值，坚守革命精神，传承红色基因，在乡村振兴中赢得发展机遇。

3. 坚持生态绿色理念，为绿色发展蓄力

建设生态文明是关系人民福祉、关乎中华民族永续发展的千年大计，是实现中华民族伟大复兴的重要战略任务。乡村振兴不能只关注村民收入的提高，要同时保护自然环境，经济发展和生态保护之间不是非此即彼而是力争实现共赢。横坎头村内的一花一木、一山一水、一人一景都是村民的自然财富、生态财富，又是社会财富、经济财富。

乡村发展要使绿水青山持续发挥生态和经济效益，走绿色可持续发展道路，坚持生态文明建设，坚决杜绝先污染后治理的现象。要因地制宜统筹规划乡村发展，贯彻新发展理念，加快形成节约资源和保护环境的空间格局、产业结构、生产方式、生活方式，给自然留下休养生息的时间和空间，留下自然美景，提升美丽乡村品质，促进乡村生活环境全面升级。

4. 党建引领，为共同富裕添彩

2018年，习近平总书记给横坎头村全体党员回信，勉励他们传

承好红色基因，苦干实干，同乡亲们一道建设富裕、文明、宜居的美丽乡村。

践行总书记回信精神，横坎头村党委锚定乡村振兴战略行动和共同富裕目标，以时不我待的紧迫感，带领人民群众书写共同富裕的新时代答卷。“党建引领促进共富”是横坎头村发展的真实写照。横坎头村党委不断创新“党建＋”模式，“联六包六”党员服务机制在该村启动，按照党员人数，该村要求每名党员联系和包服务六户村民，统筹资源集中力量，在脱贫救助、社会保障等领域发挥引领优势，实现每个困难群体都有党组牵线帮扶的“共富”格局。“联六包六”党员服务机制不仅要化解群众纠纷、处理群众矛盾，还要包干收集反馈群众意见、传达重大事项、劝阻违规事项、结对共建、宣传惠农政策。

在坚持政府引导推动的同时，当地积极引导社会资本协同发力，广泛动员社会力量共同参与，全面整合各类社会资源，形成强大合力。

参考文献：

［1］坎头村的红色文化强村路：中国 100 个乡村振兴样板村纪实（第 10 期）2020 - 06 - 06.

［2］余姚横坎头村党组织接力奋进带领村民奔向共同富裕——四明花开别样红［N］. 浙江日报，2021 - 04 - 08.

［3］谢霞. 老区振兴“三部曲”宁波余姚市梁弄镇横坎头村 15 年发展之路［J］. 宁波通讯，2018(07).

二、全国优秀党务工作者：社区书记俞复玲

（一）基本情况

俞复玲，女，汉族，1956 年 11 月出生，1985 年 4 月入党。2003 年

12 月起，任宁波市江东区百丈街道划船社区党委书记。从事社区工作以来，俞复玲把全部的热心、爱心和忠心献给社区，赢得了党员群众的尊敬和信赖，被亲切地称为“贴心的社区当家人、无私的小巷总理”。“有事来找我”，这是俞复玲的口头禅，也是居民心中最靠得牢的承诺。[①] 俞复玲每天早上都会到社区的角落走上一圈，用脚丈量出了社区的每一寸生机。走访了每一户人家，倾听着住户们的需求。由于社区的工作时间不定，俞复玲每天上班时总是用一竹篮装着盒饭，接待群众时空闲下来便吃两口饭。于是，大家便送给俞复玲一个雅号“盒饭书记”。

图 6－2

2011 年 7 月，俞复玲同志荣获全国优秀党务工作者称号，赴京参加了庆祝中国共产党成立 90 周年系列活动，并在全国先进基层党组

① 十大强基先锋——俞复玲：有事来找我. 浙江日报，2021－10－17.

织和优秀共产党员、优秀党务工作者代表纪念建党 90 周年座谈会上就社区党建工作作了交流发言。在北京期间，胡锦涛同志在中南海亲切接见了她，温家宝同志在庆祝中国共产党成立 90 周年大会上为她颁发荣誉证书，习近平同志对俞复玲同志带领党委一班人和群众创新社区管理模式、夯实党组织基础、倾心服务居民、化解矛盾等给予了充分肯定。在俞复玲同志的带领下，划船社区先后获得全国文明单位、全国文明社区、全国和谐社区建设示范社区、全国精神文明建设工作先进单位、全国创建文明社区示范点等荣誉。以她名字命名的“俞复玲 365 社区服务工作法”被中组部认可与推广，升级后的 365 社区治理工作规程获评 2020 年全国创新社会治理最佳案例。俞复玲同志牵头打造覆盖两新组织、学校等不同领域 24 个党组织的百丈（划船）党建综合示范区，构建出城市党建与社区治理、服务群众深度融合的基层党建工作新格局。

（二）亮点分析

1. 党建引领社区大家庭建设

俞复玲所在的划船社区就像一个大家庭。作为基层社区党委书记从不应付工作，而是站在社区居民的角度上看问题，把每一位社区居民当作自己的家人，细致入微地为每一位家人解决问题。问题不会自己找上门来，一名干部如果长期坐在办公室里，是无法发现问题的。俞复玲有解决问题的能力，更有发现问题的能力。在实际工作中发现问题，解决问题。例如社区的垃圾分类工作，需要的不仅仅是在办公室内规划的方案，更需要深切了解住户们的需求。为了发现问题，俞复玲走遍社区的每一个角落，积极主动走进住户的家里，通过聊家常的方式了解存在的问题。在一次会议中，与会人员重点讨论了社区垃圾分类工作，参会的大多是老人，住在划船社区多年。“垃圾桶设计得太不方便了，不好用！”“社区提供的垃圾袋太少了，我们都不舍得用！”老人们在会上七嘴八舌地讨论着垃圾分类的问题，俞复玲耐心地倾听着老人们的诉求,并把他们的要求一一记在笔记本上。会议结束之后,俞复玲还举办了多次听证会议,从社区居民使用端入手解决问题。在做好最终分类回收垃圾工作的同时,增加垃圾袋的投入,更换方便使用的垃圾桶,积极解决社区居民提出的问题,并充分发挥志愿者与社区工作者的作用,帮助社区居民处理垃圾。

做社区居民的贴心人,俞复玲对社区居民高度关心,社区居民将其视作家人。在工作中,将社区的每一位居民都视为家庭成员,关心着每一位居民的身体健康。见面之时不忘寒暄,告别之时不忘说出那句“有事来找我”。有了问题,俞复玲能够第一时间知道,并加以解决。社区居民沈国栋是一位盲人,一直有个听海的心愿。一个月后,俞复玲联络了三名社区党员,带着沈国栋前往舟山群岛,圆了他的梦。正是在如此和谐的社会大家庭,划船社区的各项工作井然有序、社区生活幸福美好。

2. 党建引领社区精准精心治理

社区工作并不简单。俞复玲通过长期社区工作积累了不少解决问题的智慧,用以精准解决遇到的工作困难。[①] 2003 年,刚上任划船社区书记时,便遇到了一个难题——小区大门问题。事实上,划船社区总共由四个小区合并而成,小区与小区之间拥有铁门,互不相通。铁门一边的居民要求拆除铁门以便通行,而铁门另一边的居民为了安全而拒绝拆门的要求。两边的居民各执一词,各不相让,从而造成了居民关系紧张的后果。为了克服这个困难,俞复玲走访了门两边的每一户小区居民,从中协调。走访效果欠佳,就召开听证会,广纳民意。可是经过几轮听证会下来,收效甚微。俞复玲立马调换思路,决定先攻克最难的老郑,只要把他精准地“攻克”了,再让他去劝服其他居民,问题便可迎刃而解。于是,俞复玲便日复一日地跑到老郑家

① 俞复玲:划船社区“掌舵人”. 中国组织人事报,2014 - 02 - 14.

聊家常、套近乎，晓之以理、动之以情。终于，在俞复玲的努力之下，老郑终于同意开放小区大门，并且在老郑的协助劝说下，其他居民纷纷同意开放，最终“划船社区大门问题”得到了完美的解决。在遇到“开门”与“关门”这一大难题时，俞复玲并没有采取僵化的办法解决问题。在一般人看来，拆除大门后，再做好后续善后工作，似乎便能解决好一切问题。但对于俞复玲来说，解决问题的办法不止这样一个。在此次工作中，抓住主要矛盾，直接精准“攻克”最大难题老郑，最终成功解决了社区的大门问题。

精心开展社区工作，急民之所急，时刻牢记为民服务的初心和使命。比如，非常重视社区下岗员工的再就业问题，为此，俞复玲专门建立“为民活页社”。这一制度将失业人员按照情况与需求分为了四类，提供了灵活化的服务。在这样精心的制度设计之下，成功为社区内两百多名下岗员工完成了再就业，使得社区就业率接近100%。在完成就业保障制度之后，趁热打铁，根据社区现有的情况，打造了围绕养老、就业、健康三方面的十分钟服务圈，灵活机动地为社区居民服务，实现对社区居民的精心保障。所以，社区工作从来不是死板的，不是本本主义的；社区工作是充满智慧的，秉持为民服务的初心，精准地结合实际情况而想出对策，精心解决面临的困难。俞复玲精准精心的工作方式，使得划船社区的大部分工作都能够以低成本的代价达到高质量的效果，事半功倍。

3. 党建引领社区居民自治管理

在俞复玲同志看来，社区管理的最高境界便是实现居民的自我服务和自我管理。划船社区共有24个社会组织，涉及公共服务、社会救助、文体活动和学习教育等内容的社会组织，为居民提供了自我服务和自我管理的重要平台。近年来，不少物业公司由于运营与维护的问题而不得不退出小区治理。俞复玲和荷花家园业委会成员多次商量，大胆提出实行小区物业自治，成立小区物业自治委员会，充分调动了每一位住户的热情，让他们积极投身到社区工作之中。在社区的统筹安排下，荷花家园业委会分成安保监督组、保洁监督组、绿化监督组、财务组和文娱宣传组。每位居民在经过动员后，积极主动地参与到小区物业自治工作之中，将社区真正变成自己的家。有了这个新组织之后，困扰小区多年的房屋漏水、停车难等问题陆续得到解决，物业费收缴率也超过 97%。①

“社区大小事务，光靠社工‘一头热’肯定不行，必须让居民成为社区的主人。这就好比坐一条大船，只有大家齐心划桨，才能让船开得更稳、走得更远。”俞复玲如是说道。因此，为了让居民更加充分地通过社会组织实现自我管理和自我服务，划船社区在社区主轴路——荷花路旁设立了社区邻里中心。邻里中心牵涉着与社会组织的对接、监管、预审、培训、孵化、支持等等的情况，使得社区对社会组织的管理更加规范齐全了。

4. 党建引领年轻干部成长成才

师傅带徒弟、导师带新生，这种原本被企业车间、手工作坊广泛采用的“老把式”，如今正在宁波的基层干部队伍建设中发挥大作用。2015 年 1 月，俞复玲开创“名师工作室”，是宁波市首个社会工作实践示范基地，专门由经验丰富的老干部作为导师，带领年轻的基层干部学习，使得他们更加快速地适应了基层社区工作，成长为了合格的基层干部。

划船社区每年都会迎接一些年轻的基层干部，他们胸怀大志，想要尽职尽责地为社区居民们服务，但仍经常面临工作千头万绪，心里装满了想做的事，又不知从何下手。为此，俞复玲拿出了自己“压箱底”的绝活，将 20 年来的社工经验倾囊相授。课前定计划、课中修大纲、课后排走访……她常常备课到深夜，但只要学员一个电话，无论身在何处、时间多晚，她总是悉心指导。俞复玲以“学理论、找方法、重实践、悟真知”的理念，前前后后至今已开办 6 期培训，累计培训学

① 俞复玲的三本账. 浙江日报，2015 - 01 - 05.

员 5000 余人次，成功培养了众多年轻有为的基层干部，其中 160 余人担任社区“一把手”，有效地解决了新干部工作经验不足、难以与群众有效沟通的问题。俞复玲开创的“名师工作室”也被大家称为宁波社工界的“黄埔军校”。

(三) 经验启示

1. 完善基层群众自治制度

习近平同志在党的十九大报告中指出，发展社会主义民主政治就是要体现人民意志、保障人民权益、激发人民创造活力，用制度体系保证人民当家作主。基层群众自治制度是人民当家作主制度体系的重要内容，是中国共产党对城市社区的基层群众自治性组织规范与引导的重要制度。

在划船社区的工作中，俞复玲积极推动完善基层群众自治制度，充分调动社区居民对治理社区的积极性。密切关注群众需要，将小区物业自治落在实处，很好地服务了小区的住户们。小区物业自治，并不是形式主义。发展基层民主，必须适应基层实际，顺应群众需要，切实把协商民主落实到基层决策管理的各个方面，凡是涉及群众切身利益的决策都应当充分听取群众意见，通过各种方式、各个方面同群众进行协商，保障人民充分享有民主权利。[①]

2. 鼓励党员发挥先锋作用

在党的建设工作中，先锋指的是始终保持共产党员的先进性和纯洁性，永远起表率、榜样和模范带头作用。新时代所面临的新问题和新要求，迫切需要为共产党员的先锋特质注入新内涵。[②] 在社区工作中，俞复玲充分发挥着共产党员的先锋作用，遇到困难，第

① 党的十八大以来中国特色基层民主建设的显著成就. 中国共产党新闻网，2017-06-01.
② 新时代中国共产党员先锋特质的新内涵. 南方，2019-07-24.

一时间带头,带领共产党员解决社区居民的问题。在新时代中国特色社会主义的引领下,共产党员作为先进分子,应当时刻发挥先锋作用,带领人民群众创造美好生活。共产党员们只有在平时做好表率作用,才能够时刻组织群众、凝聚群众,让群众永远跟随着党。俞复玲在社区工作中高度重视党员的先锋作用,这是各项任务能够圆满成功的保障。因此,社区在实际工作中应注重发挥党员先锋作用,由党员带头奉献,领导人民群众一同发力解决遇到的困难。

3. 充分发挥导师帮带作用

对于中国共产党而言,做好群众工作是一项极其重要的任务。俞复玲在充分学习“导师帮带制”后,结合划船社区实际情况,开创了“名师工作室”,专门用以培养年轻的基层干部。开创的“名师工作室”以“导师帮带制”为基础,形式上由经验丰富的老干部带教年轻干部,实质上更是教学相长,互相促进。党委将培养新干部的重任交给老干部,这不但是对其工作能力的肯定,更是对他们的考验。在新时代,党员不仅要完成自己的工作,更要对深层次的工作上心,意识到自己肩上所扛的不只是自己的事情,还有千万群众的事情。事实上,不论是在什么时期,中国共产党始终高度重视领导干部队伍中的传帮带,鼓励老干部们积极热情地将自己工作多年来所收获的经验传授给新干部们,促进新干部们快速成长,更好地服务人民群众。

4. 注重于萌芽阶段解决问题

没有社区的稳定,就没有社区的和睦。俞复玲极其注重社区稳定,认为“防病”工作的优先级高于“治病”,在问题的萌芽阶段就将其整治好,是最有效也是最节省资源的方式。积极发动社工,走进每一户居民的家门,以聊家常的形式了解居民们所遇到的问题与困境,在这些小矛盾发展壮大之前就将其精准化解。划船社区的调解中心,彻底实现了“小事不出楼道、大事不出社区、问题不上交”。坚持问需、问计于民、还权于民，在这样的工作模式之下，划船社区多年来实现了无人纠纷、无人上访，充分保障了社区的和谐稳定，也保障了居民住户们的和睦相处。

参考文献：

[1] 十大强基先锋——俞复玲：有事来找我[N]. 浙江日报，2021-10-17.

[2] 俞复玲：划船社区"掌舵人"[N]. 中国组织人事报，2014-02-14.

[3] 俞复玲的三本账[N]. 浙江日报，2015-01-05.

[4] 党的十八大以来中国特色基层民主建设的显著成就[N]. 中国共产党新闻网，2017-06-01.

[5] 新时代中国共产党员先锋特质的新内涵[J]. 南方，2019-07-24.

四、北仑区域化党建模式：30 年的探索

（一）基本情况

宁波北仑是改革开放的产物，敢闯敢试是北仑的基因。北仑因其丰富的港口资源和处于沿海开放区域的优越地理位置，成为了国家改革开放的"排头兵"。改革开放带来的社会变化，最先对北仑的基层党建工作提出了更高的要求。在党中央和省委、市委的坚强领导下，北仑区委一手抓开发开放，一手抓基层基础，走出了一条烙有北仑印记、富有生机活力的区域化党建之路。

近 30 年来，北仑区构建了全面、协调、高效的多种类型区域性党组织体系，实现了区域性党组织的全面覆盖，创建了以区域性党组织为核心、区域公共服务中心为依托、区域协商议事组织为基础的"三位一体"基层组织体系，完成了区域化基层党员管理与区域化社区服务的统一，真正做到了党建随时代发展、党建科学化与改革开放相互促进的良性循环，实现了区域资源的有机整合与区域社会的有机团

结。同时出台了一系列区域化党建规划方案与指导意见，总结了宝贵的区域化党建模式理论与实践经验。

(二) 特色亮点

1. 积极探索，构建全覆盖的区域性党组织体系

随着原有单位的分化与变更以及改革开放中数量规模不断发展扩大的企业群体，传统的单位党建已经难以满足日益复杂、多变的社会状态，对于企业零散党员与流动党员的管理显得力不从心，为此，北仑区委在党中央、省委、市委的领导下，决定开始将党建工作向区域化模式转型，最重要的一项工作，就是建立新的区域性党组织。

1993 年，区委成立了宁波经济技术开发区人员交流中心党支部，第一批党员共 38 名，这既是北仑区域性党组织的雏形，又是全国开发区党建工作中的首创之一。1995 年，开发区人员交流中心党支部升格为党总支，同时孵化出了首个外资企业党支部，为解决传统的单位党建对非公有制企业覆盖面小的问题提供了宝贵的经验。①

2004 年 6 月 24 日，北仑大港工业城党建工作咨询服务站——“党员之家”正式开始运作，内设会议室、阅览室、谈心室、工作接待处等，配备了党员电教设备，各类党建书刊和 2 名专职工作人员。该站的建立“旨在探索一种适应市场经济发展要求，区域化、开放式的基层组织工作模式，实现党建优势整合及资源共享，达到服务企业党组织、党员和职工群众的目标”②。这一举措开创了北仑工业园区基层党建与社区化治理的先河，当时面临着许多困难，主要是外资企业对党建与社区服务工作的不理解，大港工业城社区服务中心大力弘扬密切联系群众的优良作风，深入群众一线，切实解决了企业工人与管

---

① 宁波市北仑区志. 杭州：浙江人民出版社，2013. 6：5—5.

② 北仑区首家“党员之家”开放. 宁波党建. 2004 - 06 - 26.

理人员的难题，赢得了信任，找到了党建工作“金钥匙”①。到2008年，大港逐渐将工业城内近400家企业进行区域统筹与整合，纳入了园区的社区化管理，成立了全国第一家工业社区，开创了“工业社区”这一高效的基层区域化党建“北仑模式”。

工业社区作为协调的处理器，在企业与政府之间搭建起一座沟通的桥梁，解决企业员工生产生活中的困难，为员工提供职业规划平台等等服务内容。它的设立，大大促进了区域的统筹与整合，形成了多元主体参与的党建联合体，以区域服务为导向，整合区域内的各种资源，构建了多元化的社会公共事业服务平台，推动了城市管理的精细化和社会管理的扁平化。

到2017年，北仑共建成了85个区域化党建片区，实现了区域性党组织的全面覆盖；形成了城市、农村、园区、商圈等6种类型区域性党组织，实现了领域党建、区域党建的全面融合；建立了遍布城乡的党群服务中心，实现了党员干部队伍的一体化管理；推进了“组织进组、党员联户”工作，加速了党组织网络与基层治理网格的“双网融合”。②

图6-3　85个区域化党建社区

① 习近平. 在中央和国家机关党的建设工作会议上的讲话(2019年7月9日). 求是，2019(21)：4—13.

② 25载写春秋！北仑区区域化党建走向全国25周年. 宁波广电网. 2018-10-14.

面对新冠疫情,各类区域基层党组织面临企业、群众与政府部门政策充分衔接的新挑战,为了打通政府与企业之间沟通的渠道,2020年4月,北仑区专门针对工业社区小微企业"三服务"推出了锋领企服联盟和锋领企服小分队,"由北仑区委组织部牵头,将涉及小微企业服务和审批的23个区级部门整合在一起。日常,各个部门负责人在微信工作群里,要及时认领、反馈锋领企服小分队抛出来的'疑难杂症'。"正如北仑区委组织部副部长江智灵所说,"政府部门都是专业化的,对于企业而言,不管面对哪些部门,都希望一个口子办理。而党建的魅力恰好在于引领,在于整合。在推进工业园区社区化管理过程中,组织部门牵头整合部门资源、社会资源,形成了平台化、集成化、社会化的企业服务机制,这不仅是'最多跑一次'理念在社区层面的落地,也为构建'三服务'长效机制提供了北仑模式。"①可见,完善的区域性党组织网络能够经受住突发情况的考验,起到整合区域资源,维系社会整体有机团结的作用。

2. 区委统筹,因地制宜地进行科学规划

2007年10月,北仑区委印发《关于加强城市党的建设工作的意见(试行)》;2009年8月,印发《关于进一步加强城乡统筹的基层组织建设的意见》,提出了"优势互补、信息互通、资源共享、人才共育、工作共进"的目标,积极推动党组织之间的互联、互补、互动,推进各类党组织的融合互动。坚持党员活动方式社会化,进一步提高基层党组织和党员的影响力、凝聚力和号召力。积极创新区域性党组织的领导方式和工作方式,功能互补、互为支撑的基层组织工作新体系,形成党组织主导、行政组织配合、经济社会组织以及各类群体共同参与、联通体制内外的区域化社会治理模式等做法。②

2011年7月,区域化党建与基层社会管理创新研讨会在北仑召

---

① 13年大跨越!从大港起步,于灵峰迭代.北仑发布.2020-06-22.

② 中共宁波市北仑区委关于进一步加强城乡统筹的基层组织建设的意见(〔2009〕4号).

开，总结宁波市以及北仑区以区域化党建推动基层社会管理创新的实践，更好地发挥新形势下基层党组织在社会管理创新中的统领作用，加快推进社会管理创新。会上提出："我市将充分借鉴和运用这次研讨会的成果，结合当前正在开展的'创先争优'和'三思三创'活动，把更多的精力、财力、人力、物力投向基层，努力走出一条具有宁波特色的区域化党建和社会管理创新之路。"①

2014 年 1 月，北仑区委基于历时 20 年形成的"三位一体"区域化党建模式，以解决治理难题积累的丰富的工作经验，编制出台了全国第一个区(县)级党建规划：《区域化党建规划》和《基层党建"整乡推进、整区提升"三年行动计划的方案》。其中总结了以往经验和有效做法，提出了"规划组织体系，打造区域覆盖、到边到底的服务网络；规划资源要素，集聚内容多元、便捷便利的服务资源；规划工作路径，健全形式多样、常态长效的服务机制；规划保障措施，形成梯次推进、提质提效的工作格局；规划提升理念，强化现代社会管理和'准服务型政府'的功能定位"②这五大区域化党建规划理念，在全国独树一帜。

2017 年 7 月，北仑区委编制了《城市基层党建工作导则》，为北仑区党建工作推进设定阶段性目标，并广泛对基层工作人员进行党建工作培训。在科学统筹规划的基础上，北仑区的基层党建工作得以上下齐心，合力改革，共同服务群众，对高效的基层组织体系的建成有不可或缺的作用。③

经过近 30 年的探索，北仑区域化党建发展模式已经逐渐成熟，并走在了全国前列，在新时代，党的十九大对基层党建工作提出了新的更高的要求，北仑还将继续推进基层党建工作，健全相关制度，在

① 北仑：出台全国第一份区域化党建五年规划．宁波通讯，2015(11)：75—78.
② 北仑：出台全国第一份区域化党建五年规划．宁波通讯，2015(11)：75—78.
③ 市规划局举办基层党建工作实务培训．宁波机关党建，2017－08－29.

实际工作中贯彻落实十九大精神，使每个基层党组织成为“激浊扬清、勇当先锋的战斗堡垒”，提升每个党支部的组织力，全力打造全面进步、全面过硬的宁波党建“锋领港城”①，继续完善其独具特色的城市基层党建模式。

3. “互联网+”，信息化技术平台助力智慧党建

区域化党建的一大特点和优势是区域党建资源的整合与统筹，在信息化时代，信息技术平台以其数字化、网络化、智能化、共享性等特点，与区域化党建的需求高度契合。党建系统的智慧化、信息化，是区域化党建能够发挥最优效果的重要保证。

2016 年 7 月，以“红领通”APP 的上线为标志，北仑智慧党建平台正式启用。智慧党建平台将党组织管理中常用的基层数据、办事业务、党务管理、群众诉求、检索功能等模块进行整合，让党建工作更加便捷高效；同时增加了“微心愿”、党费查询、组织转接、志愿活动等特色功能模块，拓宽了社区党群服务的覆盖面，加强了与群众的联系，便于更高效地进行社区管理和服务。

智慧党建平台不仅将基层党员在虚拟空间中整合起来，打造了一个党员参与活动的线上新平台，还构建了一个全天时全天候的党员群众交流新空间，让群众更好地了解党组织生活、参与和享受社会服务。智慧党建平台把区域中的个体与个体、个体与群体、群体与群体串连起来，编制出了一个完整的区域化党建与社会管理网络，广泛化解了许多以往难以解决的矛盾，迸发出了基层党建的新活力。

(三) 经验启示

1. 坚定立场，发挥区域化党建新优势

坚定立场，在基层区域化党建工作的进行中，主要体现为建立健

① 五指聚成拳　提升组织力　宁波贯彻十九大精神打造“锋领港城”. 中国宁波网-宁波日报，2017 - 12 - 04.

全区域性基层党组织，完善基层党组织的覆盖面，提升领导能力。在单位社会中，基层党建工作的开展有“以组织化改造形成机械团结为理念目标，依托封闭性单位组织设置党组织，以及依赖自上而下的行政手段开展党的工作和组织动员群众”①的特点。随着中国现代化进程的不断进行，这种特殊的“单位社会”也逐渐发生变迁与分化，而更加开放的社会和广大基层区域必然需要更具科学性与开放性的基层党建新模式。

区域化党建，就是“对一定区域范围内的党员以及基层党组织进行统一管理，形成最优化的党建网络体系，实现党建资源的合理配置”。在党中央全面从严治党方针的指引之下，“必须积极推进区域化党建工作，实现基层党建功能的最优化”②。“在城乡经济社会结构转型、统筹一体化的背景下，按照区域统筹的理念，运用现代管理科学和信息科技手段，在一定的区域范围内，统筹设置基层党组织，统一管理党员队伍，通盘使用党建阵地，形成以街道党工委为核心、社区党组织为基础、其他基层党组织为结点的网络化体系”③。

时代与社会的变迁，既是区域化党建推进的“动力源”，又是“助推器”。一方面，不断分散的单位组织要求基层党建的目标必须由单位内部的机械团结向社会整体的有机团结，即和谐社会的建设上转变。另一方面，单位组织的分散给基层党组织留下了待解的难题，如何推动基层党组织向更大的区域扩展，提高基层党组织的组织建设、党员发展、党内活动、社会工作等诸多一线任务的处理能力提出了更高的要求。因此，基层区域化党建的推进，是时代的必然，是基层党建创新与改革的必经之路，是党建走向科学化的一大挑战和最佳平台之一。

---

① 唐文玉. 从单位制党建到区域化党建——区域化党建的生成逻辑与理论内涵. 浙江社会科学，2014(4)：47—54.

② 李旭阁. 构建区域化党建新格局. 人民论坛，2018(14)：96—97.

③ 什么是区域化党建. 人民网-中直党建网. 2011－11－30.

2. 因地制宜,进行科学的统筹与规划

北仑区域化党建模式的探索,除了在党建实践中积累广泛经验外,也离不开理论的探索与科学的规划。30年来,北仑区委在党中央、省委、市委的领导下,结合北仑区实际,因地制宜地出台了一系列文件,并不断地总结经验,调整做法,科学地对区域化党建工作作出了规划与指导。

十九大以来,北仑坚持"用习近平新时代中国特色社会主义思想武装头脑,牢牢把握住新时代党的建设总要求,坚持协调推进、统筹推进、一体推进,不断提高党的建设质量,做到管党有方、治党有力、建党有效"[①]。因此,推进区域化党建,要实事求是,从区域实际情况出发,以区域统筹和协调的思维,在充分调查、评估区域社会、经济、文化状况的基础上,制定科学的党建规划,指导实践中的党建工作,并在实践中对规划进行完善。

3. 敢闯敢试,摸索完善区域化党建模式

北仑区以区域服务为导向,整合区域内的各种资源,构建了多元化的社会公共事业服务平台,推动了城市管理的集约化和社会管理的"扁平化"。在基层党建的实践探索中创建了"以区域性党组织为核心、区域公共服务中心为依托、区域协商议事组织为基础"的"三位一体"基层组织体系。

区域化党建模式,归根到底是为了使党能够更好地服务人民。基层党组织应始终牢记走群众路线,多进行走访调查,多与群众沟通,查民众所需,解企业之急,让群众认同、支持党建工作。

基层党组织面对的是企业和群众实实在在的实事,因此,要在基层工作实践中以为群众服务的责任心为导向,探索高效的工作方法,并总结经验,不断改革,建立完善、高效的区域性基层党组织体系,搭

① 任建华.坚持以党的十九大精神为指导 不断开创新时代基层党建新局面.人民网-中国共产党新闻网.2018-03-06.

建好党和政府与企业、群众之间沟通的桥梁，传递党的精神方针政策，反映和解决企业、群众的困难，提升服务水平。

4. 勇于创新，打造智慧党建平台

信息技术与大数据的利用，是保持区域化党建能够持续进步、有效发挥其作用的重要保证。在区域化党建推进的过程中，根据区域社会的实际情况与党员、群众办事、生活的实际需求，打造能用、好用、有用的区域智慧党建平台，这也是信息化时代下加强基层党组织建设，提升基层党组织社区管理能力的必要措施，是让基层党组织富有青春活力的"保鲜膜"。

参考文献：

[1] 宁波市北仑区志[M]. 杭州：浙江人民出版社，2013. 6：5 - 5.

[2] 北仑区首家"党员之家"开放[J]. 宁波党建，2004 - 06 - 26.

[3] 习近平. 在中央和国家机关党的建设工作会议上的讲话(2019 年 7 月 9 日)[J]. 求是，2019(21)：4 - 13.

[4] 25 载写春秋！北仑区区域化党建走向全国 25 周年. 宁波广电网. 2018 - 10 - 14.

[5] 13 年大跨越！从大港起步，于灵峰迭代. 北仑发布，2020 - 06 - 22.

[6] 中共宁波市北仑区委关于进一步加强城乡统筹的基层组织建设的意见(〔2009〕4 号).

[7] 区域化党建与基层社会管理创新研讨会举行[N]. 宁波：宁波日报，2011 - 08 - 01(1).

[8] 北仑：出台全国第一份区域化党建五年规划[J]. 宁波通讯，2015(11)：75 - 78.

[9] 市规划局举办基层党建工作实务培训. 宁波机关党建. 2017 - 08 - 29.

[10] 五指聚成拳　提升组织力　宁波贯彻十九大精神打造"锋领港城". 中国宁波网-宁波日报，2017 - 12 - 04.

[11] 唐文玉. 从单位制党建到区域化党建——区域化党建的生成逻辑与理论内涵[J]. 浙江社会科学，2014(4)：47 - 54.

[12] 李旭阁.构建区域化党建新格局[J].人民论坛，2018(14)：96-97.
[13] 什么是区域化党建.人民网-中直党建网.2011-11-30.
[14] 任建华.坚持以党的十九大精神为指导　不断开创新时代基层党建新局面.人民网-中国共产党新闻网.2018-03-06.

五、党建引领乡村振兴的模范生：奉化滕头村

（一）基本情况

宁波市奉化区萧王庙街道滕头村，是一个创造了传奇的村庄。滕头村坚持党建引领，在村党委的领导下，围绕全面建成小康社会的目标扎实推进各项工作，经济指标不断优化，品牌价值稳步提高，相继获得“全球生态500佳”、“世界十佳和谐乡村”、全国先进基层党组织、全国文明村等70多项国家级荣誉，逐渐从原先落魄的穷村庄变成了习近平总书记眼中的常青树，成了全国乡村振兴的“模范生”。曾在2010年，滕头村以唯一一个乡村案例馆的身份参加了上海世博会，提出了“乡村，让城市更向往”的口号。2016年，习近平总书记为滕头村党委书记傅企平颁发“全国优秀党务工作者”证书时勉励道：“常青树不容易，一定要继续走在前列。”2019年全村社会生产总值115.28亿元，村民人均收入6.7万元，生活幸福指数节节攀升。从村民的切身利益来看，从出生开始每人每月有1500元的补贴，60岁以上的老人每月有不低于2000元的养老金，村民考上大学奖励2—5万元；人居环境优美，江南水乡、生态宜居一直是滕头最响亮的品牌，作为“让城市更向往”的乡村实至名归。

都说农村富不富，关键靠支部。[①] 群雁高飞头雁领，滕头人民之所以能够团结一心，艰苦奋斗，离不开滕头村党委的坚强引领与智慧

① 引领春天的奔跑：党建引领乡村振兴的“宁波答卷”.浙江日报，2019-01-06.

图 6-4

决策。第一任艰苦创业的拓荒书记傅嘉良“改土造田拔穷根”，1965年，傅嘉良将区域党建的勤劳刻苦精神发挥得淋漓尽致，提出了“一犁耕到头，自己救自己”的想法，经过多年的努力，将凌乱贫瘠的“靠天田”改造成了旱涝保收的“高产田”。第二任敢为人先的领路人傅企平，三套组合拳助力村制企业腾飞，凡宜集体经营的，推行目标管理；对重点骨干企业，实行股份制改造；对小型微利企业，进行兼并、租赁转制。再到第三任书记滕头精神的传承者傅平均，让党建成为推动乡村振兴的“红色引擎”。充分展示了什么叫作为人民服务，始终不忘基层党建的脱贫与实现共同富裕的伟大目标。傅平均带头捐款发起成立了浙江省首个村级养老基金——滕头常青老年养老基金，为全村老人提供长期保障，同时不忘邻村，带领周边地区奔向小康。[①] 滕头人秉承“一犁耕到头、创新永不休”的滕头精神，团结围绕

① 宁波市奉化区滕头村外宣办，宁波奉化滕头村：红色统领绿色发展共同富裕的“滕头模式”. 浙江林业，2021(7).

在村党委的周围，一代接着一代干，才有了如今了不起的滕头风貌。

(二) 特色亮点

1. 党建引领乡村振兴

在培养“领头雁”的基础上，滕头村党委逐步探索出了区域联合党建、“党建+产业”等多种基层党建工作创新方式方法，让基层党组织够坚强、党员队伍够硬，从而交出了一份党建引领乡村振兴的精彩答卷。2018年，在第二届浙江省基层党建论坛发言中，现任村党委书记傅平均同志提出，提升“红色组织力”，振兴绿色滕头村。具体通过紧扣政治领导、先锋带动、制度执行、乡村振兴等，全面提升“红色组织力”。一是坚持红色引领。坚持党员干部的工作原则——“公开、公正、公平、透明、奉献”，建立“党员六带头”“八要八不要”的工作制度，严格执行党员责任区，党员责任岗等。二是倡导文化引领。以争创全国农村党建论坛永久阵地为契机，把党建元素渗透到党建阵地中，区域党群服务中心、党史馆、新时代乡村讲习所、党建广场、党员示范户等同步推进，让红色文化覆盖家家户户。三是进行榜样引领。党委班子、挂职干部、党员骨干等力量，带头示范，凝心聚力，带领广大群众，一心听党话，永远跟党走。[①]

党组织的威信源于村党委强村富民的本领和全心全意为民谋利的传统。“一切为了村民生活更幸福。”这是第一任村党委书记傅嘉良同志常挂在嘴边的话。在他的提议下，村里统一规划、拆旧建新、整治环境，建起了252套双层联排住宅楼，并于1987年春节前全部提供给了普通村民。第二任村党委书记傅企平同志，提出了党员干部“三先、三不”原则，即“要求村民做到的，党员干部首先做到；要求党员做到的，党委成员首先做到；要求党委成员做到的，党委书记首先做到“村干部不住最好的房子，不拿最高的工资，不多占股份”。

① 傅平均，“党建引领乡村振兴”滕头研讨会，2018-12-4.

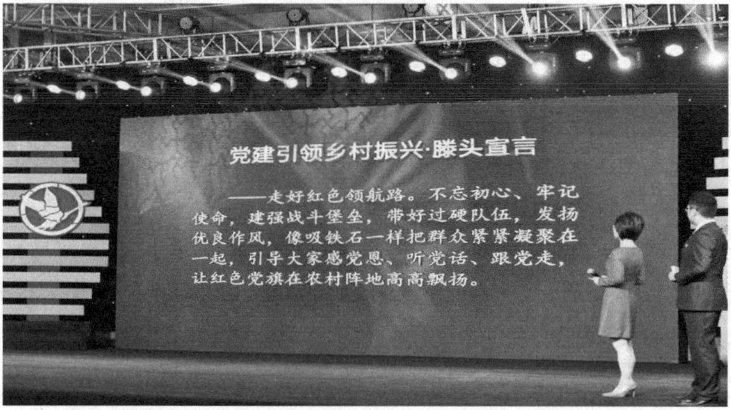

图6-5

在滕头村党委“老三先”的原则基础上，现任村党委书记傅平均同志对自己和全体党员干部提出新的更高要求：党员干部在群众面前要先人后己，在利益面前要先公后私，在奉献面前要先人一步。他自己带头，新一届村两委成员当年工资收入主动减半，2018 年起不拿村里一分工资。

2. 生态立村掌舵稳行

滕头几十年的发展是村党委带领全村人民高擎生态保护大旗的发展。滕头人在早年艰辛的改土造田中就萌发了爱惜土地的生态意识，他们想尽办法高效利用土地，大力发展立体农业。在滕头获评“全球生态 500 佳”之后，荣誉又强化滕头人树立生态理念，坚持生态发展。滕头村第二任党委书记傅企平同志多次对媒体说道：“生态立村是滕头的宪法。”在滕头，生态保护是不可动摇的底线。早在 1993 年，滕头成立了全国首个村级环境保护委员会，该委员会的主要职责就是对有意引进的项目进行审核，对不符合环保要求的项目予以拒绝。1999 年，滕头又投资 1000 多万元，建起了全国首个村级环境空气质量监测站。如今，滕头蓝天碧水、绿水葱茏，被誉为“卖空气的村庄”，离不开滕头人代代相传对生态保护底线一如既往地坚守。看得见远山、摸得着碧水、记得住乡愁，这就是滕头。

在坚守生态保护底线、对污染企业“零容忍”的同时，滕头村党委大力推进生态建设，为乡村发展积蓄强劲动力。种植花木、建造园林，是乡村建设的常见选项，滕头因地制宜发展生态产业，并努力做到最优。滕头现为国家5A级旅游景区、国家生态旅游示范区，主要特点是“村即是景，景即是村”，央视新闻联播头条以“好看的村庄能赚钱”为题作了报道。滕头还在生态旅游的内涵和外延上作了很大提升，现有新时代小火车、农创中心美食园、滕头乐园、生态酒店、精品民宿、学生社会实践基地等设施，涵盖吃、住、玩、行、购、学等各类内容。生态农业、园林绿化、新能源、新材料等绿色产业在滕头经济总量中占据80%以上，滕头用生动实践诠释了“绿水青山就是金山银山”的真谛。

3. 共享共赢赋能发展

信息时代，乡村振兴不能“孤军作战”，共享才能共赢。滕头在全面建成小康社会的道路上，已然走出了可复制示范的路子。现任村党委书记傅平均同志坚信共享共赢理念，带领滕头开启服务地区乃至助力全国农村发展的新征程。2015年，滕头村党委坚持在“不改变行政区域、不增加管理层级、不违背各村意愿”前提下，发挥滕头的龙头辐射和示范带动作用，与傅家岙、肖桥头、塘湾、青云4个村联合组团，通过五联五促合作共建，定期举行联席会议，实现区域内经济发展、规划建设、社会治理、公共服务、党的建设等各项事业联动推进，统筹提升农村经济社会发展水平。2018年年初，傅平均结合滕头及奉化城西片区的产业定位，向邻近的陈家岙、林家两村伸出橄榄枝，推动建立“5+2”滕头区域党建联合体新模式。他牵头制定区域党建联合体发展规划，谋划“追梦外婆西”田园综合体项目等，主动帮助周边各村发展订单农业、商贸物流业和休闲旅游业[①]，实现区域发

① 奉化区萧王庙街道滕头村党委书记傅平均：让“常青树”永葆活力. 中国宁波网. 2021-06-30.

展由“单兵作战”向“协同抱团”转变。同时，傅平均积极投身国家脱贫攻坚战大局，多次率队前往新疆车库、贵州晴隆、吉林安图、河北阜平考察，开展结对帮扶，助力当地发展。其中，滕头村捐资300万元筹建的河北店房村纯净水援助项目即将试运营，还有多个扶贫项目正在稳步推进。2018年，滕头村荣获库车县援疆工作先进集体称号。

俗话说，授人以鱼不如授人以渔，滕头村党委十分重视乡村振兴经验的交流共享。2019年，滕头乡村振兴学院创办，立足奉化、面向全国，运用学院平台架设资源立交桥，全纬度传授、全方位指导、全领域推广基层党建、乡村治理、村庄发展等方面的名师经验、特色做法，大格局精细化服务全国乡村振兴和精准扶贫。学院至今已开设培训班200多批次，培训12000余人，并从习近平总书记第一站扶贫地——河北阜平县建立首家分院开始，已在新疆库车、贵州黔西南、吉林珲春、山东青岛等多地筹建分院，逐步形成覆盖广泛、辐射全国的培训服务发展新增长极。

（三）经验启示

习近平总书记指出：“新时代党的建设目标是把党建设成为始终走在时代前列，人民衷心拥护，勇于自我革命、经得起各种风浪考验、朝气蓬勃的马克思主义执政党。”滕头村的成功无疑向我们证明了不论是在哪个时代，只有基层党建搞好了，才能正确带领人民走向幸福生活；只有基层党员班子与时俱进，开拓创新，才能抢占先机，推动发展；只有每位党员严于律己，全心全意投入到为人民服务的伟大事业中，才能真正将惠民落到实处，才能真正推动中华民族的伟大复兴。

1. 集体主义不动摇

集中力量办大事是社会主义制度的显著优势，也是集体主义的本质特征。无论是新中国成立时期、改革开放时期还是当前新时代，滕头村党委始终坚持走集体主义道路。正是村集体生产经营积累的资金以及集体土地，才能有之后滕头乡村企业的兴起。当前在个体私营经济不断发展壮大的市场环境下,滕头发展依旧坚持走集体主义道路。滕头目前已形成爱伊美集团、滕头控股、滕头园林、滕兴建设、全域旅游、高科技、自主创业7大产业板块,滕头集团下辖企业80多家。滕头集团为集体所有,集团下属的分公司,集体经济占比都必须51%以上,从而保证集体的控股权。滕头的实践证明,在市场经济环境下坚持集体所有制有其优势,这让滕头人既享受了市场的“红利”,又享受了集体的“红利”。乡村振兴必须依靠集体力量,坚持走集体主义道路不仅会带来经济的富裕,还有精神的富有。每一位滕头人都对村集体有归属感,都为自己的村民身份感到骄傲与幸福。

2. 区域化党建创新

区域化党建就是对一定区域范围内的党员以及基层党组织进行统一管理,形成最优的党建网络体系,实现党建资源的合理配置。按照党的十八大提出的“加强城乡基层党建资源整合,大力建设学习型、服务型、创新型党组织”的新任务新要求,在基层党建新常态的新形势下,应进一步拓展基层党建领域,在更大范围、更深层次配置资源、整合优势、激发活力。具体可通过定期开展区域间党建工作的交流,加强党委班子建设,党员队伍管理,干部服务管理等,学习先进组织的经验,加强区域间合作,提升党组织先锋指数;实施干部间的“对口帮带”,对后备干部进行结对指导,提高后备干部的实际工作能力。同时,区域化党建合作跟解决民生问题、提供社会服务相结合,如建成“一站式”区域综合服务大厅,发挥服务资源和阵地优势,将证照办理、民政社保、户籍计生等服务项目集中办理;加强治安防控,成立区域联合调解中心,不定期召开矛盾纠纷排查调处碰头会,保证准确及时掌握安保动态,协调处理区域内突发性事件。

3. 精准定位促民生

基层党建需统筹布局,紧抓机遇,总体规划,确保建设无漏无多无误;同时基层党建需深入群众,结合自身区域特点精准定位,结合时代要求与大势所趋，学习先进改革示范区的宝贵经验，明确自身发展目标，合理布点实施项目建设，努力形成与周边产业相连，与区域规划相容的发展模式。党的十九大提出实施乡村振兴战略，“要坚持农业农村优先发展，按照产业兴旺、生态宜居、乡风文明、治理有效、生活富裕的总要求，建立健全城乡融合发展体制机制和政策体系，加快推进农业农村现代化。”滕头村党委坚持生态立村，结合自身实际发展绿色滕头，将生态文明建设与民生建设有机融合，实施科技农业，形成精品、高效、生态的现代化农业格局；结合美丽镇村示范区和城乡一体化改革示范点建设，明确各村今后发展功能定位，重点推进滕头旅游休闲、傅家岙高教园区服务功能配套、塘湾居家养老、青云古村旅游、肖桥头物流商业步行等项目建设，着力打造宜游宜乐特色小镇，带动周边村庄共同发展“绿水青山”，打造“金山银山”，一起实现乡村振兴，奔向“共同富裕”。

2007 年，滕头荣获“世界十佳和谐乡村”时村党委书记傅企平同志发表感言：“滕头很小，位于中国东海之滨，很难在地图上找到她；同时，滕头很大，因为我的父老乡亲们所追求的是全人类生生不息所追求的伟大主题——人与自然和谐共存，人与人和谐相处。”勤劳朴素的滕头人追求着伟大理想主题，干在实处，走在前列，一代又一代地坚持集体主义道路、坚守生态立村底线，新时代继往开来，奋力挺进共享共赢、文化振兴的新征程，无愧于习近平总书记授予“常青树”之称号！滕头的发展之路可谓是中国特色社会主义乡村振兴的排头兵和模范生，值得全国各地的乡村参考借鉴。

参考文献：

[1] 引领春天的奔跑：党建引领乡村振兴的“宁波答卷”[N]. 浙江：浙江日报，2019-01-06.

[2] 宁波市奉化区滕头村外宣办，宁波奉化滕头村：红色统领绿色发展共同富裕的“滕头模式”[J]. 浙江林业，2021 年 7 期.

[3] 傅平均,“党建引领乡村振兴”滕头研讨会,2018-12-4.
[4] 奉化区萧王庙街道滕头村党委书记傅平均:让“常青树”永葆活力,中国宁波网,2021-06-30.
[5] 农村区域党建联合体的“滕头样本”——奉化以农村区域党建联合体促基层党建“两整”建设,浙江党建网,2016-09-24.

六、全国先进基层党组织:鄞州区湾底村党委

(一) 基本情况

宁波下应街道湾底村村域面积 1.05 平方公里,现有农户 410 户,户籍人口 1092 人。村党委下辖 6 个支部,党员 103 名。① 一直以来,湾底村党委始终秉持“人民第一、创业万岁”的理念,坚持以党建促发展、惠民生,推出产业链上建支部、党员分层量化管理等举措,积极发挥党员先锋模范作用,坚持经济社会发展与思想文化建设有机融合,注重文化乐民与文化育民双赢共进,带领群众闯出一条一、二、三产业齐头并进,农商旅特色产业异军突起的农村集体经济发展新路。湾底村真正成为“都市里的村庄、城市中的花园”,先后获评全国先进基层党组织、全国文明村、全国创建文明村镇工作先进村、国家级民主法制示范村、国家级生态村、国家 AAAA 级旅游景区、全国农业旅游示范点、全国休闲农业与乡村旅游五星级园区、省级首批“全面小康建设示范村”等称号。2021 年 9 月,在新一轮东西部对口协作中,凉山舍垮村与鄞州区湾底村正式“结对”,携手走上共富路,在新时代共同富裕的实践中,创造又一个共同富裕的经典故事。

① 鄞州区农业农村局. 鄞州湾底村:书写乡村振兴的绿色传奇. http://nyncj.ningbo.gov.cn/art/2020/9/27/art_1229059321_58682571.html. 2020-09-27.

图 6-6

(二) 特色亮点

1. 党委带头促发展，产业链上建支部

湾底村在改革开放大潮中奇迹般崛起，得益于严守党旨，优良高效的领导班子与党委组织。从早年的党员干部“约法三章”：遵纪守法、勤劳实干、先公后私，延伸到“三个吃亏得起”：气力吃亏得起——多做实干，闲话吃亏得起——宽容大度，钞票吃亏得起——先公后私。湾底村充分发挥党组织战斗堡垒和党员先锋模范作用，以组织振兴带动产业振兴、推动生态振兴、助力文化振兴，最终实现乡村振兴。

自 1982 年担任村党支部书记以来，吴祖楣始终抱定一个信念，“党的领导不能移，带领全村发展致富的责任不能丢，发展为民的方向不能偏。”一直保持着每天将村里一天的事务装在心中，7 时半准时到村里开党员干部会，把发现的问题、需要落实的工作部署下去的工作方法。在书记的带领下，湾底村党组织一班人始终坚持把组织原则放在第一位，把村集体的利益放在第一位。村里每一个重大决策、重要事务、重点项目,都由村党组织集体酝酿、反复认证、慎重研究决定。村安居工程、村植物园项目、玫瑰园酒店,从酝酿、考察、征求村民意见、项目认证到最后立项建设,经历了两年多时间。30多年来,村里从没出现过投资失误的项目,更没出现过个人凌驾于党组织之上的情况。

在党委的领导下,共同富裕的励志故事从湾底村被传颂到全国,没有湾底村党委日夜坚守的党团会议,大小细节的步步敲定,就没有今天万象更新的湾底村。村党委建立了党员锋领指数"个性化"考评体系,根据岗位、年龄等进行分类量化考评,以激发党员干部带头创业的活力。这个有担当、肯付出的基层党组织,正吸引越来越多的年轻血液加入。

2. 村村结对共合作,携手共"富"齐发展

东西部对口协作的结对模式,更高效率地推动东西部的协作水平,更加长效地借鉴学习。本次新一轮东西部对口协作的实践过程中,凉山州盐源县舍垮村与湾底村结对,在新时代大地上书写了又一个共同富裕的经典故事。

宁波市鄞州区湾底村党委书记兼村委会主任蔡国成在与盐源县泸沽湖镇舍垮村党总支书记李比玛扎石手机视频连线时,面对李比玛扎石的"底气不足",蔡国成开出了"药方":党建+治理。湾底村党委全力推进"三治融合",即自治、法治、德治,形成文件,通过村民股东代表大会发给每家每户。

脱贫摘帽后的舍垮村迈入发展的快车道,产业已经初具规模。4000亩的苹果基地、300余亩的冬桃园、80余亩的草莓大棚已经成型。依托这些产业,2020年,舍垮村的村集体经济已经超过20万元,在泸沽湖镇十村一社区中排名第一。尽管如此,在李比玛扎石的计划中,村集体经济的发展掣肘还有不少。诸如:产业有了,村里想打造产业示范园,但是如何打造,"完全摸不着头脑"。再如,不少村民看到隔壁云南的发展后,也想建设现代化的酒店、用现代化的商业模

式来吸引游客，对此村委会"不胜其扰"。舍垮村"成长的烦恼"，湾底村"感同身受"。"人民至上，创业万岁"，连线中，蔡国成将这句刻在湾底村村口石头上的话送给李比玛扎石。舍垮村要实现一二三产"齐步走"，首当其冲是做好产业规划，转变产业发展理念，创新管理模式，这样才能真正让村民增收，获得实实在在的幸福感。

舍垮村与湾底村的村村结对，将湾底村自改革开放以来的发展经验，通过党建工作会议的交流学习，传播到了仍处于低水平发展阶段的舍垮村，将党建工作的覆盖范围，向全国拓展，不仅发挥湾底村自身的经验优势，更提高了乡村振兴东西部发展效率，推动东西部协调发展，共同富裕的故事就此在中国大地上展开。

3. 实事求是，党建引领促发展

"在基层做党建，必须实打实。谋事要实，这个很关键。"这是党支部书记吴祖楣总结出来的湾底成功之道。回首漫漫发展路，湾底村就是通过将基层党建和村子发展紧密结合，一切从实际出发，借党建的力量，谋村庄的发展，求村民的幸福。湾底村党委始终坚持以人民为中心，把百姓的福祉放在第一位，让村民共享发展成果，持续提升村民的获得感与成就感。从美丽生态到美丽经济、美好生活，湾底走过清晰的"三美融合"脉络，成为率先振兴的浙江省首批"全面小康建设示范村"。2003 年 9 月，时任浙江省委书记的习近平同志到宁波调研"千村示范、万村整治"工作时曾亲临湾底村，并殷切嘱咐："把村庄整治与发展经济结合起来，与治理保护农村生态环境结合起来，走出一条以城带乡、以工促农、城乡一体化发展的新路子。"湾底村牢记嘱托，"在老百姓身上，一定要舍得花钱，让农村人也过上城里人的生活。"2000 年，湾底村自筹资金 2 亿元，在全区率先启动新村建设。除西江自然村保留原貌、开发成旅游景点外，其余 7 个自然村 6 万多平方米老房子全部拆迁，合并建新村，总建筑面积近 10 万平方米。2006 年底，全村 400 多户村民搬进新居，人均住房面积达 70 平方米以上，当年的穷村跃升为令四邻八村羡慕的示范村。在新农村建设过程中,村里还采纳了村民的意见建议,将7个自然村内部分有特色的古建筑整体迁移至西江古村,并以此为基础建起了鄞州非遗馆、宁波服装博物馆,形成了老戏台、老店铺、古石桥、水街等特色风情建筑,保留了江南特色古村落风貌,留住了乡愁。

湾底村还致力于打造良好的公共服务环境,建成了党员服务中心、社区卫生服务站、图书馆等配套设施,城市里能享受到的自来水、有线电视、互联网等基础设施,在湾底村一应俱全。村里已建成文化礼堂、幸福生活馆和近600米的“党建文化长廊”等,村民还能够享受到“五分钟生活服务圈”的便捷服务。同时,投入200万元实现雨污水分离,发动全体党员干部开展绿化种植和养护,全村绿化覆盖率达到82.5%,真正成为“城市的后花园”。

(三) 经验启示

1. 加强基层党员队伍建设,发挥党员带头作用

要将人民群众的积极性调动起来,就要充分发挥党员带头作用,坚持说实话,做实事的精神,让“两学一做”的精神在新时代的大地上闪耀。

在湾底村,加强党性教育、学习上级党委重要精神的学习会坚持了10年从未间断。每天早晨7点不到,所有党委班子成员和相关部门负责人,除了工作出差在外或因病请假,都会准时到场。有人要问,一个村级党委,每天开会讲什么,是不是摆架势搞形式?吴祖楣的答案很简单,每天强调一下党员党性,传达一下重要讲话精神,再把村里当天的工作理一理,实在得很!

湾底村的党委班子成员十多年没有节假日,8小时工作时间外还要治安巡查、志愿服务,工作再忙,只要村民的意见合情合理,村党委都会迅速研究落实,超强的执行力广受村民点赞。

2. 把党建工作优势转化为科学发展的强大动力

在改革开放的浪潮中,湾底村党委带领村民发展集体经济,可以

说不仅守住了金山银山，而且创造出新时代特色集体经济模式：农商旅特色“一二三”齐步走式产业。

改革开放初期，村党支部响应党的号召，集体决策开办两家作坊式小工厂，吴祖楣既当书记又当厂长，既当技术员又当供销员，硬是在极为困难的情况下把企业做大，走出了工业兴村的路子。“人民第一，创业万岁”，是湾底村党组织推动村级经济发展的两大“法宝”。尤其在上世纪90年代集体企业改制浪潮中，村党组织不仅坚持不转制任何一家集体企业，相反还收购了4家乡办企业，为集体经济发展打下扎实基础。从工业经济起步，“以工哺农”发展现代生态农业。如今湾底村有87%的村民进了村集体企业工作，还为600余名外来人员安排就业。

从工业脱贫，到以工哺农，再到大手笔发展第三产业，湾底的产业发展更加均衡、投资更趋合理。在新一轮创业中，湾底村利用自己的区位优势，同时抓住城市发展机遇，打造“都市中的村庄、城市中的花园”。按照习近平同志视察湾底的重要指示精神，湾底村坚持“既要金山银山，也要绿水青山”，确立生态发展理念，坚持打好“绿色经济”牌，将农业开发、环境保护和酒店旅游业融合发展。

湾底走出了一条农旅一体、产村融合发展之路，成为实现全民小康梦想的独特路径，被称为“中国乡村旅游的传奇”。正是一次又一次湾底村党委的党建工作，党群会议，为湾底村的乡村振兴打下坚实的基础，推动湾底村乡村振兴科学发展。

3. 推进完善锋领指数评价，引领党员作用发挥

“锋领指数”党员评价体系能较大程度地推动基层民主的科学与规范，将党员干部的工作完全透明地通过评价体系展示给村民。湾底村党委在实践过程中巧妙地将本村具体情况创新地融入湾底村民主法制建设中，围绕以人民为中心的原则坚持基层民主，解决老百姓在发展过程中所遇到的问题。

“锋领指数”党员评价激励体系围绕党内生活、岗位履职、道德品

行、作用贡献等四方面，将党员行为标准细化为34项并赋予相应分值，予以实时地加分和扣分；同时，年底形成“锋领报告”，生成“锋领、合格、警示、不合格”4个层次，作为党员民主评议的重要参考依据。湾底村在实践锋领指数评价体系过程中，根据岗位、年龄等指标对党员进行分类量化考评，不仅将锋领指数的评价体系运用得科学规范，而且结合湾底村党支部具体的实际情况从而将评价体系个性化详细化，以充分激发党员干部带头创业的活力。那些积极贡献的党员，不仅能在第一时间收到短信、书信或网信表扬，还能用锋领指数积分兑换畅销书、纪念章等小礼品和其他奖励。而对于表现不佳的党员，处罚机制也相当严厉。党员若积分未达标或出现负分将被列入落后党员，进行公示整改，甚至有可能进入出党程序。通过个性化的党员锋领指数评价，让党员工作评价走向长效透明，真正地让每位党员发挥先锋引领的旗帜作用。

参考文献：

[1] 宁波鄞州区下应街道湾底村党委带领群众走集体致富路[N].宁波:中国组织人事报宁波日报,2017-7-131(2).

[2] 邱晓凯.党员如何评?“锋领指数”说了算[J].共产党员,2013.8(33).

[3] 钱栩冯瑄单玉紫枫张正伟.携手“共富之约”——宁波湾底村、凉山舍垮村的共同富裕实践[EB/OL]. https://baijiahao.baidu.com/s?id=1718826596071519964&wfr=spider&for=pc. 2021.12.11.

七、廉政宣教基地：慈城清风园

（一）基本情况

宁波慈城清风园是全国首个以反腐倡廉为主题的综合性文化园，也是第一批全国廉政教育基地。得到了国家和地方政府的大力支持。从谋划建园再到办园，清风园自始至终都得到了上级的大力支持，习近平、贺国强、尉健行、李岚清等党和国家领导人先后视察清风园，并给予了高度评价。中纪委副书记刘峰岩、干以胜、李玉赋，省委常委、纪委书记任泽民，省纪委副书记杨晓光、王海超等领导先后到清风园考察、参观和具体指导。

清风园位于宁波慈城古县衙内。慈城在修复古县衙时，为了纪念古代的清官，教育现在的当官者保持清正廉洁的美德，做好人民的公仆，为人民服务，修建了清风园。主要体现了中国老百姓渴望清官的要求，老百姓们对清官念念不忘，并塑造雕像用以纪念。当然，这里也展示了古代各个朝代的贪官，以警示后人。

清风园以"激浊扬清"为主线，主要分"慈溪清风馆"和"中国清风馆"两个展区。"慈溪清风馆"主要由慈孝文化与清廉文化、慈溪清官故事、房琚塑像和清清堂等四个单元构成。"中国清风馆"主要由鉴壁启示、贪奢为戒激浊厅、人间正气扬清厅和警钟长鸣反思厅等四个单元构成。两个展区借助文字、图片、壁画、雕塑、实物模型以及影视、电子书、多媒体等展示手段和表现形式，运用鲜明对比和视觉冲击，揭露历朝贪官污吏的可耻嘴脸，展现传统清官廉吏的群体风貌。

（二）特色亮点

1. 立意高远，彰显清廉文化。

清风园以古鉴今，挖掘传统文化，为当代廉政建设提供了经验和基础。让廉政"青春常驻"在悠悠的历史长河中，在绵绵的画卷中一位位清官跃然纸上。从南宋到明清，千年古县城——慈城出了519名进士、5位状元，孕育了深厚的历史文化底蕴，赢得了"鼎甲相望、

---

① 《宁波慈城清风园》古韵正声——钟鼓新韵. 2014-03-10.

② 宁波慈城清风园. 中国纪检监察报 2010-07-13.

图 6-7　清风园

进士辈出、举人比肩、秀才盈城”的美誉。慈城廉政文化资源十分丰富。在古县衙的内廊柱上,提醒官吏廉洁、勤政、爱民的楹联随处可见,“得一官不荣,失一官不辱,勿说一官勿用,地方全靠一官,可欺自己也是百姓”道出了慈城悠长的清官文化传统。为纪念北宋知县,特意建造了“清清堂”一直保留至今,成为现代廉政建设的宝贵文化财富。清风园是目前国内第一个以“反腐倡廉”为题材的主题性文化园。园内的鉴壁、历史走廊、“犭贪”雕像、贪官厅、农民起义壁画、清官长卷、九大清官、古代廉政制度长廊、警钟长鸣等展区。利用警示和弘扬相结合的手法重点展示五位贪官以及九大清官。例如:伯嚭

(pǐ),梁冀、朱勔(miǎn)、严嵩、和珅,五位可是臭名昭著,遗臭万年。九大清官循吏典范黄霸、强项令董宣、护国良相狄仁杰、忧国忧民范仲淹、包青天包拯、铁骨刚峰海瑞、一代廉吏于成龙、两袖清风张伯行、民族英雄林则徐。采用清官绘画的表现形式来展现清官清、正、廉、明的基本品质。突出清风园的清廉文化。

2. 政府支持,廉政文化产业化

通过“纪委牵头、企业落实、多方配合”的工作模式,成功探索出了一条廉政文化建设的产业化之路。慈城开发公司按市场规律负责具体营运管理,旅游、文化等职能部门发挥优势提供智力支持,使清风园具有很强的生命力。注重结合慈城旅游文化,把清风园建设融入慈城“AAAA”级风景区创建,积极打造“慈城廉政游”路线,走出一条廉政教育和旅游开发有机融合的新途径,使游客在旅游休闲过程中受到廉政文化的熏陶,实现了廉政教育和旅游开发的良性互动和双赢互促。2005 年 12 月,在上级的大力支持下,一个由江北区纪委与慈城古县城开发建设有限公司共同策划实施,依托慈城古县衙而建的清风园正式开园。清风园与古县衙相对独立而又浑然一体,突出“激浊扬清”的反腐倡廉主旨,2006 年 11 月顺利入选首批“浙江省廉政文化教育基地”。

开园至今,清风园先后接待了“中国 · 浙江 · 廉政文化论坛”“全国廉政文化建设现场会”的与会代表,20 多个省(自治区、直辖市)、210 余批次的纪监系统同行前来考察学习。祖籍宁波江北慈城的全国文联副主席冯骥才在游园后欣然题词——“激浊扬清”,茅盾文学奖获得者熊召政在参观清风园后即兴赋诗——“一点民膏千点血,自古贪廉证兴亡;几许清官撑社稷,虽死犹存翰墨香”。目前,清风园已成为宁波市、江北区开展党日活动和反腐倡廉教育的理想场所,是浙

① 《慈城“清风园”是怎样为浙江争光的——第一批全国廉政教育基地创建纪实》. 宁波通讯,2012 年 14 期.

江省对党员干部进行廉政教育的重要基地，每天都有来自不同地区、不同行业、不同层面的党员干部来清风园接受清风“洗礼”。清风园创建以来，不仅吸引了全国各地130多万人（次）慕名参观学习，还先后荣获第一批“浙江省廉政文化教育基地”“全国廉政教育基地”称号。它集教育性、知识性、参与性于一体，不仅在全国首创廉政教育与旅游开发有机融合的新模式，更是给广大参观者留下了如沐清风的深刻印象。教育成果极其显著。

清风园以廉政文化为基础，传承传统廉政文化，走出一条创新性与开放性双赢的一条道路，成为全国廉政宣教基地。清风园把廉政文化建设与旅游有机结合起来，主题设计新颖，很有特色，教育广大参观者以史为鉴知兴替，进一步牢固树立以廉为荣、以贪为耻的意识。这为各地建设廉政文化教育基地提供了丰富的实践经验。

（三）经验启示

1. 打造廉政品牌，发挥示范带动作用

按照“做强品牌、凸显优势，以点带面、加强覆盖”的工作思路，发挥清风园的示范带动作用，深入实施“清风文化程”，通过创新形式、完善机制和拓展阵地等多项举措，不断挖掘廉政文化建设的内涵，提高反腐倡廉宣传教育的渗透力和实效性。在各方面的共同努力和协作下，2009年上半年，清风园改造提升工作圆满完成，同年底顺利通过中纪委考察组评估。清风园的深化提升主要从扩大外延、提升内涵和增加互动性三个方面展开。在扩大外延方面，把原来慈城古县衙内的一个庭院式展馆扩展到整个县衙，为后续发展留下了足够空间。在提升内涵方面，把慈城清官文化与慈孝文化紧密结合起来，深入挖掘慈城当地100多名清官廉吏的故事，在原来“中国清风馆”基础上新增“慈溪清风馆”，更加突出了清风园的地方特色，彰示了廉政文化的主题。

2. 创新载体，强化教育效果

廉政文化建设是一张新名片。以它为基础，积极创新教育形式，丰富教育载体，譬如国内首套反腐败专题史话丛书——《中国反腐败史话》的出版，举办了"清风之约"首届全国廉政诗歌朗诵会，创作快板——"清风伴我行"和评弹——"清风赞"等曲艺作品，建成了"江北·清风网"，推出了"清风"廉政动漫短剧，开发了以"清风"为主题的"清风"杯、"清风"扇、"清风"笔、"清风"书签、"清风"台历等廉政文化系列产品，努力营造廉政氛围。以清风园为节点，以阵地建设为抓手，推进"廉政文化圈"建设，拓宽"廉政文化进楼宇"工作，率先开展"商圈廉政文化建设"。深化廉政文化示范点创建活动，培育了一批省、市、区级廉政文化示范点，提高了廉政教育的针对性和有效性。各地廉政基地在宣传廉政文化中应当创新载体，不要过于死板。如今是新时代，新青年，新文化。应当以大众喜闻乐见的方式传播党和国家的廉政文化，慢慢营造廉政氛围。

3. 完善机制，彰显人文关怀

注重加强各职能部门之间的协作配合，将廉政教育列入江北区干部教育培训总体计划，建立健全反腐倡廉宣传教育联席会议等长效工作机制，促进了反腐倡廉宣传教育的深入进行。每年开展"反腐倡廉宣传教育月"活动，以党员领导干部和关键环节干部为重点，以反面警示教育、典型示范教育和廉政风险防范教育为主要形式，加强理想信念、党风党纪、廉洁从政和优良传统教育。把廉政文化建设融入作风建设、新农村建设、学校德育工作、家庭助廉和企业诚信廉洁经营等各个领域，经常性地开展"和谐·清风"反腐倡廉小小说、诗歌、故事和书画摄影等比赛，注重把人文关怀贯彻和体现在廉政文化

① 江南古城沐清风——宁波市江北清风园创建第一批全国廉政教育基地纪实. 今日浙江，2010(15).

建设的全过程,提高了反腐倡廉宣传教育的效果。

4. 因地制宜开展廉政基地建设

清风园是在原有古县衙的基础上,进行扩建和修整。根据县衙内的雕像塑像等,拥有廉政文化历史产物为依托,辅以整个中国比较知名的贪官与清官作为历史文化背景。不断扩充清风园的廉政文化历史资料。各地的廉政基地建设过程中,可以依托当地本身就拥有的廉政文化资料进行修改和整理,有助于各地廉政基地的快速建设与发展。继承原有的文化建筑在社会上的影响力,加快廉政基地的发展,更好地宣传党和国家的廉政文化。让中国传统廉政文化与当代中国实际相结合,为人民大众服务,让为官者懂得什么是清正廉洁,让人民大众体会到党和国家的反腐倡廉的决心。

通过揭露批判贪官污吏,展现清官廉吏群体风貌。观古鉴今,切身感受廉政文化历史,接受廉政警示教育,领略中华廉政文化。

参考文献:

[1] 宁波慈城清风园:古韵正声——钟鼓新韵[J]. 2014-03-10.

[2] 宁波慈城清风园[N]. 中国纪检监察报,2010年07月13日.

[3] 慈城“清风园”是怎样为浙江争光的——第一批全国廉政教育基地创建纪实[J]. 宁波通讯,2012(14).

[4] 江南古城沐清风——宁波市江北清风园创建第一批全国廉政教育基地纪实[J]. 今日浙江,2010(15).

八、宁波新乡贤工作:统战工作的一面旗帜

(一) 基本情况

“不管走到哪里,家乡宁波总是我们心头永远的牵挂。”有一群人,他们身在异地,但总是惦念着宁波。

闻其风,汲其流。在“知行合一、知难而进、知书达理、知恩图报”的宁波精神中浸润成长的他们,在异乡打拼小有成就。这群人有个共同的称呼——新乡贤。[①]

“新乡贤”主要指籍贯、工作、亲属等方面与本地有密切关系,并具备品行好、有声望、有影响、有能力、热衷公益事业、热心家乡经济社会发展的社会贤达。[②] 新时代的乡贤不仅具有乡土情怀、道德品行、伦理情操等传统乡贤的一般特征,还具备了现代知识技能和时代视野,既可以起到道德指引的作用,同时可以起到新文化、新观念、新思想、新技能传播者的作用。这些新乡贤概括起来一般具备四个特征:一是个人能力强,且有一定社会影响,为此才能发挥引领作用;二是拥有一定的资源、知识或资本,具备回馈乡村的经济基础或专业知识基础;三是有公益心、愿意为公众事务付出,具有一定的奉献精神;四是有良好的个人品性和道德声誉,能起到行为的示范引领作用[③]。

在市委、市政府的领导下,市委统战部牢牢把握大团结、大联合主题,以新乡贤联谊组织为平台,以乡情亲情为纽带,进一步激活新乡贤活力、凝聚新乡贤智慧、汇集新乡贤力量,引导和支持新乡贤在助推我市经济社会发展,特别是在乡村振兴中发挥了积极作用。10月31日,全市统一战线在宁海县召开了新乡贤工作现场推进会,交流各地经验做法,系统谋划部署下一阶段新乡贤工作。经广泛征求意见,市委统战部制定出台了《关于大力推进新乡贤工作的指导意见》,为全市统一战线开展新乡贤工作提供了指导和遵循[④]。宁波充分打好“乡情牌”,以乡情亲情为纽带,以新乡贤联谊活动为载体,进

---

① 何峰.用心用情 泽被乡里——我市新乡贤工作推进综述.宁波日报,2021-01-14(12).

② 谢辉.高标准建设新乡贤工作“新品牌”.今日浙江,2020-10-15(19).

③ 吴晓燕,赵普兵.回归与重塑:乡村振兴中的乡贤参与.理论探讨,2019,(4):158—164.

④ 何峰.用心用情 泽被乡里——我市新乡贤工作推进综述.宁波日报,2021-01-14(12).

一步激活新乡贤活力、凝聚新乡贤智慧、汇集新乡贤力量,引导和支持新乡贤在助推我市经济社会发展,特别是在乡村振兴中发挥积极作用。乡情乡音,新乡贤心底最柔软的情愫,正汇合成强大力量,“宁波帮”和帮宁波人士中有很多是新时代的乡贤,他们是新时代“宁波帮”的一支有生力量,是“宁波帮”内涵外延的重要组成部分,是宁波经济建设和社会发展中不可忽视的重要力量,助力宁波在高质量发展中继续走在前列,为宁波当好建设“重要窗口”模范生、争创社会主义先行市作出积极贡献。

图 6-8　乡贤参与乡村文化振兴研讨会

(二) 特色亮点

1. 深化联谊:乡音真情诚邀新乡贤“回家”

近年来,宁波搭建各种叙乡情话桑梓的平台,让新乡贤不再“近乡情更怯”,而是“近乡情更切”。“做好新乡贤工作,关键要用心用情。做得越多,做得越好,这份情就会越来越浓厚,成为漂泊在外的乡贤们割舍不了的牵挂。”宁波市委统战部相关负责人说,在统战部门的牵头统筹下，我市各地各部门积极架设桥梁纽带，团结凝聚广大新乡贤。自 2018 年起，宁波连续三年举办世界“宁波帮・帮宁波”发展大会，促成乡贤回归，促进全世界“宁波帮”和帮宁波人士“合力兴甬”。去年，在市委统一战线工作领导小组统筹下，市委统战部印发了《关于大力推进新乡贤工作的指导意见》，召开了新乡贤工作推进会，切实加强新乡贤工作体制机制建设，促进各地新乡贤在乡村振兴中发挥作用。各区县（市）纷纷利用春节、中秋等重大节假日，开展座谈联谊、登门拜访等活动，邀请乡贤“回家”，呼唤乡贤“凤来燕归”。各乡镇（街道）也积极推进新乡贤工作体系建设，并分门别类建立动态管理的乡贤名录和在外人才信息库。目前，我市已经形成市、县、乡三级联动的乡贤工作体系，全市已排摸各类从政、从商、从学、技术乡贤近 7 万名。”市委统战部相关负责人表示，“我们以‘乡音’促‘乡情’，共建最强‘朋友圈’，让新乡贤回得来、留得住、干成事，为宁波当好建设‘重要窗口’模范生提供更加广泛的力量支持。”一个个“新乡贤大会”的举行，一个个“新乡贤联谊活动”的常态化运转，使新乡贤在了解“故乡事”的同时，更被宁波未来的发展思路、战略规划所吸引，也被宁波的信心、决心和真情所感动。深藏心底的乡情亲情，就算千山万水也难以隔断，就算经年累月也难以割舍，在一声声真情的呼唤下，越来越多的新乡贤回来了。

2. 鸿雁归巢：新乡贤踊跃参与宁波大发展

强化乡情纽带、凸显情感链接、创新平台载体、优化政策供给，越来越多的新乡贤回归故里，站在宁波发展的新“风口”，以高站位、宽视角，主动参与到宁波的大发展之中。

鸿雁归巢，游子归心。如今，新乡贤已成为全市经济建设和社会发展中，尤其是乡村振兴中不可忽视的重要力量。他们带着资金、技术和理念助力乡村产业振兴，打通“绿水青山”向“金山银山”转化的通道。在江北甬江街道畈里塘村，新乡贤童伟标以旅游＋农业的创新融合，成功打造浙江首个田园综合体——达人村，历经近 2 年的开发建设,如今达人村已入选国家首批农村产业融合发展示范园,曾经脏乱的城郊村蜕变为市民旅游“网红”打卡地;在象山高塘乡,“紫菜先生”胡祖广回到魂牵梦绕的海边,立志做全国最好吃的紫菜;在余姚横坎头村,留学德国的硕士黄徐洁回到家乡,办起了以“红色文化”为主题的农家乐,带领家乡人共同致富。据不完全统计,2020年以来,全市依托新乡贤引进或协助引进各类项目213个,资金183亿余元。”市委统战部相关负责人表示。示范引领带动全面争先!市县乡三级联动,推进新乡贤工作示范点创建活动。象山县制定全市首个星级评定管理办法,从规范组织、吸引回归、发挥作用三个方面18条细则对乡镇(街道)的新乡贤工作星级评定予以细化。以象山为试点,全市打造出一批高标准的新乡贤回农村示范乡镇(街道)、基地(项目)与工作品牌。

星星之火,迈向燎原之势!目前,我市已初步形成“鄞州区院士乡贤担任村党支部第一书记助力基层治理现代化”“奉化区1234工作法构建新乡贤工作新体系”“余姚市阳明街道以阳明文化为纽带推进新乡贤工作规范化建设”“慈溪市发挥在外乡贤优势助推慈溪高质量发展”“象山县定塘镇定山村群贤协助奏响乡村发展和谐区”“海曙区洞桥镇沙港村弘扬全祖望乡贤文化助力乡村振兴”“江北区小微乡贤馆牵起乡贤浓浓回归情”等一批新乡贤统战工作的品牌,在全省乃至全国有了一定知名度和影响力。“我们以‘知行合一’的阳明文化为纽带,传颂先贤,培育新贤,鼓励新乡贤以冠名资助、村企结对、项目募捐、筹资捐赠等形式,共建共享乡贤文化阵地和乡贤基金,目前已建立4个乡贤基金,总金额300万元。”余姚市阳明街道负责人说。

3. 三治融合:新乡贤助推乡村治理创新

新乡贤不仅给家乡带来先进技术、资源渠道、管理经验和经营理念,还在“健全自治、法治、德治相结合的乡村治理体系”中发挥作用,推动乡村“产业兴旺、生态宜居、乡风文明、治理有效、生活富裕”。

图6-9　中国工程院院士陈剑平(右)在鄞州区东吴镇建立观察点

去年10月14日晚，夜色微凉。鄞州东吴镇天童老街“木作心作研习社”大院里热闹非凡，鄞州区政协在这里举行“微协商”活动，陈剑平院士正为东吴乡村的治理和发展支招。

家乡山水亲，桑梓情意浓。陈剑平院士是第一个全职回归的甬籍两院院士，在宁波大学成立植物病毒学研究所，带领核心人才梯队申报宁波第一个国家重点实验室。对陈剑平院士而言，过去，宁波两个字，系着年迈的母亲，缠着绵绵的乡愁；现在，宁波这座城，彰显着诚意，释放着激情。

发于斯、别于斯，又归于斯。陈剑平回乡后，在专业工作岗位之外，还担任家乡东吴镇南一村党支部第一书记，带领团队帮助南一村抢抓乡村振兴机遇，推进基层治理现代化。

新乡贤在当地群众中普遍具有较高的威信和较强的影响力、说服力，凭借自己的公道、威望和丰富的社会阅历，在基层社会治理中具有独特的“润滑剂”作用。

宁波各地纷纷建立“乡贤参事馆”“乡贤参事室”等,充分发挥新乡贤德治教化功能,积极探索“乡贤参事”融入“村民说事”,引导新乡贤参与村庄事务决策、基层治理创新和矛盾纠纷调解。有事找乡贤。象山县定塘镇将乡贤参事融入“村民说事”平台,邀请新乡贤回村与党员、村民代表共同参与村务议事,推动村里各项决策科学化、民主化、制度化。

乡贤,是本乡本土道德力量和文化修养的典范,在塑造乡风文明中发挥着独特的作用。宁海县在大力开展婚丧礼俗整治过程中,以乡贤为突破口,发挥乡贤宣传教育作用,在较短的时间内有效地形成简办红白喜事的共识。奉化大堰镇箭岭村曾经饱受垃圾困扰。新乡贤刘安芬偶尔回到老家箭岭居住,看到风景秀丽的小山村被垃圾所困,她心痛不已。她出资 10 万元,同时将城市环保理念引入家乡,倡议打造“零污染村庄”。刘安芬身体力行,村民一呼百应,箭岭村一年摆脱脏乱差的面貌,极大改善了居住环境。

危难时刻更显英雄本色。新冠肺炎疫情发生后,新乡贤积极响应市委统战部的号召和倡议,踊跃参与捐款捐物,想方设法在海外采购口罩、防护服等紧缺物资,共同助力抗击疫情,据不完全统计,包括新乡贤在内的全市统一战线累计捐款捐物 6.1 亿元。

新时代标注新方位,新时代开启新征程。东海浩浩,四明巍巍。在新的历史征程上,越来越多的新乡贤回到家乡,给这片魂牵梦绕的土地注入发展的强大力量。为切实发挥新乡贤在助推乡村振兴中的优势和作用,中共宁波市委办公厅和宁波市人民政府办公厅印发《关于发挥新乡贤作用助推乡村振兴的实施意见》。《意见》指出,支持新乡贤促进产业振兴,引导新乡贤围绕党委、政府重点任务,积极引进人才、项目、资金、技术等资源要素,增强乡村可持续发展能力;支持新乡贤参与乡村治理,实施“新乡贤助推善治行动”,引导新乡贤在村(社区)党组织领导下依法依规参与乡村治理,同时以乡贤文化的柔性辅助促进乡村和谐安定;支持新乡贤共建乡风文明,鼓励新乡贤以资助、合作、捐赠等形式，参与新时代文明实践所（站）等场所建设，共建共享文化礼堂等乡村文化阵地，开展艺术创作和文化下乡等活动，培育文明乡风、良好家风、淳朴民风；支持新乡贤助力生态宜居，引导新乡贤投身农村环境整治、农村生态建设、农村安居宜居美居等工作；支持新乡贤开展公益帮扶，引导和支持新乡贤开展面向基层、面向群众的社会服务活动和各类慈善活动，引导新乡贤参与精准扶贫工作。①

（三）经验启示

乡情乡韵中蕴藏着巨大的能量，千千万万的乡情乡韵汇聚起来，就是宁波发展的强大力量。做好新乡贤工作，关键要用心用情。做得越多，做得越好，这份情就会越来越浓厚，成为漂泊在外的乡贤们割舍不了的牵挂。在统战部门的牵头统筹下，各地正积极架设桥梁纽带，团结凝聚广大新乡贤，在这片有风景、有底蕴、有活力的土地上，不断创造出新的发展奇迹。重点是要在以下三方面下功夫：

1. 组织起来，壮大新乡贤队伍

新乡贤工作是做人的工作，首先要找到乡贤。一要扩大视野"找"。依托各地商会、侨团、同乡会等基层统战组织，进一步深入排摸新乡贤资源，确保应查尽查、应登尽登。特别要扩大乡贤搜寻的广度和深度，立足国内、放眼国外，建立动态化管理的乡贤信息数据库，动态性地推进乡贤搜寻工作。二要因势利导"引"。要引回家，不光是人，更要把心引回来，把资源引回来。要精准掌握乡贤的需求，积极提供相应的优惠政策、优质服务，吸引更多有情怀、有实力的新乡贤返回乡村、扎根乡土。三要因地制宜"留"。组织开展"寻乡贤、学乡贤、做乡贤"等活动，培育一批新乡贤，塑造一批新时代的乡贤，让

---

① 何峰.用心用情 泽被乡里——我市新乡贤工作推进综述.宁波日报，2021－01－14(12).

广大群众学有标杆、带有方向。

2. 活动起来,为新乡贤回归营造良好环境。

做好新乡贤工作,要按照“五有”要求(有组织、有活动、有场所、有机制、有品牌),加强乡贤联谊组织规范化、功能化建设,把乡贤联谊组织建设成为引资引智引才、凝聚人心、汇聚力量的重要平台。一是联络联谊要走心。要讲究工作艺术,突出人情味,用心去维系与新乡贤的关系,增进感情交流,进一步深入挖掘和激活新乡贤支持家乡发展的热情。二是服务对接要贴心。在发动新乡贤为家乡发展的方方面面出力的同时,对于新乡贤意愿诉求的表达也要有积极的回应。有些新乡贤有回报家乡的意愿或倾向,就要为他们回乡创业或留在家乡发展提供各种便利,切实做到以服务促回归,以回归促发展,让乡情服务成为项目落地推进的催化剂。有些新乡贤长期在外,会在父母照料、子女就学等具体事情上碰到问题,要尽可能为他们解决困难,努力消除他们的后顾之忧。三是乡愁打造要用心。“望得见山、看得见水、记得住乡愁。”在开展新乡贤工作时,要善于向新乡贤传递“乡音乡事乡愁”。对一些具有地域特色、历史记忆的景观,做好保护修缮工作,对于一些已经消失的物件,可以适当进行还原重建,让在外乡贤回乡时,能够找得到承载旧时记忆的标志物。同时还要落实好乡贤阵地建设,打造广大乡贤聚会议事、联谊交流、展示作为的核心场所,唤起广大乡贤心中的归属感和责任感。

3. 作用发挥起来,引导新乡贤作出更大贡献

新乡贤为宁波经济文化社会建设注入了强劲动力,宁波的繁荣发展也为新乡贤施展才能提供了广阔舞台。一要以乡贤资源助力全面发展。要积极打造具有广泛影响力的活动品牌,吸引新乡贤人才和资本、技术上山下乡。要引导和鼓励新乡贤投身家乡建设,持之以恒地支持家乡繁荣发展。二要以乡贤力量助力社会治理。要大力支持乡贤参与基层社会治理,充分发挥乡贤协调关系、化解矛盾、理顺情绪的积极作用。要大力支持在外乡贤回村担任村干部,带动信息、

资金、项目等要素回归，进一步增强农村基层党组织建设，完善乡贤参与乡村治理的新模式。三要以乡贤文化引领乡风文明。乡贤文化是中华优秀传统文化的重要组成部分，是连接故土、维系乡情的精神纽带。要以社会主义核心价值观为统领，大力弘扬“耕读修身、慈孝齐家”，认真实施乡贤文化建设工程，扎实推进移风易俗专项行动，坚决整治聚众赌博、封建迷信、婚丧嫁娶大操大办等陈规陋习，鼓励乡贤参与共建文化礼堂、名人故居、乡村书院等农村文化阵地，着力打造风清气朗的美丽乡村。

参考文献：

[1] 何峰. 用心用情　泽被乡里——我市新乡贤工作推进综述[N]. 宁波日报，2021-01-14(12).

[2] 谢辉. 高标准建设新乡贤工作“新品牌”[N]. 今日浙江，2020-10-15(19).

[3] 吴晓燕，赵普兵. 回归与重塑：乡村振兴中的乡贤参与[J]. 理论探讨，2019，(4)：158—164.

[4] 何峰. 用心用情　泽被乡里——我市新乡贤工作推进综述[N]. 宁波日报，2021-01-14(12).

[5] 我市大力推进新乡贤工作. 宁波市机关事务管理局. 2019-12-02.

后　记

本教材从策划到正式出版历时三年，其间又经历疫情，曲曲折折。完成这项工作也是我们概论课教学团队的一个心愿。因为，长期以来，概论课教学中心一直坚持以“八个一”为指导积极推进教学改革，积累了大量的教学案例，也希望通过公开出版方式呈现，为思政课教师推进案例教学改革提供借鉴。同时，也有助于展示宁波在新时代党的理论成果指引下取得的巨大成就。从而使广大青年学生深切体验“在宁波，感悟真理伟力”“在宁波，读懂共同富裕”“在宁波，看见文明中国”“在宁波，悦享美好生活”。本教材中，有些案例是从学生课堂作业中挑选、整理出来，并补充完善，有些是参编老师自己收集编写的。

本教材是集体劳作的结果。具体分工及编写任务如下：

前言、后记（刘举撰写）。第一章（姚蕾负责，袁玲儿参与部分）、第二章（刘举负责，王智腾参与部分）、第三章（李小兰负责、邓小冬参与部分）、第四章（王贤斌负责、崔青云参与部分）、第五章（刘友女负责，崔青云参与部分）、第六章（杨芳负责，崔青云参与部分）。刘举、刘友女、袁玲儿对本教材进行了整体策划，通过多次讨论拟定了写作大纲、写作要求并撰写了部分章节，刘举最后进行了统稿、校对及多次修改。在书稿编写过程中，我们也引用、参考了很多学者同仁的研究成果以及新闻媒体的相关报道，有些进行了摘录和修订，在此一并表示感谢!

本书被列为2021年“宁波大学马克思主义学院教材出版专项”资助项目,是宁波市城市文明研究院2023年度自设课题结项成果(城市品牌视角下的“在宁波,看见文明中国”实现路径研究CSWM202317;宁波市社区文明创建研究CSWM202312)。同时也是浙江省习近平新时代中国特色社会主义思想研究中心宁波大学基地的研究成果。

本教材可作为本科生、研究生学习《习近平新时代中国特色社会主义思想概论》《新时代中国特色社会主义理论与实践研究》课程的参考教材使用。由于宁波实践及党的创新理论都在不断发展,我们写作团队在实践案例教学对理论阐释的精准性方面还有很多不足,在如何通过实践案例剖析总结并促进党的创新理论不断丰富和发展方面还存在补充空间,还请思政课教师和思政理论研究者批评指正。因此,本教材今后将根据师生使用、专家反馈、团队研讨等情况会不断修正、充实或更新再版。

教材出版实属不易,真诚感谢上海三联书店郑秀艳编辑的大力支持和辛苦付出,使本书得以顺利出版。感谢教材编写团队老师们的辛苦付出。部分本科生收集相关实践案例并进行了阐述;部分硕士研究生也参与了案例材料整理和编撰工作,我们编写组在此基础上进行了修改。没有他们的积极参与,教材初稿是很难完成的,感谢他们。

教材主编

2024年7月

图书在版编目(CIP)数据

"甬"立潮头:共同富裕先行市建设的宁波实践/刘举,刘友女,袁玲儿主编. —上海:上海三联书店,2024.10. — ISBN 978-7-5426-8739-5

Ⅰ. F127.553

中国国家版本馆 CIP 数据核字第 20242LV499 号

"甬"立潮头:共同富裕先行市建设的宁波实践

主　　编 / 刘　举　刘友女　袁玲儿

责任编辑 / 郑秀艳
装帧设计 / 一本好书
监　　制 / 姚　军
责任校对 / 王凌霄

出版发行 / 上海三联书店
(200041)中国上海市静安区威海路 755 号 30 楼
邮　　箱 / sdxsanlian@sina.com
联系电话 / 编辑部:021-22895517
发行部:021-22895559
印　　刷 / 上海盛通时代印刷有限公司

版　　次 / 2024 年 10 月第 1 版
印　　次 / 2024 年 10 月第 1 次印刷
开　　本 / 890 mm × 1240 mm　1/32
字　　数 / 280 千字
印　　张 / 11.5
书　　号 / ISBN 978-7-5426-8739-5/F·937
定　　价 / 78.00 元

敬启读者,如发现本书有印装质量问题,请与印刷厂联系 021-37910000